übergestern

ÜBER GESTERN

Sieben Frauen erinnern sich an ihr Leben, bevor sie nach Deutschland kamen

Fátima Cavalcanti aus Brasilien
Inge Marie Richter aus Dänemark
Efi Schwein aus Griechenland
Lamia Mekhael-Maksso aus dem Irak
María Angélica Wierz-Gutiérrez aus Kolumbien
Hanna Rost aus Oberschlesien in Polen
Alena Nemudrova aus Russland

Herausgegeben
und mit einem Vor- und Nachwort versehen
von Angela Klein-Esselborn aus Deutschland

Engelsdorfer Verlag
Leipzig
2014

Bibliografische Information durch die Deutsche Nationalbibliothek:
Die Deutsche Nationalbibliothek verzeichnet diese Publikation in der Deutschen Nationalbibliografie; detaillierte bibliografische Daten sind im Internet über http://dnb.dnb.de abrufbar.

ISBN 978-3-95744-030-3

Umschlaggestaltung: Fátima Lamsbach und
María Angélica Wierz-Gutiérrez.

Hergestellt in Leipzig, Germany (EU)
www.engelsdorfer-verlag.de

12,80 Euro (D)

Inhalt

Danksagung

Herausgeberin und Autorinnen danken sehr herzlich
Herrn Joachim Arnold, Landrat des Wetteraukreises,
und seinen Mitarbeitern für die Schirmherrschaft über unser Buch
sowie
der Sparkasse Oberhessen für die finanzielle Unterstützung.

Wir danken den vielen lieben Menschen in unserem Umfeld, die wir hier leider nicht alle namentlich erwähnen können, denn es sind glücklicherweise sehr viele – sie werden schon wissen, dass sie gemeint sind, die uns gestern und „übergestern“ auf so vielfältige Weise begleitet, geholfen, ermuntert und ertragen haben – und die es bestimmt auch noch morgen und übermorgen tun werden.

Dank gebührt auch Herrn und Frau Hemmann und ihren Mitarbeiterinnen und Mitarbeitern des Engelsdorfer Verlages, die geduldig und unermüdlich, mitunter Tag und Nacht daran mitgewirkt haben, dass aus einem Buch der Erinnerungen das Buch „übergestern“ wurde.

**Grußwort von Landrat Joachim Arnold
zum Buch der Erinnerungen**

Liebe Leserinnen und liebe Leser, in die Wetterau sind in den letzten Jahren viele Menschen nichtdeutscher Herkunft eingewandert. Sie alle bringen ihre persönlichen Erlebnisse und Erfahrungen aus ihren Heimatländern mit. Sie bereichern uns, machen unsere Gesellschaft bunter und lebenswerter. Oftmals bleibt uns verborgen, welche Erlebnisse sie geprägt haben.
In dem vorliegenden Buch zeichnen sieben Frauen aus unterschiedlichen Regionen der Welt ein Bild aus ihrer Vergangenheit. Sie berichten aus ihrem alltäglichen Leben, das jedoch auch immer von den besonderen kulturellen und politischen Gegebenheiten ihrer Herkunftsländer beeinflusst wurde.
Diese Geschichten stehen stellvertretend für die Geschichten all der Menschen, die zu uns nach Deutschland kommen. Sie tragen auch dazu bei, über uns selbst nachzudenken. Sie zeigen uns, dass unsere Werte nicht absolut sind, sondern, dass es viele verschiedene Wertegemeinschaften gibt. Die Geschichten zeigen aber auch, dass nicht jeder die Chance hat, in einem freien, demokratischen und wohlhabenden Land zu leben. Viele Menschen auf der Welt kämpfen für diese Chance für sich und ihre Kinder.

Ich wünsche dem „Buch der Erinnerungen“ eine weite Verbreitung und den Leserinnen und Lesern eine abwechslungsreiche und spannende Lektüre.

Herzlichst Ihr

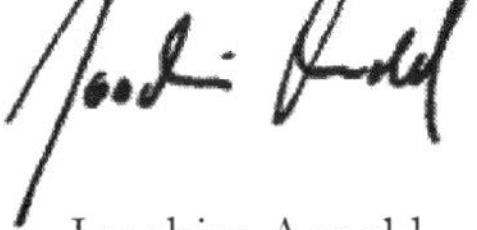

Joachim Arnold
Landrat

In einem Café in Görlitz, Januar 2014

Statt eines Vorworts

„Ich?! Ich kann doch überhaupt nicht schreiben! Konnte ich noch nie!" – wer das aussprechen kann, aus tiefstem Herzen, mit der gebotenen Entrüstung und den passenden Füllwörtern, der – oder vielmehr: die – kann schreiben.

Und zwar auf Deutsch.

Von den einen hingenommen, von vielen gefürchtet, und von einigen wenigen geliebt, habe ich in meinen „Grammatik- und Schreibkurs" und sogar schon in den Integrationskurs an der VHS Wetterau gerne hin und wieder kleine Einheiten im kreativen Schreiben eingeschmuggelt.

Da gab es dann eben die wenigen, die zwar erkennbar kreativ und erzählfreudig waren, sich jedoch der Form halber erst einmal entrüsten mussten. „Ich? Ich kann doch überhaupt nicht …!" Erwischt!

Abgesehen von den Deutschkenntnissen gor in mir schon seit Jahren der Wunsch, die vielen Lebensgeschichten, die ich in den Kursen manchmal zu hören bekam, nicht einfach verhallen zu lassen, sondern wenigstens ein paar davon festzuhalten.

Erst einmal festzuhalten.

Mit dieser Motivation fanden sich Frauen aus aller Welt im privaten Rahmen zusammen, um sich teils zaghaft, teils beherzt ans Schreiben einiger Episoden ihres Lebens in der Heimat zu wagen.

Dieser Prozess begann mit kleinen angeleiteten Schreibeinheiten zum Lockern und Mutfassen. Als „die Zeit reif" war, haben sich die Schreiberinnen in ihre je eigenen Erinnerungen begeben. Ab da ging jede ihren Weg, schrieb, verwarf, fragte um Rat, jammerte, vertiefte sich in Erinnerungen, triumphierte. Zwischendurch der Form halber ein halbherziges „Ich kann es doch überhaupt nicht …"

Die anfängliche Motivation, „erst einmal festzuhalten", entwickelte sich bald schon zu dem Wunsch, ein Buch zu schreiben und zu veröffentlichen.

So wurde aus der privaten Schreibgruppe ein Autorinnen-Team. Sieben Frauen aus sieben Ländern dieser Erde – (in alphabetischer Reihenfolge) Brasilien, Dänemark, Griechenland, Irak, Kolumbien, Polen und Russland – haben Episoden, Beobachtungen, Geschichten, politische und gesellschaftliche Ereignisse, Geografisches, Persönliches … aus ihrem Leben vor der Reise nach Deutschland geschrieben. Manche Erinnerungen verweben sich – zwangsläufig, natürlich – mit den heutigen Lebensverhältnissen, aber Ziel und Schwerpunkt ist, „über gestern" zu berichten.

Die einen pendeln noch heute hin und her, besuchen Angehörige und Freunde im Land ihrer Kindheit und Jugend. Für andere ist der „Rückweg" durch Entfernung, politische Situation, Verfolgung oder Krieg beschwerlich oder versperrt.
In den drei Jahren seit April 2011, unserem ersten Schreibtreffen, sind bei den Frauen viele Erinnerungen wieder lebendig geworden, gewiss hat sich auch manches Verdrängte wieder zu Wort gemeldet, Ängste und Schmerzen mussten neu durchlitten, Tränen neu vergossen werden.
Doch dieses Buch der Erinnerungen will kein Lehrstück sein, will kein Problembewusstsein schaffen. Natürlich ist jeder Leser eingeladen, sich mit Geschichte, Politik, Geografie, Flora, Fauna, Architektur usw. der einzelnen Länder zu befassen.
Dieses Buch will zu den Menschen, zu Episoden aus ihrer Lebensgeschichte führen. Wie eine der Autorinnen dieses Buches treffend zusammenfasste, wollen die Frauen kein „Vorbild an Integration" sein. Oder eine andere, die sich wundert, dass sie – aus Berührungsängsten heraus? – von befreundeten deutschen Frauen nicht auf ihr Leben vor ihrer Zeit in Deutschland angesprochen wird, will zeigen, dass man ruhig „darüber" reden bzw. schreiben kann.
So unterschiedlich wie die Lebenswege mögen die Motive fürs Schreiben sein. Was uns alle eint, ist die Freude am Zusammensein, am Erzählen und – am guten Essen! Bei unseren Zusammenkünften jeweils bei einer von uns daheim genießen wir jedes Mal ein gemischtes Buffet mit Köstlichkeiten aus aller Welt. Wir hätten da auch schon eine Idee, was in unserem nächsten Buch stehen könnte …

ALENA NEMUDROVA AUS RUSSLAND

„Seitdem ich in Deutschland bin, fühle ich immer wieder, dass ich von einem sehr unordentlichen, urgemütlichen, natürlichen und vor allem anderen Planeten bin. Wenn ich versuche, mich ein bisschen gewöhnlicher und für mich sehr natürlich zu benehmen oder auszudrücken, bin ich oft eine „Zuviel" für meine deutschen Freundinnen. Das ist ein sehr wichtiger Grund für mich, wieso ich hier in diesem Buch schreibe – ich möchte ihnen ein klein bisschen erzählen, denn sonst fragen sie nicht, was für unterschiedliche Gerüche, Geräusche und Ausdrücke ein Mensch von 'nebenan' in sich tragen kann. So haben wir alle eine Chance, einander besser zu verstehen."

Meine Geburt

Ich erinnere mich an meine Geburt natürlich nicht, aber meine Mama erzählt mir oft davon und ich höre zu. Wir zwei verbringen ganz schön viel Zeit miteinander so – sie erzählt beim Spaziergang oder einem Glas Wein, ich fange jedes Wort dabei auf. Die Geschichten der Familie bleiben leider nicht so gut in meinem Gedächtnis. Ich vergesse schon viel und vermische die Leute, aber die Geschichte meiner Geburt kenne ich sehr gut – ich habe sie so oft gehört. Meine Mama weint immer wieder dann beim Sprechen und am Tag meiner Geburt.

Ich bin inzwischen selber Mama. Ich verstehe, dass eine Geburt ein Wunder sein soll, wo durch die Schmerzen ein Fenster zwischen Welten aufgeht. Aber meine Mama erinnert sich nicht an die Schmerzen der Geburt. Sie hatte Angst um sich und nachher um mich gehabt.

Aber erst mal wusste sie lang nicht, dass ich auf dem Weg in diese Welt bin. Sie hatte ja einen Freund, aber er hatte noch keine Pläne für eine Familie. Er war der Neffe vom Führer der Kommunistischen Partei in dem Ort, wo meine Mama und wir nachher gelebt haben. Deshalb durfte er alles, dachte er.

Mit 27 hatte meine Mama voll gearbeitet, aber noch an der Uni an einem Fernstudium teilgenommen. Einmal im Jahr versammelten sich die Studenten für vier Wochen an der Uni. Sie hatten Unterricht und Prüfungen. Jeden Tag 13-14 Stunden. Mama wusste noch nichts von mir, aber vier Wochen lang hatte sie Lust auf Zitronen. Sie hatte 4-5 Stück für jede Prüfung mit. Sie hat die Zitronen gelutscht, gekaut, geleckt. Die Zitronen waren Hauptspeise und Dessert.

Was anderes zu essen wollte sie nicht, bis sie gemerkt hatte, etwas (jemand – ich!) bewegt sich im Bauch. Sie war etwas schläfrig und schlapp, aber hat alle Examen mit guten Noten überstanden. Ich denke jetzt, ich studiere so gern, weil ich so lange im Bauch mitstudiert habe. Als sie zurück nach Hause kam, hatte sie versucht, diese Nachricht mit ihrem Freund zu teilen. Er war ärgerlich, erschrocken und irgendwie enttäuscht. Er kam nie wieder zu ihr. Sein Onkel als Parteiführer hat in den nächsten zwei Tagen meine Mama zu sich gerufen. Er hat aber ein inoffizielles Gespräch geführt, um ihr mitzuteilen, dass seine Familie das Kind nicht haben wollte und eine Abtreibung forderte. Er hatte sehr viel politische und soziale Macht. Meine Mama war für ihn nichts. Sie hatte Angst. Ganz normale menschliche Angst vor unbekannten Folgen. Aber Abtreibung kam für sie nie in Frage. Kurz nachher in der tiefen Angst hat meine Mama ein paar alte Volksrezepte zur Fehlgeburtsstimulierung ausprobiert. Man musste unterschiedli-

che wilde Kräuter in der Nacht sammeln, die kochen und trinken und noch ein paar Medikamente zusammen einnehmen. Ohne Erfolg. Ich wollte hierher kommen. Ich habe stark gekämpft.
Die Familie meines Vaters hat ganz offiziell gemeldet, dass meine Mama alleine alles tragen musste, sie wollten mit dem Kind nichts zu tun haben. Das haben sie erfolgreich bis heute gemacht. Und meine Mama ist zu ihrer Schwester Alla 3.000 Kilometer nach Frunze in Kirgisien geflogen, um sich dort zu verstecken und mich in Ruhe und ohne Angst zu gebären.
Dort war alles anders: ein sehr fruchtbares Land, viel Sonne, viele Männer, die an meiner Mama interessiert waren und vor allem Freiheit. Die Zeit zusammen haben beide Schwestern genossen. An einem Nachmittag waren sie Beeren sammeln, als meine Mama die ersten Wehen gespürt hat. Das war ich beim Klopfen. Meine Mama musste aber noch zurück laufen – einen langen Weg durch Hügel und Wald. Nachher ein schneller Weg mit dem Krankenwagen ins Geburtshaus. Jetzt meint meine Mama, sie wäre besser im Wald geblieben und hätte mich dort zur Welt gebracht. Damals kam sie einfach in einen riesigen Raum mit 14 anderen Frauen, die mit Wehen dort auf den Betten lagen. Man muss direkt auf alles Private verzichten. Irgendwann kam ich. Sehr klein und zierlich (meine Mama hatte nur 5 kg zugenommen), aber lebendig und gesund. Trotzdem durfte ich noch 5 Tage nicht zu meiner Mama. Ich war etwas gelb, deswegen wurde ich getrennt von meiner Mama versorgt. Meine Mama hatte mich fünf lange Tage nicht gesehen und nicht auf dem Arm gehabt.

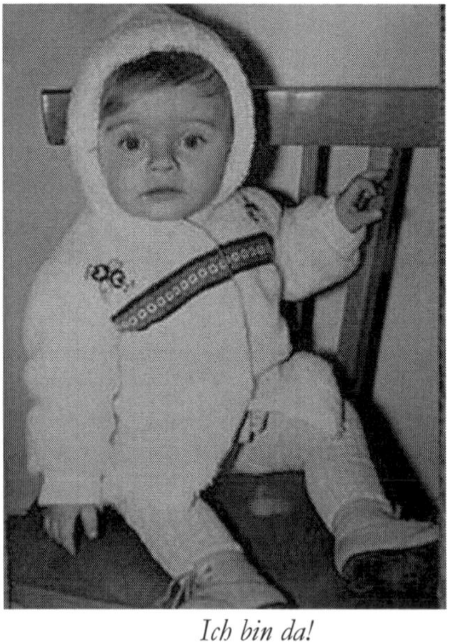

Ich bin da!

Die frischen Mamas durften drei Mal am Tag zur Kontrolle kommen und zweimal zur Heilbehandlung. Den Rest der Zeit sollte man im Bett verbringen. Die Kinder wurden alle drei Stunden für genau 15 Minuten zu den Frauen gebracht. Das Ziel war, so schnell wie möglich die Frauen ins Sowjetische Wirtschaftsystem zurück zu bringen. Sie mussten schon drei

Monate nach der Geburt zurück zum Arbeitsplatz. Die Beziehung zum Kind war nicht so wichtig.

Tante

Meine Tante Alla lebte mit ihrem Mann Mischa, ihren zwei Kindern und ihrer Schwiegermutter in dem Haus, das für die Schwiegermutter von Mischa gebaut worden war. Schnell gebaut, viel an Material gespart, viele Konstruktionsfehler, aber man konnte dort leben. Es gab einen Garten und viele Räume und meinen kleinen Cousin Andrey, der etwa zehn Monate älter als ich ist.
Seine Mama musste drei Monate nach der Geburt arbeiten gehen. Das war einfach gesetzlich so. Die Schwiegermutter passte auf, aber sie hat auch die Regeln aufgestellt und genervt.
Sie konnte nicht ertragen, dass meine Mama zu Besuch kam. Sie meinte, meine Mama muss auch mit ihr schichtweise im Haus und Garten arbeiten. Aus dem tiefen Sibirien war die Schwiegermutter von ihrem Sohn in das sehr heiße Asien gebracht worden. Sie hatte eine sehr kalte Stimme und einen noch kälteren Charakter. So kalt, dass mein Cousin sechs Jahre später beim Umziehen alle Möbelstücke genannt hat, die er mitnehmen wollte, zu ihr aber gesagt hat: „Dich nehmen wir nicht mit, neues Zuhause – neue Oma." „Man muss arbeiten" – sagte sie immer und das tat sie auch, ebenfalls wie meine Mama. Aber jeden Tag war diese Arbeit für meine Mama schwerer. Jeden Tag war sie mehr schlapp, müde, irgendwie weniger gesund. Das Zimmer, wo wir bleiben durften, hatte kein Fenster, keinen Spiegel. Meine Mama konnte sich nicht sehen, aber sie war gelb, ganz gelb. Sie hatte sich im Geburtshaus mit Hepatitis angesteckt. Als sie nicht mehr aufstehen konnte, rief meine Tante den Arzt. Sofort ins Krankenhaus, es besteht Lebensgefahr, das Kind darf nicht mit. Ich durfte nicht mit! Aber meine Tante musste arbeiten und die Schwiegermutter wollte mich nicht haben. Nach einiger Überlegung ließ Alla mich im Kinderheim. „Das war ein sehr großes und sehr sauberes Gebäude", erzählt sie heute. „Ich musste sagen, dass ich dich auf der Straße gefunden habe, ansonsten hätten sie dich nicht genommen. Ich habe dich einmal in der Woche besucht, du hast immer geschlafen wie alle anderen Kinder dort auch. Voll eingewickelt als ganz kleines Päckchen lagst du zwischen anderen 36 Säuglingen." Als meine Mama nach zweieinhalb Monaten zurück kam und mich erst mal ausgewickelt hat, musste sie weinen. Keine Bewegung und kaum frische Luft waren offenbar zu sehen. Aber meine Mama war wieder da, noch schlapp, aber nicht mehr in Lebensgefahr. Sie sagt immer, als es ihr so

schlecht ging, hat sie an mich gedacht, dass sie nicht sterben und mich alleine lassen durfte. Sie hat es geschafft und ich bin für immer dankbar.

Geburt meines Bruders

Ich war etwas älter als vier Jahre, als mein kleiner Bruder auf die Welt kam. Das ist eine starke Erinnerung für mich. Er war natürlich im normalen Geburtshaus geboren. Etwas anderes gab es einfach nicht, keine Alternative. Ein absolut geschlossenes blaugestrichenes Haus, es steht immer noch 15 Meter vor dem Krankenhaus. Rein dürfen nur die schwangeren Frauen, raus nur die Frauen mit Kindern. Kein Besuch (bloß nicht! – Bakterien!), kein Weg raus ohne Kind im Arm und nur nach 5-7 vollen Tagen Aufenthalt nach der Geburt.
Dieses Mal war meine Mama vorbereitet. Sie wusste schon, dass ihr das Kind direkt abgenommen und nur zum Essen gebracht wird, dass sie sofort nach der Geburt ein riesiges Stück Eis auf den Bauch gelegt bekommt, dass sie genäht wird ohne Narkose. Sie wusste das alles schon, aber dass sie alleine ohne irgendwelche Hilfe im Flur meinen Bruder zur Welt bringt, wusste sie noch nicht. Aber vorher gab es noch einen langen Weg für meinen Bruder und sie. Er war nämlich zu spät – fast drei Wochen nach dem errechneten Termin. Jeden Tag kam ein Krankenwagen zu uns nach Hause. Die Ärzte wollten meine Mama in dieses blaue Gebäude bringen und sie zur Geburt zwingen. Meine Mama war dagegen. Sie hat sich immer versteckt oder zugeschlossen. Sie fühlte, es ist noch nicht so weit. Sie fühlte, alles war in Ordnung. Aber die Ärzte meinten, sie wüssten es besser. Das war ein langer Kampf! Im Gegenteil hat meine Mama alle „Volksmethoden“ ausprobiert. Sie hoffte, meinem Bruder wird es endlich ungemütlich im Bauch und er will sie loslassen. Deswegen sind wir jeden Tag zu unserem Garten (fünf Kilometer entfernt) gelaufen, um dort etwas Schweres zu arbeiten. Meine Mama musste die Erde umgraben, Bäume und Sträucher pflanzen. Mit riesigem Bauch und im Dezember war das schwer. Sie hat das aber geschafft! Auf diesem Stück Erde wachsen immer noch zwei Kirschbäume und drei Nusssträucher. Irgendwann war meine Mama so weit. Sie ist selbst ins Geburtshaus gelaufen. Sie wusste, sie soll schon kommen. Am nächsten Tag sollte die Geburt eingeleitet werden. In der Nacht haben alle geschlafen, meine Mama wollte niemanden wecken und so lange wie möglich alles alleine schaffen, weil ärztliche Eingriffe immer schrecklich waren. Sie ist den langen Flur entlang gelaufen. Hin und her, hin und her. Und drei Tafeln Schokolade hat sie weggemampft. Sie wollte munter und kraftvoll mit der Schokolade sein. Die Putzfrau kam morgens

früh und meinte, sie läuft so, als ob das Köpfchen fast da wäre. Das war auch so. Die Putzfrau hat die Ärzte aufgeweckt. Einer von ihnen hat meine Mama in den Geburtssaal geschickt. Sie kam dort selber hin, mit einem Stückchen Schokolade in der Hand. Mein Bruder war fast da, aber meiner Mama ist schlecht von der Schokolade geworden. Sie hat erbrochen. Die Ärztin war verschwunden, die Putzfrau zu holen. Meine Mama musste irgendwie in den Flur laufen oder krabbeln. Dann kam mein Bruder. Alleine. Im Flur. Im Stehen. Die Ärztin rief bei uns zu Hause an. Ein gesunder Junge ist auf die Welt gekommen! Wir durften am nächsten Tag kommen und ihn durch das Fenster begrüßen. Und wir kamen tatsächlich! Ich erinnere mich, meine Mama hat mir ein kleines voll eingewickeltes Paket durch das Fenster gezeigt und ich versuchte unterschiedliche Namen durchs Fenster zu schreien.
Ich war überglücklich und stolz. Auch als ich ihn ein paar Monate später sein Kaka essen gesehen habe, ich mit ihm mein 9-m²-Zimmer teilen musste und als er unser einziges Sofa durchgepinkelt hat.

Einkaufen

Das „gut riechende“ Sofa haben meine Eltern als Schlafsofa benutzt, wir mussten es noch lange behalten. Das Sofa war von meiner Oma und ein anderes konnten wir einfach nicht kaufen. Es gab nichts zu kaufen. Um etwas wie Möbel oder ein Auto oder auch einen Teppich zu kaufen musste man sich in so eine extrem lange Liste eintragen und warten. Monate und Jahre lang.
Ohne Garantie, dass du kriegst, was du wolltest, was dir gefällt, was bei dir in die Wohnung passt. Viele unterschiedliche Listen gab es. Aber als Kind fand ich das sehr natürlich. Braucht man was – schreibt man das auf und wartet. Es war auch immer etwas spannend. Allgemein „einkaufen gehen“ war immer spannend. Im Lebensmittelgeschäft gab es immer viele Leute. Sie haben in größeren oder kleineren Schlangen gewartet, bis Wurst oder Käse ins Geschäft kam. Es kam nicht jeden Tag was und immer in begrenzten Mengen. So wenig, dass in 20 – 30 Minuten keine Wurst oder Käse mehr da war. Nicht alle Leute in der Schlange haben immer etwas gekriegt. Aber wie wussten sie, wann und was hereinkommt? Erst dachte ich nicht nach. Sie wissen es oder sie warten immer im Geschäft. Leute, die immer rund um das Lebensmittelgeschäft warteten, gab es tatsächlich. Aber dort warteten auch immer die, die kurz vor dem „Wurstwurf“ angekommen waren. Diese besonderen Leute hatten einen speziellen „Infokanal“ im Geschäft. Das hat mir keiner erzählt. Ich habe das als Kind rausge-

funden beim Umschauen in der Schlange. Ich war da öfter mal dabei in der Schlange. „Die Verkäufer scheinen sehr wichtige und arrogante Personen zu sein“, dachte ich.
Und später war ich auch ein Teil von sehr großen Schlangen, wo man ein paar Tage stehen musste, mit einer Nummer auf der Hand. Und jede Stunde gab es einen Nummernaufruf. So haben wir uns mit Tee, Kaffee, Zucker, Gemüsedosen, Wurst und Käse, Creme Fraiche und Kondensmilch versorgt. Bonbons haben bei mir eine andere Geschichte. Schokolade bekam ich nur an besonderen Tagen wie Geburtstag oder Silvester. Aber Bonbons gab es zu Hause immer. Meine Mama konnte sie kaufen. Sie hat für die Stadt im Finanzamt gearbeitet. Das Amt befindet sich im gleichen Gebäude wie die Stadt- und Parteiverwaltung. Dort gab es ein sehr kleines Lädchen, hier gab es einfach alles. Und noch eine nicht alte Dame arbeitete da als Verkäuferin. Etwas rundförmig, aber nett war diese Frau und die bekannteste Person der Stadt. Jedes Kind wusste schon, wer sie war, wenn es ihr auf der Straße begegnete. Sie war alles und kannte alles, dachten wir, die Kinder. War auch wahr. Damals zumindest. Vor wenigen Jahren habe ich sie noch mal auf der Straße getroffen. Sie hat mich gefragt, ob ich die Himbeeren von ihr für meine Töchter kaufe. Sie erzählte, ihre Rente wäre so klein, dass sie mit 73 noch jeden Tag im Garten arbeiten und viel verkaufen muss, sonst kann sie gar nicht überleben. Ich habe sie sofort erkannt, sie war unter den sehr wichtigen Leuten in meinem Kopf gespeichert. Aber nicht nur unter den wichtigsten. Für mich war sie einfach die Glücklichste. Nicht mehr. Schon lange gelöscht. Meine Mama durfte ein Mal im Monat im Lädchen einkaufen gehen. Das Datum war vorgeschrieben, aber auch das, was man kaufen durfte. Bonbons durfte sie und kaufte 1 – 2 kg, packte sie in eine große Tüte und versteckte sie zu Hause. Meine Mama wollte was Gutes für meine Zähne tun, mich auf zwei Bonbons pro Tag begrenzen. Ohne Erfolg. Ich habe die Tüte immer gefunden. Manchmal auch nach langer Suche, aber immer. Und dann habe ich direkt viel gegessen: die Tüte ist so groß, Mama merkt doch gar nichts. Ich habe jetzt schlechte Zähne und verstecke die süßen Sachen bei uns zu Hause nicht. Die stehen einfach offen auf dem Tisch. Meine Kinder dürfen da selber rein greifen, sich selber kontrollieren und nicht mehr als zwei pro Tag nehmen. Ich bin gespannt, ob das besser als ein Versteck funktioniert.

Feine Damen und feine Strumpfhosen

Wie ich jetzt es verstehe, war das Leben einer Familie mit Kindern, auch besonders einer Frau mit Tochter, damals in der Sowjetunion sehr angespannt. Ohne Wurst oder Käse konnte man noch leben, aber Mangel an Kleidung und Schuhen für schnellwachsende Kinder hat viele zusätzliche Sorgen gebracht und forderte besondere soziale Kompetenzen. Ihre sozialen Kompetenzen zum Beispiel hat meine Mama in zwei Richtungen eingesetzt. Erstens hat sie versucht, sich mit der Mama meiner Kindergartenfreundin anzufreunden, weil die für das Staatliche Depot gearbeitet hat. Das hat nichts gebracht, weil die beiden Mamas schon sehr unterschiedlich waren. Zweitens hat meine Mama mit ihrem Chef Zeit für Seminare und Weiterbildungsmöglichkeiten ausgehandelt. Sie konnte dann für diese Seminare etc. nach Moskau fliegen, um dort für uns einzukaufen. Sie kam immer mit großen Kisten zurück. Drin waren Kleidung und Schuhe für mich, für sie selber, etwas für meinen Bruder (ein Junge muss sich nicht hübsch mit Klamotten ausstatten) und noch alles, was sie nebenbei in den Schlangen gekriegt hat – Pepsi Cola in zwölf Glasflaschen! (konnte man bei uns nie sehen, war ein Teil vom westlichen Leben und sehr begehrt), 4-5 kg Bananen (meine ersten Bananen aus Moskau habe ich mit zehn probiert), Wurst und viel Schokolade. Ich liebte es, meine Mama vom Flughafen abzuholen: in der Wartezone ganz oben zu stehen, die auf dem Flugplatz laufenden Leute zu beobachten, zu versuchen Mama zu finden, schreien vor Freude und einfach so das ganze Durcheinander … ihre Gepäckstücke zählen und fantasieren, was alles so da drin wäre. Wie hat sie das alles alleine geschleppt? Das weiß sie jetzt selber nicht mehr. Wahrscheinlich war sie einfach schon trainiert. Wir hatten nie ein Auto. Wir sind immer zu Fuß einkaufen gegangen – oder mit dem Bus. Samstag oder Sonntagmorgen standen wir wie viele andere Familien an der Bushaltestelle. Und die erste Aufgabe für uns Kinder war es zu versuchen, in den Bus zu kommen und dabei die Eltern in diesem Gedränge nicht zu verlieren. Jeder Erwachsene hatte noch zwei bis drei Eimer dabei. Die sollte man am besten auf dem Kopf halten, sich selbst festhalten musste man nie, so gequetscht zwischen anderen Leuten war jeder. Ich habe mal rausgefunden, dass kein Erwachsener richtig gut in die Busecke passt. Es bleibt immer ein kleiner freier Platz da unten. Dorthin habe ich mich immer später versucht hin zu bewegen. Es hat nicht oft geklappt, weil die Leute wie eine stürmische Flut waren und ein Kind konnte gar nichts dagegen machen. Aber jeden Samstag oder Sonntag habe ich das versucht. So kamen ich und alle Anderen mit dem Bus in einer etwas größeren Stadt an, um dort auf dem Markt frisches

Gemüse und Obst einzukaufen. Zweite Aufgabe für uns Kinder war, schnell hinter den Eltern herzulaufen und sich dabei nicht zu verlieren. Der Markt war immer extrem voll mit Leuten. Sehr laut, alles durcheinander, so wie in der Türkei, aber auch ein bisschen anders: Verkauft wird von jeder Treppenstufe, von jedem Auto, von jedem Fenster, man kann alles probieren, alles aufschneiden, reinschauen, kritisieren und aushandeln, sehr viele Farben und Rufe. Später, mit 14 -15 konnte ich schon alleine auf den Markt gehen. So eine junge hübsche Frau hat fast alles geschenkt bekommen. Einfach so, weil du einige Zeit neben dem Verkäufer stehst und mit ihm sprichst. Ich fand es immer spannend: sie haben mich gerufen, hinter mir hergelaufen, mich mit Komplimenten bedeckt. Dabei ist das nichts Gefährliches, keiner will dir etwas tun, was du nicht willst. Das wusste ich, das war immer so, das bleibt auch so – das ist einfach tief in der Kultur und im Temperament all der kleinen Nationalitäten, die durchgemixt in unserer Region leben. Trotz mehrerer Ausflüge nach Moskau konnte meine Mama uns nicht komplett mit Kleidern und Schuhen versorgen. Manchmal mussten wir auch mal rund um den Ort für uns etwas suchen: Tage- und stundenlang von einem Geschäft zum anderen, von einem Ort zum anderen. So habe ich zum Beispiel ein Paar schmutzig grüne Schuhe, flexibel wie ein Stein und genau so wenig bequem, bekommen. Sie hatten eine spitze Nase, waren auch etwas groß und ich musste sie drei Jahre lang tragen, im Frühling, Sommer und Herbst. Nach so langem Tragen und weil sie so hart und steif waren, bekamen sie oben in der Mitte einen richtig tiefen Riss und machten etwas Geräusche. Ich hasste sie richtig, die waren mir peinlich, aber wir haben keine Alternative gefunden. So wie für den Winter, da hatte ich kurze Stiefel, die ich auch drei bis vier Jahre anziehen musste. Ich habe die Sohle so glatt wie einen Spiegel gemacht und konnte mich nicht im Laufen, sondern nur im Rutschen bewegen. Noch mehr peinlich waren mir meine Schuhe in St. Petersburg in meiner Uni-Zeit. Man konnte schon alles kaufen, aber ich hatte so wenig Geld, dass ich mich nicht richtig ernähren konnte und Klamotten und Schuhe konnte ich schon gar nicht kaufen. Wollte ich aber! Meine Modeausflüge gingen zu großen Secondhand-Marktplätzen, wo man nach Gewicht bezahlt hat. Einmal, nach langem Sparen, habe ich mir ganz bunte Schuhe dort angeschafft. Sie waren aus ganz dickem Leder und in sehr gutem Zustand. Ich war ganz stolz und überglücklich, bis am nächsten Tag meine Freundin ganz laut im Uni-Klassenraum sagte: „Hallo, wieso läufst du heute in meinen alten Skiboots rum?“ Ich musste sie aber weiter tragen, ich hatte kein Geld mehr. Jeden Tag ein bisschen Bemühung und Autosuggestion.

Aber nicht weniger wichtig als Schuhe für uns wachsende Damen von 10 bis 16 Jahren waren feine Strumpfhosen. Die waren schon so wichtig, weil sie als Indikator für wachsende Sexualität bei sowjetischen Mädchen betrachtet wurden. Es war lange verboten, die Schule mit Strumpfhosen in schwarz und sonst noch anderen Farben als „natur" zu betreten. Und schon deswegen wollte jedes Mädchen die haben. Dafür sollte man wie immer irgendwann in der Schlange stehen. Aber wann und wo? Normalerweise war diese Art von Fragen mir nicht wichtig. Das war die Welt der Erwachsenen – rauszufinden, wann und in welcher Schlange was kommt. Aber Strumpfhosen waren extrem wichtig. Das war unsere Welt und wir, die Mädchen schon mit 10 Jahren, verteilten diese wichtige Info in den Schulpausen, um uns nachher mit den Mamas in der Schlange zu treffen. Es gab aber auch ein richtiges Problem. Die Farbe „natur" konnte die sowjetische Industrie nicht hinkriegen. Es gab nur schwarz, fuchsrot und die Farbe, die wir „Säuglingskaka" nannten. Es gab keine kleinen Größen und man durfte nur drei Stück pro Person nehmen. Im Endeffekt habe ich immer nur die kaputten Strumpfhosen von meiner Mama gekriegt und nur dann, wenn sie schon mehr als 4 Löcher hatten (mit bis zu 4 Löchern hat meine Mama die noch selber gestopft und angezogen). Ich musste die weiter stopfen und durfte sie anziehen. Auch dann haben wir Mädchen in den Klassensprechstunden gesagt gekriegt, dass wir nicht wie zukünftige kommunistische Frauen rumlaufen, sondern wie Prostituierte. Später, zu Beginn der Perestrojka, war vieles freizügiger. Auch das Aussehen in der Schule war keinem der Lehrer mehr wichtig. Wir haben dann richtig losgelegt. Alle möglichen starken Farben, Make-up und Mini waren jeden Tag präsent in der Schule. Und wir Mädchen waren glücklich, auch wenn ich jetzt denke, wir sahen ein bisschen wie ein besonderes Kunststück aus, oder wie Clowns.

Mein Ballett und Musikunterricht

Ich war nie ein Prinzessinnen-Mädchen, auch nie ein Pirat, aber ich habe sehr gerne mit Jungs gespielt. Unsere Spiele waren voll Fantasie und Bewegung. Wir haben uns ausgedacht, dass die Kräne, die so rund um unser Wohngebiet standen und neue Häuser hochzogen, nichts anderes als enorme Riesen wären. Jeden Tag sind wir zu ihnen gelaufen, haben den Kränen etwas geschenkt, mit ihnen gesprochen. Nicht alle von denen waren böse. Mein Liebling war der gelbe Kran. Ich hatte immer Blumen für ihn gehabt und viele Gästekinder dorthin gebracht.

Ich hatte 1000 Geschichten zu erzählen und konnte ein Jahr lang so einen Krankult durchführen. So gut mitmachen konnten nur Jungs. Jungs waren rund um mich im Kindergarten, aber auch im Hausspielhof. Unsere Wohnung war ein Teil von einem 100-Wohnungen-Haus in einem modernen Stadtgebiet. Ich war immer sehr stolz auf unser langes Haus in Form von einem offenen Buch. Und das Wichtigste – in allen 100 Wohnungen wuchsen jede Menge Kinder allen Alters auf und alle verbrachten die Zeit vom Kindergartenende bis zur Schlafenszeit draußen. Ich hatte genug Freiheit und viele Freunde. Aber irgendwann dachte meine Mama, ich muss mehr „Mädchen" sein und hat mich mit fünfeinhalb Jahren zum Ballett angemeldet. Alles, was dazu gehörte, fand ich ganz toll: besonders den Eingang in die Stadthalle, Ballettschuhe, einen Minirock, den meine Mama mir aus rosa Haarschleifen genäht hat (Stoff war unmöglich zu kaufen), riesiger Spiegel im Saal und so viele Mädchen. Aber die Lehrerin … ich dachte, sie hasst uns, oder hatte zumindest selber ihren Papa und/oder ihren Mann als Militär zu Hause erlebt. So hat uns ein Mädchen dort erzählt, ihr Papa wäre Kapitän und wenn sie nicht direkt morgens früh aufstand, nahm er ihre Beine und zog sie aus dem Bett und dann auf den Boden zum Waschraum. Dabei war es ihm egal, ob sie mit dem Kopf gegen etwas stieß, oder er goss ihr die restliche Suppe über das Hemd, wenn sie die nicht leer essen wollte. So ungefähr war auch unsere Ballettlehrerin. Sie hat geschrien und gebrüllt. Jetzt hoffe ich, dass sie immer laut war, weil sie 30 kleine Mädchen hatte und wollte, dass alle sie verstanden haben. Damals dachte ich so was nicht, ich hatte Angst, ganz normale menschliche Angst vor einer merkwürdigen Frau.

Ich wollte alles machen, dass sie nicht auf mich aufmerksam wurde. Ich habe es ein Jahr lang geschafft, aber damit, zu tanzen, sich entlang von Musik zu bewegen, hatte es nichts zu tun. Deswegen brauchte ich, als mich meine Mama kurz vor dem Schulanfang fragte, ob ich beim Ballett bleibe oder lieber in die Musikschule gehe, keine Minute nachzudenken.

Musik! Auch wenn ich heute immer noch vom Tanzen träume und mit Musik wenig zu tun habe, bin ich meiner Musiklehrerin sehr dankbar. Sie hat mich vom Schreien befreit und in sehr liebevolle und geduldige Hände genommen. Alles war anders und sehr schön an ihr – sie war sehr jung, sehr nett, hübsch und hatte einen Nachnamen, der besonders für mich war. Es handelt sich um folgendes: Mein Nachname aus dem Russischen übersetzt bedeutet „nicht weise", ihr Nachname bedeutet „die sich immer an nichts erinnerte". Vorher dachte ich, ich bin die einzige, die so etwas tragen muss. Aber sie hatte so was Ähnliches! Ich war sehr beeindruckt und glücklich mit meiner Lehrerin Marina E. Nepomnjaschaja. Sie hat im

Gespräch nie die Stimme erhoben, war immer strahlend wie eine Sonne für mich. Ich hätte sie besonders gern nachher auch im Orchester als Lehrerin gehabt. Ich habe Domra gespielt. Das ist ein russisches Volksinstrument, das älter als die Balalaika ist und viel schöner, melodischer und singender klingt. Auf den Konzerten mussten wir (ca. 20 Kinder) russische Folklorekostüme anziehen.

Es war sehr spannend, die Kostüme in dem sehr großen Stadtkostümarchiv auszuwählen – mein Lieblingskostüm war das hellblaue mit dem sehr bunten altrussischen Kopfputz. Ich fühlte mich direkt fünf Grad hübscher als sonst. Aber besonders gern habe ich meine Lehrerin, so eine russische Schönheit, auf der Bühne beobachtet. Sie hat unser Orchester dirigiert: sie war voll mit dem ganzen Körper bei der Musik und sie sei einfach die Schönste, dachte ich.

Wahrscheinlich war das auch so. Aber nach fünf Jahren Musikunterricht mit sechs bis sieben Stunden pro Woche hatte ich die Musikschule verlassen und Marina nie wieder gesehen, auch wenn ich sie 15 Jahre später mit meiner Tochter zusammen gesucht habe.

Etwas aus der Schule

Dic Schulc, die ich besuchte, hatte keinen Namen, sondern eine Nummer. Die Nummer 1. Schon deswegen war sie die Beste und musste immer die Erste sein. Die Erste in vielen unterschiedlichen Wettbewerben, die alle Schulen sowie alle Fabriken oder Organisationen durchmachen mussten. Natürlich hatten alle Wettbewerbe ihren speziellen Zweck und waren zu besonderen kommunistischen Daten angesetzt. So hatten wir, die Schüler, vor dem Tag der Revolution und Tag der Arbeit (1. Mai) eine Woche lang keinen Unterricht außer Mathematik, Physik und Russisch. In dieser „Freizeit" mussten wir zusammen trainieren, schön und brav in einer Kolonne marschieren, die Lieder laut und begeistert singen, die rote Fahne flattern lassen und kommunistische Flämmchen in den Augen bekommen. Wir fanden es toll, nur ein oder zwei Unterrichtsstunden am Tag zu haben und den Rest der Zeit draußen zusammen zu verbringen. Frische Luft, Bewegung, viel Quatsch und ein bisschen Langeweile waren unsere Mitläufer. In den letzten Klassen haben wir uns aber schon gewundert, dass so ein großer Aufwand nur wegen ein paar hundert Meter Marsch um auf dem Stadtplatz zu demonstrieren veranstaltet wurde. Aber die Schulen waren auch so bewertet! Wir haben uns richtig bemüht.

Einmal dufte ich mit noch ein paar Mädchen vorne in der Kolonne laufen. Wir waren komplett rot angezogen und mussten zu der Präsidiumstribüne laufen, dort die Blumen den kommunistischen Führern schenken und dafür haben wir kleine Schokolädchen bekommen. Ich erinnere mich noch sehr gut daran, wie alt der Mann war, dem ich die Blumen gegeben habe. Ich war aber trotzdem sehr stolz und glücklich – klar, ich durfte zu den besonderen Leuten, ich war ein paar Minuten auch etwas Besonderes in meinem roten Kostüm, auch wenn es für meine Mama gar nicht leicht war, alles in Rot für mich zu finden. Dafür haben wir alle Freunde und Bekannte in „mit dem Bus erreichbarer Nähe" monatelang besucht und nach passender roter Kleidung gefragt. So sammelten wir mein Kostüm aus geliehenen Stücken zusammen: einen Rock, eine Weste, eine Jacke und Schuhe. Das klingt jetzt nicht so kompliziert, aber es war doch so, weil es nichts zu kaufen gab. Auch einfacher roter Stoff war unmöglich zu bekommen.
Unsere eintrainierte Art von Marsch brauchte unsere Schule „Nummer 1" noch ein Mal, wie jedes Jahr, für den „Sing und Marsch"-Wettbewerb, der in der Stadthalle stattfand. Eine Klasse musste sich eine Uniform ausdenken und realisieren, ein militärisches Lied lernen und die perfekte Art von Marsch auf der Bühne zeigen. Das war aber kein Spaß mehr! Man musste perfekt sein, um wieder und wieder „Nummer 1" zu werden. Unsere Klasse hat zwei Mal mitgemacht, weil es so viele große „repräsentative" Jungs bei mir in der Klasse gab. Was wir gesungen haben, weiß ich nicht mehr, aber die Uniform war einfach hübsch und auf der Bühne fühlte ich mich wohl, deswegen fragte ich mich gar nicht, ob dieser Marsch noch Bedeutung hatte oder Sinn machte.

Wir Kinder haben kommunistische Ziele oder ihre ganze Bedeutung nicht bemerkt, weil so unser Leben war – es war direkt von Anfang an sehr organisiert und von Anderen ausgedacht worden. Man sollte nur wie ein Schwamm alles aufnehmen und mit Dankbarkeit in den Augen weiter schwimmen. Und genau so war ich – keine Fragen (auch nie für mich selbst), nur optimistische und positive Gedanken, Höflichkeit und Hilfsbereitschaft – ich war dabei auch glücklich! Die Welt sah sehr strukturiert, prognostizierbar, einfach und dabei gut fürs Leben aus.
Ich war bemerkbar aktiv in allen vorgesehenen Aktivitäten, aber auch nicht zu sehr aktiv, so dass ich ganz schnell bei den Lehrern beliebt geworden bin. Daher durfte ich mit den ersten 20 Kindern aus der Schule Pionier werden.

Es war der Tag von Lenins Geburtstag. Alle Klassen (ohne Grundschule) von allen fünf Schulen waren auf dem Stadtplatz versammelt: Lieder über Lenin und Pioniere lagen in der Luft. Trommelwirbel. Die 20 besten Kinder von jeder Schule proklamieren den „Pionier-Eid“.
Jeder hat es schon vergessen, wie langweilig diese anstrengende Zeit von Auswendiglernerei war. Nach dem Trommelwirbel ist die Luft besonders klar und leise. Beim Proklamieren war ich mit dem ganzen Körper dabei und glaubte einfach an die Worte: „meine Heimat mit vollem Herzen zu lieben; leben, lernen und arbeiten, wie der Große Lenin es uns vorgemacht hat“, wie die Kommunistische Partei uns belehrte ... Ich habe immer noch den kompletten Text im Kopf. Und wofür? – frage ich mich. So tief war die Begeisterung, so glücklich mein Atem, so rot und wichtig mein Pionierhalstuch. Ich habe es noch fast ein ganzes Jahr bewundert. Die Jacke habe ich auch nicht bei Minustemperaturen zugemacht, das Tuch flattern lassen und mir Gedanken gemacht, wie gut ein Kind sein muss, um ein Pionier zu sein. Ich habe mir viel vorgenommen. Etwas wie zum Beispiel Älteren zu helfen, das hat auch gut geklappt. Der Rest ist mir nie so klar geworden. Was hat uns Lenin vorgemacht? Was möchte die Kommunistische Partei von einem richtigen Pioniermädchen? Es gab viele Geschichten über Lenin als Kind und Erwachsenen, aber keine hat diese Fragen beantwortet. Ich habe mich das auch nie so gefragt. Ich hatte gut gelernt, keine Fragen zu stellen! Aber ich kann jetzt sagen, irgendwo in mir gab es das sichere Gefühl, dass jemand mir sagt, wenn ich etwas falsch mache. Ich habe es nie gesagt bekommen und konzentrierte mich aufs Lernen. Meine erste Lehrerin war eine sehr große und sehr dicke deutsch-russische Frau, Emma hieß sie. Sie musste sich immer umdrehen an der Klassentür, um seitlich rein zu kommen. Als Kind fühlte jeder sich höchstens wie ein Sechstel von ihr. Zudem war sie sehr streng und absolut unsensibel. Regeln aufzustellen fand sie lebenswichtig. Als sie mich das erste Mal angesehen hat, hat sie sich zu meiner Mama umgedreht und gesagt: „Das Mädchen will nie gute Noten haben, immer so etwas in der Mitte. Sie können sich schon daran gewöhnen“. Meine Mama war schockiert. Aber die Emma tat, was sie gesagt hatte. Ich hatte immer mittlere Noten von ihr bekommen. Es hat mich natürlich nicht gestört. Was für ein Glück, dass die Kinder das eigene Leben leben und von außen nur Einzelteile wahrnehmen! Ansonsten würde ich immer ihren Stempel „Mitte“ in mir tragen. Kinder bekamen nicht nur Leistungsnoten von der Lehrerin, sondern auch jede Woche eine Note für das Benehmen. Das war ein Bereich, wo sie uns in ihrer Art richtig drücken konnte. Was ist ein gutes Benehmen für eine Schülerin? 45 Minuten ruhig und gerade sitzen, Unterarm auf Unterarm vor sich auf dem

Schultisch halten, in die Augen der Lehrerin schauen, zuhören und antworten. Dazu musste man sich noch in der Pause sehr ruhig benehmen, nicht rennen, nicht springen etc. Wann darf man als Kind sich natürlich bewegen und laut sein? Das hat sie nie interessiert. Aber mein Notenbuch erzählt, dass ich in den Pausen rennen, spielen und Quatsch machen wollte. Gut beschrieben mit rotem Stift und unvergesslichem Beschwerdeton steht in dem Notenbuch: «Ihre Tochter war laut in der Pause», oder «Gespielt mit Jungs, zu aktiv», «hat die Tür in der Jungentoilette angefasst», etc. Lustig, etwas komisch und peinlich ist es auch zu lesen. So etwa war der Anfang meiner Schulzeit. Das Ende war schon besser. Entgegen der Prognose meiner ersten Lehrerin habe ich die Schule mit besten Noten und einer silbernen Medaille abgeschlossen. Eine richtige Medaille aus Silber bekommt man zusammen mit dem Zeugnis, wenn jedes Fach mit einer «Eins» bewertet ist, außer zwei Fächern, die eine etwas schlechtere Note haben können. Ich habe es nicht trotz meiner ersten Lehrerin so gut gemacht, sondern wahrscheinlich für meine Mama. Sie konnte mit dem Stempel «gut für die Mitte» nicht so gut leben.

Zuhause

Das Russland, an das ich mich erinnere, ist sehr vielfältig. Am Anfang ist alles, was rund um mich war, voller vieler Farben, Blumen, Hoffnungen, Sicherheit, Freundlichkeit und Gastfreundschaft in mir geblieben. Alles war gepflegt und so an die Menschen angepasst, dass ich mich an meine Kindheit immer glücklich erinnere. Vielleicht liegt es auch daran, dass die Stadt, in der ich aufgewachsen bin, sehr klein ist und in der Sowjetzeit geschlossen war. Geschlossene Stadt hieß eine Stadt, die es nicht auf den Landkarten gab, die so ein bisschen geografisch versteckt war, entfernt von den großen Straßen etc., die Stadt, die nicht jeder besuchen durfte. Hier, in dem sehr nah liegenden Gebirge, war in den 50er Jahren Uran gefunden und dann abgebaut worden. Immer noch gibt es an der Grenze zur Stadt ein sehr großes Molekülmahnmal aus Stahl. Es sieht immer noch sehr bombastisch aus und unten wachsen noch rote Blumen.
Als ich nach meiner Geburt mit meiner Mama dorthin zurück kam, waren alle Bergwerke schon seit ca. 11 – 12 Jahre aufgelöst. Die Stadt sollte weiter geschlossen sein – das Geheimnis liegt noch in der Forschung und dem Bergmaschinenbau. Es war auch gut so. Dieser spezifische Status war längere Zeit ein sehr großer Vorteil. Alles war sehr gepflegt dort, es gab eine reiche Infrastruktur und viel Aufmerksamkeit für Kinder. Ein künstlicher See, ein riesiger Sportkomplex mit Schwimmbad, drei Tennisplätzen,

zwei Basketballhallen, Gymnastikhalle und Fußballstadion, zwei Kinocenter, fünf Schulen und eine Berufsschule.

Das Mahnmal heute

Es gab auch ein sehr gutes Krankenhaus, dort konnten 35.000 Leute aufgenommen werden. Es gab tatsächlich Leute, die nicht richtig raus aus der Stadt durften. Geheimnisse, viel Kontrolle und die Kommunistische Partei. Ich denke, die Nachteile dieses Status waren für viele Leute spürbar, für uns aber nicht so sehr.

Das städtische Finanzamt, wo meine Mama lange gearbeitet hat, hatte doch kein Geheimnis, sondern Vorteile, zum Beispiel konnten wir meinen speziellen „Kur-Kindergarten" schon benutzen. Er war 24 Stunden offen und nur auf das Wohl und die Gesundheit des Kindes ausgerichtet. Es gab nur sehr Gesundes zu essen, zu basteln, zu spielen, ein Schwimmbad, einen Arzt, der immer im Haus war und jede zweite Woche jedes Kind ganz individuell untersucht hat. Es wurde auch kontrolliert, ob wir bei jedem Wetter genug draußen waren. Die Kinder mit speziellen Krankheiten haben auch ihre medikamentöse Behandlung oder Kur gekriegt. Jeden Morgen, ganz früh, wurden in der Stadt die Straßen gekehrt und mit Was-

ser gewaschen. Jeden Abend um 17 Uhr kam das Müllauto, um den sortierten Müll der Haushalte abzuholen. Es machte immer einen kurzen Stopp zwischen zwei oder drei Häusern und wir Kinder (war unsere Aufgabe) mussten den Müll rein kippen. Es gab in unserem Haus auf der ersten Etage eine Kinderstation. Die Station war von der Stadt organisiert und hatte eine Kleintierkinderfarm und zwei „Natur-Klassen", wo man viel mit der Natur machen konnte und durfte. Es gab immer eine Erzieherin und eine Lehrerin dort. Das war einfach klasse für alle Kinder. Deswegen sammelten sich die Kinder gerne mit ihren Mülleimern rund um unser Haus, um nachher auf die Kinderstation zu gehen. Das war ein echter Treffpunkt, wo ich sehr viele Kinder kennengelernt habe. Aber auch eine Aufgabe, die mich verrückt gemacht hat: Man geht mit dem Mülleimer, man muss sich aber hübsch genug anziehen, um andere neue Leute kennenlernen zu können.
Meine Heimat sieht aber schon ganz anders aus als rund um die Perestroijkazeit: schon etwas arm, grau und hungrig. Auch etwas rauer. Plötzlich sind normale Lebensmittelläden ganz leer, nichts ist da, nur Salz und ein paar Konserven, die keiner isst. Alles ist ein großes Defizit.
Das deutsche Wort „Defizit" ist das erste Mal in der Geschichte mit russischen Buchstaben geschrieben und sehr populär geworden. Man fragt nur nach Defiziten, man spricht sehr viel und erwartet sie, man sucht sie, man steht 8-20 Stunden in der Schlange vor einem Geschäft, weil dort Defizit angekommen ist. Was genau dort zu kaufen ist, ist nicht so wichtig. Man kann wenigstens etwas bekommen und die ganze Familie steht und steht in der Schlange. Die Leute in diesen ewigen Schlangen sind schon andere. Sie sind müde und sehr unsicher. Das ist der größte Unterschied zu der Zeit früher. Sie sprechen nicht mehr so viel miteinander, jeder ist ein «Wettbewerber». Derjenige, der viel und erfolgreich in den Schlangen steht, bekommt viel vom «Defizit», auch wenn er es nicht braucht. «Defizit» ist wie Geld oder sogar mehr: Man kann es in alles umtauschen oder viel teurer verkaufen. Ich kenne eine Frau, die hat sehr viel «Defizit» bekommen, weil sie selber in einem Geschäft gearbeitet hat. Die drei Staubsauger, zwei Lampen, zwei Kühlschränke, drei Musikanlagen und diverse kleine Sachen hat sie verkauft und von dem Geld eine Wohnung gekauft. So teuer war «Defizit» auf dem Secondhand- oder Schwarzmarkt!
Meine Familie war nie so erfolgreich beim «Defizit»-Jagen, aber auch wir hatten immer noch Sachen auf dem Dachboden liegen, die wir in den Schlangen bekommen hatten, aber nicht brauchten. Die Regel in der Schlange ist sehr einfach: Wenn man endlich an der Reihe ist, darf man aus zwei oder drei sehr unterschiedlichen Sachen aussuchen und sich etwas

kaufen. Ein Stück oder Set pro Kopf. Häufig war es aber so, dass die Sache, die wir nehmen wollten, schon weg war und wir mussten etwas anderes nehmen. So haben wir diverse Teller, Wasserkocher, Tapeten, Morgen- und Bademäntel gesammelt. Sogar in solchen Mengen, die wir nie brauchen konnten, aber nach so vielen Stunden in der Schlange musste man etwas nehmen! Es war nicht schlecht für Leute mit ein bisschen Geschäftsgeist, aber nichts für meine Mama. Mein Bruder, der zurzeit in unserer früheren Wohnung wohnt, hat schon viele Stunden beim Aufräumen verbracht. Und unsere Hühner! Die restlichen Spuren und Kratzer von unseren Hühnern findet mein Bruder immer wieder irgendwo auf der Wohnungsloggia. Sie hatten wir uns angeschafft, als gar nichts mehr zu kaufen war. Es war aber nicht so einfach, die Hühner auf der 3 qm Loggia in der dritten Etage zu halten. Jeden Tag mussten wir mit den Hühnern an der Leine spazieren gehen, Gras sammeln, füttern, Eier suchen, Loggia putzen. Wir haben ganz engagiert angefangen, aber 7 Wochen haben uns gereicht. Unsere Freunde sind in der Suppe gelandet. Seitdem bin ich sicher, man braucht nicht so extrem viel Natur in der Stadt.

Ich kann das alles aber auch von einer anderen Seite beschreiben. Meine Heimat liegt in Süd-Russland, Nordkaukasien, in einem kleinen Ort zwischen mehreren Bergen und mehr als 100 Mineralquellen. Als Kind habe ich viele Sagen gehört, dass die Gebirge immer beseelt und lebendig sind. Am häufigsten ging es um Liebesgeschichten: Zwei Männer, die um eine Frau gekämpft haben, zum Beispiel; die Eltern von der Frau wollten einem von den Männern helfen, die Frau aber wollte den anderen als Gewinner sehen. Als einer der Männer gemerkt hatte, dass sein Schwert von den Eltern kaputt gemacht worden war, warf er das Schwert zwischen sich und den Konkurrenten und sagte zu der Frau: „Dann sollst du keinem gehören“. In dem Moment verwandelte sie sich in zwei große Berge. Ein kleiner, aber sehr spitzer Schwertberg entstand noch zwischen den beiden Bergen. Die Frau sprang zu dem Berg, der von ihrem Geliebten gebildet war, und stürzte sich in den Fluss, der jede Minute den Bergfuß zärtlich liebkost, umfasst und umspült, verwandelt.

Ich bin es gewöhnt, mit dem Gebirge wie mit den Menschen umzugehen, mit ihnen zu sprechen, mich ihnen mitzuteilen, mit ihnen zu fühlen. Ich liebe es, mich als ein Teil der Natur zu fühlen und immer erstaunt zu sein, wie klein mein Anteil ist. Früher, als Kind, konnte ich direkt vom Haus aus ins Gebirge spazieren, einfach den Sonnenuntergang betrachten, Insektenlaute hören, Kräuter und Beeren sammeln, Mineralwasser, das einfach so aus der Erde raus spritzte, trinken. Das Haus lag am Fuß des Berges. Ich und meine Freundin sind oft da gewesen. Der Weg von Zuhause bis zur

Mineralquelle und zurück durch viele kleine Hügel war Teil unseres Lebens. Später sind wir nach oben gewandert, um uns auf der einen oder anderen Spitze des Berges zu unterhalten. Viele Vögel und wir. Immer noch tanke ich viel Energie, Ruhe und Gesundheit dort.

Mein „Hausberg" – Da bin ich immer zu Hause.

LAMIA MEKHAEL-MAKSSO AUS DEM IRAK

Im April 2012, als Angela mich angesprochen hat, mit ihr ein Buch zu schreiben, habe ich überlegt, was ich schreiben soll. Ich habe viele Gründe, an dem Buch mitzuarbeiten: Neugierde; mein Traum, Lebenserfahrungen niederzuschreiben – aber natürlich nicht auf Deutsch, dachte ich früher. Es bietet uns nicht nur die Möglichkeit, unsere Erfahrungen mitzuteilen, sondern gewährt den Lesern auch einen Einblick in ein anderes Leben, eine andere Kultur, eine andere Gefühlswelt. Durch meine Geschichte, die ich hier aufschreibe, möchte ich die Freuden, das Leid eines Volkes und mich selbst als Teil dieses Volkes darstellen. Dies Leben ist einzigartig und wundervoll, wie jedes andere auch. Und deshalb denke ich, dass Gott uns kein Leben schenkt, wenn er uns nicht dessen für würdig erachten würde.

„Über gestern in meiner Heimat Irak“

Wenn man Irak oder Bagdad hört, stellt man sich sofort die Dritte Welt vor, in der es Armut, Unterentwicklung, zerstörte Straßen gibt. Aber die, die Bagdad besucht haben, wissen, dass Bagdad, ja ganz Irak völlig anders war, bevor es sich in das jetzige Bagdad in den siebziger und achtziger Jahren entwickelte. Ein Land mit schönen Straßen und Häusern, jeder hatte einen Job und alle führten ein gutes Leben. Jeder bekam das, was er brauchte.

Meine Stadt; unser Haus:

Bagdad ist meine Heimatstadt. Sie ist die Hauptstadt Iraks. Ich bin dort auf die Welt gekommen und musste sie 1991 aufgrund gewisser Umstände verlassen.

Meine Familie und ich wohnten zunächst in einer kleinen Wohnung im Stadtteil „Batauien“, jedoch sind wir, nach meiner Geburt, sehr bald in das – meiner Meinung nach – schönste Viertel „Al-Mansoor City“ umgezogen.

Unser Haus, ich und Issa

Meine Eltern kauften das Grundstück unseres neuen Heimes. Es war ein sehr neues Viertel und lag vom Stadtzentrum weit entfernt. Es gab kaum öffentliche Verkehrsmittel, wie Bus oder Bahn, so mussten manche meist weite Strecken zurücklegen, um zu einer Bushaltstelle zu gelangen, jedoch hatte meine Familie das große Glück, dass es genau vor dem Grundstück eine Busverbindung gab.

Dieses Heim, in dem ich meine Kindheit, Jugend und meine Zeit als Heranwachsende erlebt habe, hat viele Geschichten zu erzählen. Manche sind lustig, manche sind traurig. Manche handeln von unseren glücklichen Momenten, andere wiederum von Leid und Trennung.

Obwohl ich diese ganzen Geschichten in diesem Gebäude zurückgelassen habe, kann ich mich an sie erinnern, als wäre es gestern gewesen.
Der Garten ist mir besonders in Erinnerung geblieben. Er war groß, 120 m^2 groß um genau zu sein. Er lag zwischen unserem Haus und der Straße. Der Garten und die Straße wurden von einer circa 1,50 m hohen Steinmauer, welche weiß-blau verputzt war, getrennt. Neben dem Garten war unsere Einfahrt, die bis zum Haus reicht. Wir hatten auch eine Terrasse, die an den Garten angrenzte und zwischen Haus und Garten einen Übergang bildete. Hier genossen wir unseren Nachmittagstee.
Der Garten wurde von Obstbäumen umringt. Der Zugang zum Garten befand sich an der Einfahrt.
Der Garten selbst wurde mit den verschiedensten Blumen und Fruchtbäumen bepflanzt. Sienesen, Nargis und Gardienen und Organen-, Birnen- und Grapefruitbäume konnte man in unserem Garten bestaunen. Das Zusammenspiel der Düfte in der Frühlingszeit hat mich immer wieder verzaubert. Im Inneren des Gartens gab es eine Grünfläche, die wir als Entspannungsoase nutzten.
Man kann klar erkennen, dass mein Zuhause für mich einem Paradies nahekommt. Was hat mich aus diesem Paradies vertrieben? Ist es mir zu öde geworden? Hat mich der Abenteuergeist gepackt?
Im hinteren Teil des Gartens haben wir, mein 18-jähriger Bruder und ich, eine Hütte aus Holz gebaut, wo wir alle Werkzeuge hineinstellen konnten, einen Rasenmäher und einen großen Käfig mit Wellensittichen.
Jeden Morgen hörten wir ganz früh das Zwitschern von Vögeln, weil mein Fenster zum Garten hinaus ging; ich fühlte mich so oft wie im Paradies, sie waren mein Wecker, als ich an der Uni war, und wenn wir sie nicht hören wollten, haben wir den ganzen Käfig abgedeckt.
Mein Vater hatte immer Tiere geliebt und wir mussten immer Tiere haben: Vögel oder Hühner oder einen Hund hatten wir und einmal auch Enten. Aber mein Vater hatte keine Lust und er hatte keine Ahnung von Tierhaltung; dennoch wollte er sie und glaubte, Tiere bringen Glück und vertreiben böse Geister. 1991, als die Amerikaner den Irak angriffen, kamen alle Vögel wegen des Lärms von Raketen und Flugzeugen ums Leben. Es war ein großer Schock für uns, als wir nach Hause kamen, weil wir während der Angriffe nicht in Bagdad geblieben waren, sondern im Norden des Iraks bei Bekannten unterkamen.

Familie und Geburt

Wie und unter welchen Umständen ich zur Welt kam, hat mir meine verstorbene Mutter nie vollständig erzählt. Ich weiß nur, dass ich im Krankenhaus Al-Haeiderie geboren wurde und dass es keine Komplikationen gab.

Meine Eltern haben gearbeitet, so hatten sie nicht die Zeit, mich nachmittags zu betreuen. Mein Onkel und meine Tante Basima betreuten mich den ganzen Tag lang, bis meine Eltern nach Hause kamen.

Meine Eltern lebten an zwei verschiedenen Orten im Norden des Irak und trafen sich in der Hauptstadt ihrer neuen Heimat. Mein Vater lebte in Ninive, meine Mutter wohnte nach ihrer Flucht mit ihrem Onkel und ihrer Oma in Bagdad.

Obwohl meine Eltern zur Mittelschicht gehörten und ihnen wenig Freizeit zur Verfügung stand, genossen meine Familie und ich ein angenehmes Leben. Ich hatte eine glückliche Kindheit und war sehr aufgeweckt, wenn es ums Spielen ging. Unsinn machen, zum Beispiel auf unsere Olivenbäume klettern, Ball spielen, Seil hüpfen – das waren meine alltäglichen Aktivitäten. Ich hatte das Glück gehabt von meiner Familie wohlbehütet aufzuwachsen.

Meine Mutter stammt ursprünglich aus der Türkei, doch als sie zwei Jahre alt war, sind sie von dort als Kleinkinder mit ihren Verwandten – dem Onkel, dem Bruder der Mutter und seiner Mutter, ihrer Oma, geflohen, wegen der Gewalt gegen Christen, die in ihren Dörfern herrschte. Sie lebten ein paar Jahren im Ninive und später in Bagdad, als meine Mutter acht Jahre alt war.

Nachdem mein Vater sein Abitur mit 18 Jahren 1948 abgeschlossen hatte, hat er sich, als er aus seinem Elternhaus auszog, als Lehrer über Wasser gehalten. Mein Vater hat in beinahe ganz Irak, von Nord- bis Südirak, schon mal unterrichtet. Später hat er als Buchhalter für die Britische Bank in Bagdad gearbeitet. Er wechselte später zur irakischen Zentralbank.

Zuletzt versuchte er sich als Geschäftsmann für Pumpen, Maschinen und Zubehör.

Mein Vater sah meine Mutter zum ersten Mal, als er ihr Nachhilfe gab. Meine Mutter besuchte zu dieser Zeit die neunte Klasse und mein Vater war 28 Jahre alt.

Meine Mutter heiratete ihn, als sie 17 und er 29 Jahre alt waren.

Das Berufsleben meiner Mutter war sehr überschaubar. Meine Mutter erhielt ein Stellenangebot von der irakischen Zentralbank vor dem Abschluss meines ersten Lebensjahres.
Meine Mutter war eine wunderbare Frau, hübsch, elegant, nett, sehr gebildet, obwohl sie nur bis zur neunten Klasse zur Schule ging. Sie hat viel gelesen und sich selbst vieles beigebracht. Sie hat unsere Kleider selbst genäht und gestrickt. Sie war die Gebieterin der Küche, wir und unsere Verwandten haben leckere Gerichte genossen, die sie uns gelehrt hat selber zu kochen.

Alia, ich, Issa, Damia mit Onkel Seliman

Mein Vater *Meine Mutter*

Vom Kinderbett zum Hörsaalsitz

Ich hatte wie alle Kinder vier Jahre Kindergarten und wurde mit sechs Jahren eingeschult.
Das Schulgebäude hatte zwei Stockwerke und einen Spielhof. Es war eigentlich eine Villa, die zu einer Grundschule umfunktioniert worden war. Es wurde dort von der ersten bis zur sechsten Klasse Jungen und Mädchen gemeinsam nur von Frauen unterrichtet. Ab der sechsten wurden Jungen und Mädchen getrennt unterrichtet.

Bis ich in den Kindergarten durfte, musste ich bei meiner Tante Basima oder anderen Verwandten den Vormittag verbringen. Meine Eltern mussten nicht nur arbeiten, sondern auch eine riesige Strecke von ungefähr 20 Kilometern mit dem Bus zurücklegen, deshalb kamen sie erst nach dem Nachmittag, um mich und meine Geschwister abzuholen.
Trotz der geringen Betreuung durch meine Eltern, hatte ich eine angenehme Zeit bei meinen Verwandten. Meine Tante Basima hat mir zum Beispiel Kleider genäht, mein Onkel Nadem hat mir ein Aufnahmegerät geschenkt, mit dem ich Lieder und Witze aufnahm.
Als ich 3 Jahre alt war, durfte ich in den Kindergarten. Der Kindergarten, den ich besuchte, war ein katholischer. Ich war nicht alleine im Kindergar-

ten. Meine Schwester Alia hat zur selben Zeit wie ich den Kindergarten besucht.
Mit 6 begann die bisher wohl aufregendste Zeit, die Grundschule. Ich liebte sie, weil ich nicht nur erfolgreich war und oft Lob bekam, sondern auch sehr interessanten Menschen begegnet bin.

Ich bin in der dritten Klasse

Die Schule, die ich besuchte, war eigentlich eine Villa mit zwei Stockwerken, die als Schule genutzt wurde. Es wurden Jungen und Mädchen bis zur 6. Klasse zusammen unterrichtet, jedoch ausschließlich von Lehrerinnen. Ab der 7. Klasse spalteten sich die Klassen in Frauen- und Männerklassen, die auf getrennten Schulen unterrichtet wurden.
In der 5. Klasse kamen zwei neue Mädchen in unsere Klasse, die anders aussahen als die anderen Mädchen. Sie waren Geschwister. Die eine hatte blondes Haar und hieß Rhenate, die andere hatte etwas dunkleres Blond und hieß Rahya, aber beide waren hübsch. Sie hatten noch Brüder, von denen der eine so alt war wie mein Bruder; er hieß Saliem. Saliem und mein Bruder wurden zu besten Freunden und blieben es über die Schulzeit hinaus bis zum Studium. Ihre Mutter war Ost-Deutsche und der Vater war ein bekannter irakischer Künstler. Er hieß Nazar Jawad Selim. Diese Familie fand ich faszinierend. Der Vater war Künstler und hat viele Statuen in Bagdad entworfen, die Töchter waren in der Musikschule und im Ballett

aktiv. Meine persönliche Faszination für diese Familie stammt wahrscheinlich daher, dass die Töchter musizierten und den Traum von vielen Mädchen lebten, Ballett zu tanzen. Der älteste der Brüder hat alleine den Tigris mit einem Boot bezwungen. Er ist von Nordirak gestartet und ist bis zum Südirak geschippert.

In der sechsten Klasse kam ein Junge namens Ahmed in unsere Klasse. Er war Syrer und Sohn eines Oppositionellen der Regierung Syriens. Sie sind vor der politischen Verfolgung, die zu der Zeit dort herrschte, geflohen und haben im Irak Asyl gefunden.

Ahmed war ein lustiger Junge, neben dem ich in der Klasse saß. Wir haben uns gegenseitig unterstützt, falls jemand nicht weiter wusste bei den Aufgaben. Wir waren sehr fleißig. Besonders häufig haben wir in Mathe und Englisch einander geholfen. Diese Solidarität gefiel unserer Englischlehrerin gar nicht, deshalb hat sie uns nicht nur immer wieder ermahnt, sondern auch beschimpft.

Ich sah sie als Hexe, Ahmed sah sie auch als Hexe. Ich bin mir sicher, der Rest der Klasse dachte dasselbe. Allein ihr rot karierter Schottenrock hat alles „verraten".

In Bagdad, der Hauptstadt des Landes, konnte man allen Nationalitäten begegnen und doch gab es keinen Hass unter einander. Auch Muslime und Christen haben friedlich miteinander gelebt und sich respektiert. Die Christen wurden geehrt, weil sie moderne, ehrliche und regierungstreue Leute waren, deshalb haben ihnen die Menschen in Bagdad vertraut.

Ab der siebten Klasse, wie ich gesagt habe, wurden die Jungen von den Mädchen getrennt unterrichtet.

Die nächsten drei Jahre führten durch die Mittelstufe. Die Mittelstufenjahre waren anders als die vergangen Jahre zuvor. Die Aufteilung von Jungen und Mädchen außer Acht gelassen, fühlte ich mich größer und eine neue Spannung beherrschte diesen Einstieg in die Mittelstufe. Zum einen gab es viele Klassen in einer Stufe, zum Beispiel 30 Schülerinnen in einer Klasse, sind bei sechs Klassen 180 Schülerinnen im siebten Jahrgang, und zum anderen herrschte zwischen mir und meinen Freundinnen ein Wettbewerb in den Schulfächern, die einer freundschaftlichen Rivalität glich.

Am Ende der Mittelstufe – neunte Klasse – schrieben wir die Abschlussprüfung. Aufgrund der Noten dieser Prüfung entschied sich, ob man auf eine berufliche Schule oder ins Gymnasium eingestuft wird. Die Oberstufe wird bei uns „Secondary School" genannt. Die „School" bot die Wahl zwischen naturwissenschaftlichem und einem gesellschaftswissenschaftlichen Schwerpunkt, dem man sich darauf drei Jahre lang intensiver widmet

als den übrigen Fächern. Ich entschied mich für die naturwissenschaftliche Spezialisierung.
Die Höhepunkte in meiner schulischen Karriere erlebte ich in der elften Klasse. Besonders erwähnenswert sind Physik und Mathematik. So hatte ich mir ein Übungsbuch mit vielen, vielen Mathematikaufgaben besorgt. Von den ungefähr 1.000 Aufgaben hatte ich mir vorgenommen, jeden Tag 50 Aufgaben zu lösen und in einen Hefter ordentlich abzuheften. Meine Mitschülerinnen und sogar Lehrerin wollte meine Lösungen haben, da sie auch die Aufgaben aus diesem Buch lösten, 6 Klassen mit jeweils 35 Schülerinnen der elften Klasse und sogar meine Lehrerin. – Klingt unvorstellbar, ist aber wahr – Meine Physiklehrerin war 64 Jahre alt. Wie das in dem Alter üblich ist, war sie nicht im Stande, das zu vollbringen, was sie sich vorgenommen hatte. Ich war ihre Klassenbeste und deshalb hat sie mir manchmal aufgegeben, der Klasse die eine oder andere Formel oder Modell zu erklären. Mir war das Erklären im Namen meiner Lehrerin nicht angenehm, da das auch den Neid mancher meiner Freundinnen auf mich zog.
Vor der Abschlussprüfung bekamen wir einen Monat freigestellt, sodass wir uns vorbereiten konnten. Zu Recht war es so viel Zeit, denn man musste so gut wie jedes Buch verinnerlicht haben. Gerade in diesem Monat hatte ich eine Phase, in der ich wenig Lust zum Lernen hatte und eher Kuchen und andere leckere Gerichte mit meiner Mutter zauberte. Während ich in diesem Monat zunahm, lernten meine Freundinnen fleißig. Besonders Manal, sie gehörte zu meiner Familie, aber war nie zuvor so fleißig. Seit der zwölften Klasse hatte sie sehr viel Nachhilfe von den besten Lehrern aus Bagdad genommen.
Das Ergebnis der Prüfung war bei Manal 94 von 100 – sie wurde zum Medizinstudium zugelassen – und bei mir war das Ergebnis 90 von 100.
Mein Traumberuf war es, Architektin zu werden, doch mir fehlte im Abitur ein einziger Punkt, um den Anforderungen für das Studium an der Universität Bagdad zu genügen. Ich hätte natürlich in einer anderen Stadt mein Studium absolvieren können, doch ich entschied mich dagegen und studierte an der Universität Maschinenbau.
Das war meine erste falsche Entscheidung. Wir waren 5 Mädchen und 85 Jungs – deswegen hatte ich am Anfang große Angst.
Trotzdem habe ich einen guten Abschluss gehabt mit guten Noten. Ich gehörte von 90 Studenten zu den 20 besten.
Auf der Uni war es anders. Hier wurden Frauen und Männer nicht getrennt unterrichtet, wie im Gymnasium. In dem Alter, in denen sich die Kommilitonen befanden, suchten sowohl Frauen als auch Männer einander. Ich aber habe mich nicht dafür interessiert. Ich wollte studieren und keinen

Partner fürs Leben an der Universität finden. Ich habe mich zwar mit Männern unterhalten, doch keinen Hintergedanken gehabt, einen von diesen zu heiraten.

Unsere Clique

Die Clique, mit der ich an der Universität die meiste Zeit verbrachte und die Vorlesungen besuchte, bestand aus nur fünf Mädchen in unserer Klasse – Kawlla, Anwar, Sahira, Alaee und ich – und den Jungs Ahmad, Sarmad Abdel Hakim und Abdel Al-Karim und Zuhir. Wir studierten, aßen miteinander und unterhielten uns viel.

Die vier Jahre Studium vergingen so schnell, weil mein Studium und meine Klausuren meine einzige Sorge waren.

Die Goldene Zeit

Die Universität hat mir Spaß gemacht. Ich habe viele Freiheiten genossen, die zuvor nicht denkbar waren. Zu schade, dass diese Zeit wie im Flug vorüberging.

Eine Freiheit zum Beispiel war, dass die Lerngruppen und die Cliquen nicht mehr nur aus Mädchen bestanden. So war ich während der Studienzeit ein Teil einer Clique.

In dem Alter, in dem sich meine Mitstudenten und ich befanden, haben sich Männer und Frauen gleichermaßen gesucht. Meine Freundinnen meinten, dass die Universität der optimale Platz wäre, um einen Partner zu finden. Ich war da etwas anderer Meinung. Mich hat kein Hintergedanke begleitet, wenn ich mich mit einem männlichen Studenten unterhalten habe. Ich bin mir nicht sicher wieso das so ist, ich kann nur vermuten, dass mir keiner der Männer gefallen hatte. Im letzten Semester hat sich dieses Thema zum Hauptthema entwickelt. Ich hab sogar meine beste Freundin mehrmals mit dem gleichen Mann „erwischt". Ich habe mich nicht beeinflussen lassen. Ich war immer noch mit meinen Studium und den Klausuren – meiner einzigen Leidenschaft – beschäftigt.

Meine Studienzeit endete zur selben Zeit wie die meiner älteren Schwester Alia, da das Medizinstudium 12 Semester und das Maschinenbaustudium nur 8 Semester dauerte.

In demselben Jahr, in dem meine Schwester und ich den Abschluss absolvierten, erhielten wir auch die Nachricht, dass mein jüngster Bruder Ibrahim nicht in der Krabbelstube bleiben wollte. Da dies eine besondere Aufmerksamkeit erforderte, suchten wir nach einer geeigneten Babysitterin. Unsere Suche war nicht erfolgreich, aus diesem Grund habe ich mich entschlossen, für ihn zu sorgen. Somit verbrachte ich nach meinem Studium ein ganzes Jahr zu Hause ohne zu arbeiten.

Mein zweiter Fehler: Ich hätte in diesem Jahr eine Ausbildung erhalten, die einen Auslandsaufenthalt in Deutschland vorgesehen hatte.

In den nächsten Jahren hatte ich eine gute Stelle am Flughafen von Bagdad in der Abteilung für Klimatechnik als Maschinenbau-Ingenieurin, und das gefiel mir sehr, trotz mancher Probleme am Anfang, aber schön war, dass meine Chefs Luaee und Ayad mir vertrauten, mir verantwortungsvolle Arbeit gaben und mich bei wichtigen Problemen immer um Rat fragten.

Nach meinem Studium haben meine Freundin Fatin und ich uns im Französischen Kulturinstitut Bagdad zu einem Französischkurs angemeldet. Französisch war eine sehr schöne Sprache, die Fatin und mir in der zwölf-

ten und dreizehnten Lehrjahr an der Schule begegnete und jetzt eine neue Herausforderung für uns darstellte.
Durch den Französischkurs habe ich neue Freundinnen kennengelernt. Wir besuchten nicht nur den Kurs zusammen, sondern auch Theater und Galerien oder wir probierten auch Restaurants in der Umgebung aus. Das klingt zwar wie die normalste Sache der Welt, doch nach meinem Studium hat mir meine Mutter zum ersten Mal so viele Freiheiten gewährt.
Diese Welt dort im Französischen Kulturinstitut war erfüllt mit Musik, Kunst und Eleganz. Dort fühlte ich mich wohl. Die meisten Leute dort waren nett, besonders Nematt, der mir schüchterne Blicke zuwarf. Ich hab ihn erst nicht bemerkt und mich nicht richtig mit ihm unterhalten. Als wir gemeinsam in denselben Französischkurs gingen, haben wir uns zum ersten Mal richtig unterhalten. Hierbei erfuhr ich, dass wir zur selben Uni gingen und er Bauingenieurswesen studierte. Es war sein letztes Semester Französisch, das er absolvierte, weil er seinen Master abschließen wollte. Am letzten Abend hat er mir einen Kaffee spendiert und sich verabschiedet.
Es dauerte so lange, bis er mit mir in Kontakt kam, und doch hatte er keinen Mut gefunden, seine Gefühle zu äußern. Christliche junge Männer sind immer schüchtern bei Frauen und deshalb warten sie, bis ihre Mutter eine Frau für sie findet.

Sommer – Ungewiss und doch willkommen

Sommer ganz anders – in der Türkei und in Syrien

Der Sommer in Bagdad war, wie man es von Ländern im Orient gewohnt ist, sehr heiß. Ohne Strom, der die Klimalagen in Häusern und Geschäften

betrieb, war diese Hitze kaum auszuhalten. Dennoch war mir der Sommer immer noch die liebste Jahreszeit.
Jeden Sommer haben wir uns für die Urlaubsplanung zusammengesetzt und alles ausgearbeitet. Meine Geschwister, meine Mutter und ich haben alles sorgfältig geplant und letzten Endes hat mein Vater entschieden, den Urlaub woanders zu verbringen. Sicherlich war das nicht die demokratischste Entscheidung, aber er hat schließlich gezahlt und wir mussten uns damit abfinden. Unsere Reiseziele waren zum Beispiel Bulgarien, Wien, England und die, die mein Vater bestimmte, waren Türkei, Libanon und einmal England. England war das beliebteste Reiseziel für die Iraker jener Zeit.

In den Bergen, Nord-Irak

Es war üblich für so ziemlich jede Familie, einmal in das Vereinte Königreich zu reisen. Ein Reiseort, den wir jedes zweite Jahr besuchten, war Syrien. Die Brüder meiner Mutter haben dort ein Dorf gekauft, als sie ausgewandert sind aus der Türkei, und lebten dort mit ihren Familien. In den Achtzigern wurden Auslandsreisen wegen des Krieges verweigert.
Bevor wir in den Urlaub gefahren sind, sah der sommerliche Alltag in Bagdad so aus, dass man nur in der Nacht etwas unternommen hatte. Der Tag war zu warm, die Nacht dagegen war angenehm und kühl.
Meine Familie hat sich üblicherweise abends im Garten versammelt. Wir, die Kinder, spielten Schach oder sahen Fernsehen, die Erwachsenen hatten entweder Besuch, mit dem sie sich unterhielten, oder sind spazieren gegangen. Der Besuch von Verwandten oder Nachbarn war angenehm, doch die Häufigkeit und Dauer hat mich persönlich während der Vorbereitungen auf die Abschlussarbeiten der Klassenstufe gestört.

Damia mit Peter Pan

Ich und Damia

Unsere Nachbarin Affra war sehr nett und kam öfters bei uns vorbei. Mit ihr hatte man sich immer gut unterhalten und Spaß gehabt, aber das Problem dabei war, dass sie meine Geschwister, besonders meine älteste Schwester Alia, und mich ablenkte. Auch wenn man sich mit ihr nicht unterhalten hatte, gab es dennoch im Haus diesen Lärm, der die Konzentration raubte. Abends haben wir auch Cafés besucht, in Restaurants am Tigris ein Abendessen genossen oder auch in einem Club den Abend ausklingen lassen. Ein Club war ein Park mit Wellness, Cafés, Gärten und Sportplätzen, zu dem nur Clubmitglieder exklusiven Zutritt hatten. Zwar haben wir mit Kriegseintritt diese Unternehmungen aus Furcht vor Anschlägen seltener durchgeführt, doch waren sie nicht von der Regierung durch eine Ausgangssperre beschränkt.
Geschlafen wurde immer auf dem Dach, auf einem Bett mit Aussicht in das Sternenzelt. Meine ältere Schwester und ich haben die Schlafplätze immer vorbereitet, bevor das Abendprogramm im Garten, Club oder Restaurant startete. Unser Dach hatte zwei Ebenen, die nebeneinander gestaffelt waren. Das eine Dach war im ersten Stock, das andere im zweiten Stock. Mein Bruder Issa selbst hat eine Scheune extra für die Matratzen, Kissen und Bettzeug gebaut, als er 17 Jahre alt war.
Man stelle sich nur diese Sicht auf das Sternenzelt vor, mit einer kühlen Brise nach einem brennend heißen Tag. Die Luft war rein, die Sterne und der Mond strahlten so klar.
Diese angenehme und fast vollkommene nächtliche Ruhe wurde mit dem Anfang des Iran-Irak-Krieges in den Achtzigern gestört. Während der Kriegszeiten war es zu unsicher und zu gefährlich für das Schlafen auf dem

Dach. Manchmal gab es um 3 Uhr morgens einen Luftangriff. Dann mussten wir schnell nach unten rennen; es war wirklich schrecklich.
Als meine Geschwister und ich in der Schule waren und Sommerferien hatten, gab es vormittags im Fernsehen französische Ritter- und englische Cowboy-Serien. Wir wachten um 9 Uhr auf und frühstückten. Meine Eltern waren schon zur Arbeit gegangen. Wir sahen nach dem Frühstück bis 11 Uhr fern und dann putzten wir das Haus, kochten Reis und erwärmten das Mittagessen, das meine Mutter zuvor in der Nacht vorbereitet hatte. Nach dem Essen sahen wir wieder Fernsehen oder hörten mit großen Augen uns die Geschichten meiner großen Schwester Alia an, die meistens von dem handelten, was sie las oder in Filmen gesehen hatte.

Erste Liebe

Es war schon fast wie eine Familien-Tradition, dass wir alle zwei Jahr zu meinem Onkel fuhren und dort Urlaub machten. Er lebte mit seiner Familie in Nord-Syrien, in einem Dorf namens „Tal Asfar".
Diese beanspruchte sehr viel Geduld. Für die circa 620 Kilometer weite Strecke sind wir von 3 Uhr morgens bis 18 Uhr abends mit dem Auto unterwegs gewesen. Die Ursache könnte im gemächlichen Fahrstil und den vielen Pausen meines Vaters liegen.
Als wir dann um 18 Uhr das Dorf erreichten, waren wir fix und fertig. Damals war dieses Dorf für uns eine Art Paris. Zwar ohne Eiffelturm, doch es bot uns Kindern einen gewissen Charme wie diese Metropole.
Die Brüder meiner Mutter hatten dieses Land, auf dem dieses Dorf stand, gemeinsam aufgekauft. Sie waren Bauern und hielten Kühe, Schafe, Hühner und ein paar andere übliche Bauernhoftiere. Das Schönste waren jedoch die Gärten mit Obstbäumen oder Gemüsegewächsen und der Brunnen, dessen Wasser an heißen Tagen mit seiner angenehm kühlen Temperatur unglaublich erfrischend war. Für uns Kinder war alles, was dieses Dorf bot, magisch.
An diesen Ort sollte ich meine „erste Liebe" treffen. Das Erste was wir taten, als wir im Dorf ankamen, war es, im Wohnzimmer im Haus meines Onkels einen Familienabend zu machen. Dabei waren in diesem Zimmer circa 30 Personen. Die Jungen saßen zusammen. „Er" hat vom ersten Moment an meine Aufmerksamkeit erregt. „Er" war still und hat uns beobachtet, um zu erfahren, wer wir waren. Ich bekam erst an dem folgenden Tag heraus, dass „Er" Wadee hieß und mein Cousin war. Er hat mit seinem Vater auf dem Feld gearbeitet und war sehr fleißig. Jeden Morgen um 4, als die Sonne in diesem Dorf aufging und den Dunst der Nacht

vertrieb, war er schon auf seinem Traktor und drehte seine Runden auf dem Acker.
Wir, meine Eltern, Geschwister und ich, schliefen auf dem Dach in einem Dachterrassenbett, wodurch wir auch diesen magisch schönen Moment des Sonnenaufgangs miterleben konnten. Die Dachterrasse bot einen Ausblick auf die Weizenfelder und die Berge, was einem das Gefühl von Nähe zur Natur gab.
Meine Verwandten behandelten uns wie Könige und ließen es während unseres Aufenthalts an nichts fehlen. Die Abende verbrachten wir in angenehmer Gesellschaft unserer Verwandten mit Erzählungen, Geschichten, Singen und Lachen. Dies alles und der magische Charme des Ortes ließ mich glauben, dass es Liebe ist, was ich für Wadee empfand.
Unser zweiwöchiger Aufenthalt war aufgrund der Erlebnisse wie im Flug vergangen und wir waren auf dem Weg nach Aleppo, von wo aus wir nach Al-Lathekia ans Meer gefahren sind. Darauf sind wir dann mit einem Schiff nach Zypern geschippert. Diese Reise war so wunderbar, dass ich sie nicht vergessen konnte.
Als ich 16 Jahre alt war, hat er um meine Hand angehalten, doch ich lehnte ab. Ich sah nicht den rechten Zeitpunkt gekommen. Ich wollte noch so viel machen, meine Schule beenden, mit meinen Freundinnen etwas unternehmen und meine Jugend genießen.
Wir waren in einander verliebt, aber alles was wir mit einander hatten, waren ein paar verlegene Blicke und Händchenhalten.
Nach vier Jahren besuchten wir meine Verwandten in Syrien wieder, um vier Wochen dort zu verbringen. Doch dieses Mal war der syrische Geheimdienst auf uns aufmerksam geworden und hatte uns für zwei Tage nach Al-Hasake beordert, weit weg von dem Dorf. Dort wurde auf uns Druck ausgeübt und wir wurden ständig ausgefragt, wieso wir nach Syrien kamen.
Bei meinen Verwandten angekommen, erfuhr ich, dass „Er“ Militärdienst leistete, weshalb ich ihn nur ein paar Stunden sah.
Als ich mich mit ihm unterhielt, bat er mich, sich mit ihm zu verloben. Ich willigte nicht ein, weil ich zu der Zeit durch mein Studium eher dazu neigte, mehr mit dem Verstand als mit dem Herzen zu denken.
Obwohl ich durch dieses Erlebnis erkannte, dass er kein Romantiker war, sah ich immer nur das Gute in ihm. Er war nett, clever, fleißig und er war verrückt nach mir.
Das war unsere letzte Reise nach Syrien. Die politische Lage, unsere Konfrontation mit dem Geheimdienst und unser Reiseverbot aufgrund des Iran-Irak-Kriegs ließen eine erneute Reise nicht zu.

Neun Jahre später rief „Er" aus Amman an, weil die Telefonleitung zwischen Syrien und Irak blockiert wurde. Er ist 1200 Kilometer gefahren, um diesen Anruf zu tätigen. Er stellte dieselbe Frage wie neun Jahre zuvor. Und wieder lehnte ich ab. Er hat drei Tage lang täglich angerufen und dieselbe Frage gestellt und die Antwort war die gleiche. Ich sagte ihm beim letzten Telefonat, dass er immer noch in meinen Gedanken ist und dass ich keinen anderen bisher habe, doch sei es stets ungewiss, was die Zukunft berge.

Süßes Ereignis

Ein einschneidendes Erlebnis in meinem Leben war die Geburt und das Leben meines jüngsten Bruders. Er war das fünfte und letzte Kind meiner Mutter. Er war etwas Besonders, weil er der Jüngste von uns war. Er hatte blaue Augen und blondes Haar. Wir haben ihn Ibrahim genannt. Er kam am 11.11.1980 auf die Welt und ist in sehr guten Verhältnissen aufgewachsen.

Ibrahims erster Geburtstag

Er brachte Freude in unsere Familie – nicht nur in unsere kleine Familie, sondern zu all unseren Verwandten. Jede Geburtstagsfeier war wie ein Fest, wenn er lachte, lachten alle mit. Während seines ersten Lebensjahres hatte meine Mutter immer noch gearbeitet; daher entstand die Schwierigkeit, wer ihn betreuen sollte, denn er wollte nicht in der Krabbelstube bleiben. Deswegen mussten wir eine

Babysitterin finden. Da wir keine fanden, bin ich nach meinem Studium ein Jahr bei ihm zu Hause geblieben. Meine Tante Basima und ihr Mann Emil haben ihn auch betreut, mein Vater hat ihn jeden Tag zu ihnen gebracht, meine Mutter hat ihn nach der Arbeit wieder abgeholt. Sie hatten viel Spaß mit ihm gehabt und sie haben ihm sehr schöne Geschenke gegeben. Da wurde mein Cousin neidisch.
Später ging er selbstverständlich in die beste Schule Bagdads.

Mama und Papa mit Ibrahim in seiner Schule

Mein Vater war sehr erfolgreich in seiner Arbeit, meine Mutter hat auch gut verdient, sogar meine älteste Schwester Alia und ich haben gearbeitet. Mein Bruder Issa hat seinen Master als Maschinenbau-Ingenieur gemacht, meine Schwester Damia hat ihr Mathematikstudium beendet, und Ibrahim wurde der Schulbeste in Bagdad. Unserer Familie hat es weder an Geld, noch an Besitz oder an Bildung gemangelt. Wir führten ein zufriedenes Leben in Bagdad.

Mein Schicksal

„Gott gab dir dieses Leben, weil er weiß, dass du stark genug bist, um es zu leben."

Ich glaubte immer an mein Schicksal, welches von Gott vorherbestimmt wurde. Auf Arabisch nennt man dieses Schicksal „Maschiet Al Rab". Aufgrund dieser Tatsache war ich nie am Boden zerstört, wenn mein Vorhaben scheiterte. Ich glaubte immer wieder daran, dass mir anstelle des Gescheiterten etwas noch Besseres bevorsteht.

Dieses Denken habe ich wohl meiner Erziehung zu verdanken.

Jeden Tag, bevor ich schlafen ging, habe ich meinen Plan für den nächsten Tag gemacht, denn ohne kam ich nicht zurecht und ich wurde nervös, wenn ich nicht wusste, was ich tun sollte. Doch gleichzeitig habe ich vertraut, dass es eine starke Hand gibt, die alles besser macht, als wir es geplant haben – auch noch in der letzten Minute.

Ich hatte immer viele Pläne. Ich wurde streng erzogen. Meine Mutter und mein Vater haben uns zwar Freiheiten gelassen, aber in Grenzen, und diese Grenzen waren härter als Verbote. Als ich 15 oder 16 war, fing ein Leben mit vielen Verboten an: Ich durfte nicht viel mit anderen reden oder lachen, auch nicht mit meinen Freundinnen, und wenn ich spazieren gehen wollte, hatte ich immer eine Wächterin dabei: meine älteste Schwester Alia. Sowieso bin ich selten alleine raus gegangen.

Ich habe meine Mutter sehr geehrt und geliebt und immer gedacht, dass Eltern keine Fehler machen. Ihre Meinung war Gesetz für uns Kinder. ohne Diskussion – das war die Erziehung in den meisten Familien der irakischen Mittelschicht. Mutter und Vater wurden geehrt. Heute kann ich sagen, dass dies wohl der Grund dafür war, dass ich nicht immer die richtigen Entscheidungen treffen und nicht „Nein" sagen konnte.

Deswegen hielt ich immer Abstand zwischen mir und anderen, egal ob Männer oder Frauen, Freundinnen oder Freunden.

Ich mag nicht über dieses Thema reden, weil es sehr peinlich und hart für mich ist.

Das Leben im Irak

Das Leben der meisten Iraker war schön und ruhig. Die Eltern arbeiteten, um ihren Kindern ein Haus und ein unbeschwertes Leben zu bieten.

Im August 1980 begann der Krieg zwischen Irak und Iran. Damals fühlten wir uns sehr stolz, weil unsere Soldaten unser Land unterstützen und gegen einen Feind verteidigten. Auch ich war stolz auf meine Leute, trotz der schwierigen Zeit mit all den Bomben, Raketen jeden Tag und jede Nacht. Wenn wir zu unserer Arbeit oder zur Schule oder Uni gehen wollten, mussten wir immer beten, dass alles ruhig bliebe und wir uns am Abend wiedersähen. Acht Jahre lang.

Ich, Issa, Damia und unser Freunde bei unserem Glub

Unsere Kirchengemeinde

Aber trotzdem ging das Leben normal weiter. Viele Projekte wurden verwirklicht, viele schöne Gebäude errichtet. Das irakische Volk war an den Krieg gewöhnt. Bis zu dem Tag, an dem sich auf einmal alles änderte und der Krieg aufhörte. Ganz Irak hat drei Tage lang gefeiert – Tag und Nacht. Unser Straße „14-Ramadan“ war ein einziger Festplatz mit mehreren Bühnen und mehreren Bands und Tanzgruppen. Feuerwerke wurden veranstaltet. Wir dachten, jetzt könnte unser Volk weiter an der Verwirklichung unserer Träume arbeiten. Doch währten die Träume nicht lange: Am 2. August 1990 überraschte uns unser Präsident Saddam Hussein mit einem neuen „Abenteuer“ in Kuwait.
Das Volk war müde. Wir wollten ein neues Leben anfangen, aber wieder hörten wir Bomben- und Raketen-Detonationen. Niemand wollte eigentlich mehr kämpfen.

Unser Leiden

Im April 1989 hat sich unser Leben vollkommen verändert. Die Freude und Ruhe waren vorüber und wir benötigten den Beistand Jesu und seiner Gnade. Wir waren jeden Sonntag in der Kirche, weil wir fühlten, dass diese schwere Zeit unseren Glauben auf die Probe stellen wird.
Meine Schwester Damia sowie Ibrahim wurden im April 1989 auf einen Geburtstag von Damias Freundin eingeladen. Die Feier fand im Haus der Freundin statt, das etwa 750 Meter von unserem Haus entfernt war. Um 19 oder 20 Uhr abends haben wir ein schreckliches, sehr lautes Geräusch gehört. Es war eine Explosion einer Rakete und ihr Schall kam aus der Richtung der Feier. Meine Schwester Alia und ich sind sofort dorthin losgelaufen. Als wir ankamen, war die ganze Gegend in einen Schleier aus Staub gehüllt. Ich bin in das Haus gerannt. Alle lagen auf dem Boden. Die Fenster sind durch den Druck der Explosion zersprungen. Die Rakete hat ein Haus ca. 20 Meter weiter getroffen. Das Loch hatte einen Durchmesser von ca. fünf Meter. Die ganze darin lebende Familie ist gestorben.
Nach diesem Ereignis im Sommer merkten wir, dass Ibrahim nicht richtig laufen konnte. Er beschwerte sich auch immer wieder über Kopfschmerzen, war müde und hatte Fieber. Von da an begaben wir uns zu vielen verschiedenen Ärzten und Krankenhäusern in Bagdad, weil wir diese Krankheit mit diesen Symptomen nicht kannten, auch nicht meine Schwester Alia, die Ärztin war. Alle Untersuchungen, alle Bluttests haben keine handfeste Antwort geliefert. Nach drei ergebnislosen Bluttests führte man eine Knochenmarkuntersuchung durch. Diese Untersuchung ergab eine korrekte Diagnose. Meine Schwester Alia und ich holten die Ergebnisse

von dieser Praxis ab; es war Donnerstag und es gab sehr viel Stau. Die Entfernung zwischen unserem Haus und der Praxis betrug 20 Kilometer. Als Alia mit dem Umschlag, der die Ergebnisse enthielt, einstieg, wollte sie warten, bis wir zu Hause angekommen waren. Sie war stumm und sagte nichts. Ich hab sie gedrängt, den Umschlag zu öffnen und das Geheimnis zu lüften. Sie öffnete den Brief. Die Diagnose lautete Leukämie zu 98 Prozent. Ich weiß nicht mehr, wie ich weiterfahren konnte, aber von da an hab ich die ganze Fahrt über geweint.

Wir hatten große Angst um unsere Eltern, die an Bluthochdruck litten, und wussten nicht, wie sie diese Nachricht aufnehmen würden.

Denn zu dieser Zeit gab es eine Wirtschaftsblockade. Medikamente waren rar und wurden rationiert.

Die Behandlung meines Bruders erfolgte durch einen Arzt in Bagdad. Dieser schickte die Untersuchungsergebnisse zu einem irakischen Spezialisten in England. Der Spezialist schlug vor, mit einer Therapie zu beginnen, und wahrlich, dieser Vorschlag war gut. Nach der ersten Spritze ging es meinem Bruder besser. Der Anteil an Leukämie im Körper meines Bruders ist von 98 Prozent auf zwei Prozent gesunken. Die Therapiedauer betrug drei Monate. Ich habe vier Monate unbezahlten Urlaub genommen, um meinen Bruder Ibrahim zur Therapie zu bringen und ihn zu betreuen. Mein Vater konnte dieses Unglück und den Zustand seines Sohnes nicht mit ansehen, und mein anderer Bruder Issa war beim Militär. Meine große Schwester war schon verheiratet und konnte uns nicht rund um die Uhr beistehen, meine jüngere Schwester und meine Mutter hatten keinen Führerschein, der nötig war, um Ibrahim zur Therapie zu fahren.

Ibrahims Kommunion auf seinen Wunsch hin im Dezember1990

Die Therapie war sehr gut angeschlagen. Nach drei Monaten konnte er wieder laufen und wollte auch wieder mit seinen Freunden in die Schule gehen.
Am 2. Februar 1991 jedoch wendete sich das scheinbare Glück. Die Amerikaner griffen den Irak an und lösten eine Massenhysterie über einen möglichen atomaren oder chemischen Angriff aus. Deshalb verbarrikadierten die meisten Menschen ihre Häuser und klebten jede erdenkliche Öffnung mir Klebeband zu. Sie kauften so viel wie möglich an Reis, Mehl und andere Lebensmittel, um einen längeren Aufenthalt in ihrem Bunker bei einem Angriff möglich zu machen.
Obwohl mein Vater dagegen war, trafen Issa, Damia und ich alle Vorkehrungen, um Bagdad zu verlassen und in Mosul, das uns sicherer erschien als die Hauptstadt, bei Verwandten unterzukommen. Wir fuhren um 1 Uhr morgens los mit Alia und ihrer Tochter Dina, meinen Eltern, Damia, Ibrahim und Issa. Wir erreichten das Haus meiner Verwandten um 6 Uhr. Um Viertel vor sieben begann ein Luftangriff auf Mosul. Wir gingen alle sofort in den Keller.
Wir hatten Glück, dass mein Vater so viele und gute Kontakte hatte, die uns in dieser Zeit einen mehr oder minder sicheren Orten bieten konnten. Meine Tante Basima hingegen musste jeden Tag einen Atomschutzbunker aufsuchen, die es in Bagdad gab, und da die Plätze dort begrenzt waren, war es für die, die zu spät kamen, eine unsichere Sache, ob sie Schutz erhielten oder nicht.
Nach dem überstandenen Angriff packten wir unsere Sachen und zogen am nächsten Tag weiter, weil uns Mosul nicht sicher genug erschien. Wir fuhren in den Norden Mosuls nach Bartella. Dort erhielten wir ein Haus von einem Freund meines Vaters, welches völlig unmöbliert war. Ein paar andere seiner Freunde stellten uns Betten und einen Herd zur Verfügung. Das einzige was fehlte war Strom und fließendes Wasser. Es kam nur ein Mal am Tag für ein Stunde ein kleines Rinnsal an Wasser, das wir in Behältern auffingen, um es später fürs Waschen oder Baden zu benutzen.
Unter diesen Bedingungen durften wir die Behandlung Ibrahims nicht vergessen. Er benötigte jeden Tag seine Medizin in Form von Spritzen und einer Infusion. Wir nahmen auch wöchentlich Blut für die Untersuchung ab und brachten es ins Krankenhaus von Mosul. Das war unser Alltag, der von ständigem Bombenlärm begleitet war.
Der Zustand Ibrahims wurde immer schwieriger. Die Untersuchungsergebnisse zeigten eine immer größer werdende Verschlechterung. Erlösend war die Nachricht nach zwei Monaten, dass der Angriff aufgehört hatte. Wir begaben uns dann sofort wieder zurück nach Bagdad. Als wir anka-

men, sahen wir eine von Schutt bedeckte Stadt, die unserer Heimat aus unseren Erinnerungen nicht im Entferntesten glich.

Nach Deutschland

Wie es zu erwarten war, wurde der Gesundheitszustand Ibrahims nicht besser, als wir unser Zuhause erreichten, das glücklicherweise den Bombardierungen unbeschadet standgehalten hatte.
Wir starteten eine Therapie mit ihm. Dieses Mal schlug sie nicht so gut an und Fortschritte waren kaum zu sehen. Nach ein paar Monaten wies uns der behandelnde Arzt darauf hin, dass eine Organisation aus Deutschland in Bagdad sei, die kranke Kinder zur Behandlung nach Deutschland brachte. Er gab meiner Schwester die Kontaktdaten und noch am selben Abend sind sie und Issa ins Mansoor-Miele Hotel gefahren, um sich mit dem deutschen Arzt zu unterhalten. Zwei Tage später kam der Arzt mit einer Assistentin zu uns nach Hause und sprach mit Ibrahim. Er sagte, dass er ihn in drei Tagen mit nach Deutschland nehmen würde. Wir sollten alle Vorkehrungen und Papiere vorbereiten, sollten jemanden von uns als Übersetzer mitschicken. Außerdem brauchten sie einen Knochenmarkspender und die Einzige, die in Frage gekommen wäre, war Damia. Also begaben sich mein kleiner Bruder Ibrahim, damals zehn Jahre alt, meine kleine Schwester Damia und meine große Schwester Alia auf die Reise nach Deutschland, um den letzten Funken Hoffnung auf Besserung wahrzunehmen.
Der Transfer von Irak nach Deutschland erfolgte über einen Militär-Stützpunkt. Sie flogen mit neun Kindern und deren Eltern in einem Militärflugzeug.
Wir versuchten meine Mutter nach Deutschland nachzusenden, da sie die ganze Zeit schon besorgt über den Zustand meines Bruders war und ihm noch nicht einmal beistehen konnte. Um die Papiere fertigstellen zu lassen, mussten wir nach Jordanien, Amman, reisen, denn aufgrund des Krieges gab es einerseits keine Konsulate, andererseits wurden auch die Telefonleitungen zum Ausland zerstört, sodass ein telefonische Absprache mit meinen Geschwistern im Ausland nur dort in Amman möglich war. Es dauerte einen Monat, bis das Visum gewährt wurde. Da der Aufenthalt in Amman teuer war, sind wir nach zwei Wochen nach Syrien, Damaskus, gereist, um die verbleibende Zeit abzuwarten. Währenddessen ist mein Vater zurück nach Bagdad gereist, um Geld zu besorgen. Hier in Syrien waren wir wieder mal in Kontakt mit dem Geheimdienst geraten, der uns drei Tage lang dazu aufforderte, zu einem Verhör zu erscheinen.

Auch hier näherten sich unsere Geldressourcen dem Ende und wir beschlossen, zu meinem Onkel in Tal Asfar zu fahren und dort unterzukommen. Dort angekommen, erlebten wir eine uns unerklärliche Ablehnung. Zwar haben sie uns Asyl gewährt, doch waren sie aus unersichtlichen Gründen auf uns sauer.
Nachdem die übrige gebliebene Zeit abgelaufen war, ist nur meine Mutter nach Amman zurückgefahren. Mein Bruder Issa und ich sind bei meinem Onkel geblieben. Dort traf sie meinen Vater und hat die Papiere abgeholt.
Meine Mutter ist von Amman aus nach Deutschland gereist und mein Vater wieder zurück nach Bagdad.
Ibrahims Therapie in Deutschland brachte währenddessen nicht den erhofften Erfolg. Sein Zustand wurde immer schlechter. Bis er schließlich einen Tag vor seinem Geburtstag, am 10.11.1991, ins Koma fiel. Mein Vater reiste sofort nach Deutschland. Meine Geschwister und meine Eltern haben ihn in den folgenden zehn Tagen begleitet, bis er aus dem Leben schied.
Sein Leben hat uns alle bewegt. Er kam unerwartet wie ein Wunder, doch ging er so plötzlich, als wäre er eine Fata Morgana gewesen.
Meine Schwester Alia reiste einen Monat später mit meinem Vater zurück nach Bagdad. Ihr Sohn, den sie zuvor bei ihrer Schwiegermutter gelassen hatte, war bei ihrer Rückkehr fast schon ein Jahr alt. Sie hat ihre Arbeit als Ärztin verloren und musste sich eine neue Arbeit suchen.

Ein ferner Ruf

Zu der Zeit, als wir die Papiere für das Visum meiner Mutter in Amman beantragten, kamen „Er“ und seine Schwester zu uns, um nach uns zu sehen und sich nach dem Zustand Ibrahims zu erkundigen. Seine Schwester verlangte von mir, dass ich ihn, Wadee, heirate. Ich sagte, dass es nicht der rechte Zeitpunkt sei, um sowas zu besprechen und wollte das Thema, das mir besonders zu dieser Zeit nicht in den Sinn kommen konnte, abwürgen. Außerdem plante ich insgeheim ein Leben im Kloster zu führen und hatte mich schon mit unseren Pfarrer so gut wie abgesprochen und entschieden.
An den Abenden unterhielten wir uns über andere Themen. So kam es auch, dass Wadee mir von seinem Leben und von seinem Errungenschaften erzählt hatte, die er nur für mich bereit hielt. Er erzählte von einem Haus. Einem Haus mit einem großen und prächtig angelegten Garten, das er selbst gebaut hat. Er sagte immer wieder, dass er die ganze Zeit an mich dachte und so gut wie alles für mich vorbereitet hatte.

Plötzlich wankte meine Entscheidung, ein Leben im Kloster zu führen. Ich musste mich entscheiden. Meine Mutter hatte verlangt, dass die Entscheidung fallen müsse, bevor sie nach Deutschland abreisen müsste. Ich begann, dies als mein Schicksal zu betrachten, denn die Tatsache, dass er mich immer wieder besuchte, um um meine Hand anzuhalten, und dass die Zeit, in der ich lebte, durch den Krieg unruhig war, schien mir kein Zufall zu sein. Er schien meine Bestimmung zu sein. Ich willigte ein zu heiraten.
Meine Mutter und mein Vater konnten nicht bei meiner Hochzeit dabei sein, da meine Mutter zu der Zeit bei meinem Bruder Ibrahim war und mein Vater in Bagdad. Lediglich mein Bruder Issa war aus meiner Familie dabei. Meine Eltern sandten mir eine Glückwunschkarte mit einem Geschenk zu. Dennoch war die Feier groß, denn Wadee hatte viele Freunde und seine Familie war groß und bekannt.
Mein neues Leben unterschied sich stark von dem Leben im Irak. Mein Umfeld bestand nun nicht mehr aus Gebildeten, sondern aus einfachen Menschen. Ich lebte in einem Dorf, das abgeschottet von der Außenwelt war. Meine Freundinnen, meine Arbeit, meine Familie, sie waren so weit weg von mir und ich konnte noch nicht einmal mit ihnen telefonieren.

Im Dorf bei den Schweigereltern am Haus

Im ersten Jahr lebten wir bei seinen Eltern in dem Haus, das er mir damals beschrieben hatte. Nach diesem Jahr sind wir ausgezogen. Ohne irgendeine Gabe seiner Eltern. Unerklärlich und unergründlich waren die Beweggründe, uns aus der elterlichen Obhut ohne eine gewisse Rücklage zu entlassen. Zunächst wohnten wir in einer Mietwohnung. Wadee hat Geld von Verwandten und Freunden gesammelt, um sich einen Van anzuschaffen, mit dem er ins Taxigeschäft einstieg. Das Geschäft lief gut und warf sogar so viel Gewinn ab, dass wir uns später ein Grundstück leisten konnten, wo wir uns ein kleines Häuschen erbauten. Ich erhielt ein Jobangebot von der National Oil Company, doch Wadee wollte nicht, dass ich, seine Frau, arbeitete, da ich von morgens bis abends arbeiten würde. Deshalb begann ich, den Kindern aus der Umgebung Nachhilfe zu geben oder zu nähen.

Ich, meine Tochter und mein Mann

Am 1.4.1994 kam meine zweite Tochter auf die Welt. In der Nacht ihrer Geburt war Wadee arbeiten. Er hat länger, viel länger gearbeitet als sonst. So kam es, dass er am nächsten Morgen nach Hause kam und die Geburt

seiner Tochter verpasst hatte. Meine erste Tochter ist nach 6 Tagen im Krankenhaus gestorben, weil sie keine gute Behandlung bekam.
Während wir unsere Existenz aufbauten, besuchte uns der Geheimdienst. Ich wurde zunächst gefragt, wie mein Leben im Irak war, wo ich gelebt habe. Danach boten sie mir an, mich zurück nach Irak zu schicken, und zwar ganz uneigennützig und aus reiner Freundlichkeit.
Sie übten bemerkbar großen Druck auf uns aus. Sonst lief das Leben normal. Wir kamen zwar träge, aber gut voran und bauten uns eine solide Lebensgrundlage. Dennoch entschieden wir uns nach vier Jahren, dieses Land mit seinen Chancen zurückzulassen und all unser Hoffen auf ein neues Leben in Deutschland zu setzen. Wir wanderten 1996 aus.

EFI SCHWEIN AUS GRIECHENLAND

Ich bin die Efi Schwein. Efi ist eine Abkürzung, die man hier in Deutschland auch bequem aussprechen kann, und Schwein mein Spitzname, und NICHT der Name meines Ehemannes!
Mit 11 hatte ich angefangen, kleine Geschichten zu schreiben. Auf wahren Personen und Situationen basierend, aber hauptsächlich mit viel Fantasie ausgeschmückt! Später hat sich meine Englisch-Lehrerin immer wieder über und auf meine „Aufsätze" gefreut! Mit 14 – 15 waren meine Texte eher traurig, fast „schwarz", über unerfüllte Liebesgefühle.
Als uns die Angela an der VHS die ersten kreativen Schreibaufgaben gegeben hatte, habe ich mich auch sehr gefreut: „Liebeserklärung an Ihren Kugelschreiber". Oder: „Ihr erster Kontakt mit der deutschen Sprache". Dann wurden aber meine Texte immer lustiger. Schön! Ich kann schreiben, und dabei mein Deutsch verbessern.

Geburtstag, Ostern

Ich wurde am 24.04. geboren. Es war ein Sonntag und ich war ein dickes Baby mit lockigen Haaren sogar. Die Mama hat stolz erzählt, wie alle anderen Neugeborenen kahlköpfig und dünn waren, während ich und meine Schwester gekämmt werden konnten!

Geboren an so einem Tag kann manchmal problematisch sein. 24.04 ist fast immer in der Osterzeit. Nach Ostern war es nicht schlimm. Ich konnte feiern. Vor Ostern aber war es kompliziert. Normalerweise soll man in Griechenland 40 Tage vor Ostern fasten. Man kann, nach seinem Wunsch, mehr oder weniger streng sein. Bei uns gab es nur kein Fleisch. Eier und Milchprodukte haben wir bis zur letzten Osterwoche gegessen. Die letzte Woche war meistens ohne Milchprodukte und Eier. Aschermittwoch und Karfreitag ohne Olivenöl. Samstag früh oder am Abend nach der Kirche gab es die Kommunion und ab Ostersonntag konnten wir normal essen. Die meisten Leute haben auf der Wiese Lamm oder Ziege am Spieß gegrillt.

Wir sind meistens ab Aschermittwochabend in die Kirche gegangen. Gründonnerstag sollte jede Hausfrau die Ostereier rot färben und leckeren,

duftenden Osterkuchen backen, obwohl wir diese bis Ostersonntag nicht essen durften. Die Patentanten/-onkel sollten ihren Patenkindern Osterkuchen, Ostereier, eine Osterkerze und noch was, je nach Wunsch, schenken.
Am Karfreitagmorgen sind wir in die Kirche, die in der Nähe unserer Wohnung war, gegangen und haben danach mindestens noch fünf andere Kirchen besichtigt, um das ‚Karfreitagsgrab' anzubeten und Nelken zu sammeln. Am Abend war die Prozession. Wir hatten in der Nachbarschaft drei Kirchen. Sie haben gleichzeitig mit dem Gottesdienst angefangen, so dass sie um 21:00 Uhr einander treffen konnten in einem bestimmten Platz in der Mitte. Das war wie eine Party. Klar war die Prozession traurig, zumindest sollte es so sein, aber dort hatte man die Möglichkeit, alle Schulfreunde und Bekannten zu treffen und Neuigkeiten zu erfahren! Ab ca. 11:00 bis 19:00 Uhr hat die Glocke jede Minute traurig geläutet. Das Wetter war an diesem Tag komischerweise auch regnerisch, der Himmel grau. Es war manchmal echt düster.
Ich war 15, glaube ich, als der 24.04 ein Karfreitag war. In diesem Jahr, vor den Osterferien, hatte ich meine Mandeln entfernen lassen. Das hieß bis Karfreitag nur Suppen und Getränke, oder passierte Kost. Mein Geburtstagsfrühstück war Milch mit Ovomaltine, Honig und getunktem Osterkuchen. Das durfte ich, weil es ‚für Kranke und Wanderer keine Sünde' war. Mmmhh … Lecker! Das hat schon wehgetan. Fast jeder hat wegen Ostern vergessen mir zu gratulieren. Nachmittags kamen ein paar Freundinnen mit einem Geschenk. Das war meine einzige Freude. Sonst war es nur Schmerzen und die Glocke, die immer wieder traurig läutete …

Wieder krank

Ich war mit Freunden in einem Fast Food Restaurant. Sie haben alle was gegessen. Ich hatte nur etwas Wasser getrunken. Später, zu Hause, ging es los; Brechdurchfall und Fieber. Es hat nicht aufgehört und ich war kurz vorm Kollabieren. Meine Eltern haben mich ins Krankenhaus gebracht.
16 Jahre alt, blass, Haare durcheinander und statt Pyjama und ein normales T–Shirt, was hatte ich an? Eine peinliche Hose mit Punkten und ein langärmeliges weißes T–Shirt mit … BATMAN darauf! Ärzte und Pfleger haben mich ausgelacht.
Elf Tage im Krankenhaus. Es ist schon bekannt, wie ansteckend das ist. Ich war in Quarantäne nur mit Leuten, die das gleiche hatten wie ich. Alle viel älter als ich. Die letzten Tage kam auch ein Junge ins Nebenzimmer und wir sind mittags mit unseren Infusionsständern auf dem Flur herumgerannt. Bananen, Cola und Reis: das Rezept für die perfekte Verstopfung!

Endlich zurück in die Schule. Total erschöpft und ca. 6 Kilo abgenommen. Meine Klassenkameradinnen haben versucht, von mir die Keime zu kriegen, weil sie auch Diät machen wollten …
Noch einmal war ich im Krankenhaus, um meine Mandeln loszuwerden. Es war nicht so schlimm. Eine Spritze und auf dem OP-Bett sagte der Anästhesist: „ Guckt alle, wie schöööön e, groooooße Augen dieses Mädchen hat!“ Mehr weiß ich nicht. Als ich wach war, hat der Arzt gefragt, worauf ich Appetit hatte. „Auf Schweinesteak“, habe ich geantwortet. Dann waren sie sicher, dass es mir gut ging. Eine Woche starke Schmerzen, Schwierigkeit mit Schlucken und nur Getränke und Suppen. Zu Ostern konnte ich sogar püriertes Fleisch essen! Gourmet!
Krankenhäuser in Griechenland sind nicht besonders schön. Vor allem die älteren. Die Wände sind meistens grau und überall stinkt es nach Chlorine und Desinfektionsmitteln. Die Warteräume, die Flure sind oft voll mit Betten und Patienten mit ihren Infusionsständern. Die stationären Patienten warten lange, bis sie (wenn überhaupt) gewaschen werden. Manchmal ist der Personalmangel schuld, manchmal die Personalmotivation …
Die Krankenkassen bezahlen sowieso fast nichts. Man muss fast alles privat bezahlen, oder ewig in der Schlange warten, bis man von selber gesund wird oder stirbt. Glück oder Pech gehabt! Es gibt z. B. ein Uni–Krankenhaus, das A.X.E.Π.A. heißt. Die Patienten haben der Abkürzung eine ‚neue’ Bedeutung gegeben: Αν Χειρουργηθείς Εδώ Πεθαίνεις Αμέσως, es heißt, ‚wenn du hier operiert bist, wirst du sofort sterben!’

Tabus, Religion, Sitten

Als ich Schülerin war, haben wir die ‚Wahrheit’ über bestimmte Themen durch Klassenkameraden und Freundinnen gelernt. Beziehungen und wie die Kinder auf die Welt kommen waren tabu. Manche Mädchen hatten ‚progressive’ Mütter, die ihnen etwas mehr erzählt haben. Ein bisschen hier aufgeschnappt, ein bisschen da gehört, etwas gelesen, mit den älteren Geschwistern und Freunden gesprochen, so ging es. Die Mädchen hatten meistens ihre Freunde vor ihren Eltern, vor allem vor den Vätern, geheim gehalten. Für die Jungs war es nicht so schlimm. Die meisten Mütter wussten alles und die Väter waren sogar stolz darauf! Auf ihre Töchter waren sie aber nicht mehr stolz, sondern besorgt und in manchen Fällen sogar wütend. In der Stadt wird es mit der Zeit nicht mehr so auffällig, aber in kleinen Dörfern, wo jeder jeden kennt, ist es noch schlimmer; einmal mit einem Jungen gesehen, dann musstest du mit ihm verlobt sein. Sonst wäre

es eine Schande für deine Eltern. Und schwanger zu sein, bedeutete sofort eine Hochzeit!
Früher, vielleicht noch heute, gab es das ‚Proksenió', eine Ehevermittlung. Eine Frau, die beide Familien (eine mit einem Sohn und eine andere mit einer Tochter) kannte, hat geprüft, ob die zwei zueinander passten, je nach Alter, sozialem und finanziellem Status, und dann hat sie die Empfehlung abgegeben und sie hat es geschafft, das Paar und die Familien zusammen zu bringen. In manchen Fällen kannten sie einander und waren schon verliebt, aber nicht unbedingt. Ehe wegen der Liebe, oder wegen des Geldes, oder einfach so. Die Töchter mussten rein, anständig, zurückhaltend und gut erzogene Hausfrauen sein und etwas Mitgift haben: etwas Land, Geld, ein Häuschen, ein paar Schafe, irgendetwas. Die Männer mussten gute Arbeiter und fleißig sein.
Eine Frau durfte nur anständige Klamotten anziehen, so dass sie nicht wie eine Nutte aussah. Ich konnte vor meinem Papa keinen kurzen Rock oder etwas Provokatives tragen. Mit dem Schminken war es genauso. Ohrringe durfte ich schon haben, aber nur zwei, normal. Während meines Studiums habe ich mehrere Ohrpiercings gemacht, aber durch meine Haare vor Papa versteckt. Irgendwann hat er mich mit Zopf erwischt! Dumm! Er hat mich überrascht angeschaut und dann eine Grimasse gezogen. In Worten habe ich das als: ‚Du hast sie nicht mehr alle' aufgefasst! Das einzige, was er gesagt hat, war: ‚Hast du vor, ein Sieb zu werden?'
Dass ich als Kellnerin kurz arbeitete, war auch nicht unbedingt sein Traum. Das war damals keines Vaters Traum! So lang ich dort gearbeitet hatte, hatte er mit mir kein Wort geredet! Genauso war es, als ich mein Haar ganz kurz geschnitten und rot gefärbt hatte. Am Anfang konnte ich mit ihm nicht im gleichen Raum sein! Am Ende war er mit allen meinen Entscheidungen einverstanden, aber der Anfang war schwer. Viele Leute waren der gleichen Meinung. Die Leute bei uns brauchen unheimlich viel Zeit, um über die Anderen zu reden und sich solche Gedanken zu machen: ‚Was werden die Anderen über mich, meine Familie, meine Freunde denken/sagen?' Furchtbar. Aber meistens sind es die Mädchen, die Probleme kriegen. Ein Mann kann auf sich stolz sein, wenn er schon mehrere Frauen hatte. Für eine Frau wird es nur schlimmer!
Die Meinung der Anderen: Was werden die Anderen sagen, wenn …
… du so gekleidet bist?
… du mit ihm gesehen wirst?
… du in diese Lokale gehst?
… du deine Frisur so hast?
… deine Freundin raucht?

… du solche Musik hörst?
… du heute mit ihm und morgen mit einem anderen zusammen gesehen wirst?
Und das nicht nur in diesen Fällen. Die Meinung der Anderen ist uns immer noch wichtig bei einer Hochzeit oder Trauerfeier. Was werden die Leute denken, wenn …
… ich nach einem Tod in der Familie nicht mehr schwarze Klamotten trage?
… ich, als Mutter der Braut, nicht das schönste Kleid/ Frisur/Schmuck/ Pedicure/Schminke habe?
Nach einem Todesfall müssen die Familienmitglieder mindestens 40 Tage nur Schwarz anziehen. Früher sollten die Männer auch ein schwarzes Armband tragen. Die Frauen schwarzes Kopftuch. Die Männer rasieren sich für diese 40 Tage nicht. Die Frauen färben/ schneiden ihre Haare auch nicht. Keine Hochzeit oder Feier darf stattfinden. Manche Leute fasten auch. Religion und Leben ist bei uns sehr zusammengebunden. Manchmal, meiner Meinung nach, übertrieben. Vor allem, wenn ich die Omis sehe, die mit über 80 Jahren, mitten im Sommer, unter der heißen Sonne, über 30° C, nur Schwarz und noch ein schwarzes Kopftuch haben. Egal ob ihr Ehemann/ Kind schon 40 Jahre tot ist. Schade auch für manche jungen Witwen, die ein Leben lang, wenn sie Pech haben und auf einem Dorf leben, Schwarz tragen müssen. Heute ist die Situation deutlich besser.
Ich bin gläubig, obwohl ich nicht so oft in die Kirche gehe, und finde einige Traditionen nicht so schlimm. Nur, wie gesagt, manchmal übertrieben. Aber ich finde es genauso übertrieben, wenn man an gar nichts mehr glaubt. Ohne Glauben, ohne die Kirche, würde mir was fehlen. Mein ganzes Leben, sowohl als auch das Leben fast aller Griechen, ist mit der Kirche verbunden und ich glaube, dass dieses „Glauben" uns während der schlimmen Zeiten geschützt, Kraft gegeben und gerettet hat. In jedem Dorf, egal wie klein, gibt es mindestens eine Kirche. Alle Feiertage, alle Feste, Traditionen, Sitten und Gebräuche haben mit der Religion zu tun.
In der Schule, morgens um 08:00 Uhr, stehen alle Kinder im Hof und ein Kind geht vor und spricht das tägliche Gebet, z.B. „Vater Unser". Dann dürfen alle Kinder in ihre Klassen gehen und die Kurse beginnen. Ein Tag vor einem großen Feiertag kann es sein, dass die ganze Schule die erste Stunde in die Kirche geht. Zum Beispiel am 30. Januar feiert die Kirche die Drei Beschützer der Schule. Alle Schulen sind zu. Am Werktag davor macht die Kirche einen Extra-Gottesdienst für die Schüler. Anwesenheit ist aber in keinem Fall Pflicht.

In der Woche gehen kaum Leute in die Kirche. Nur an großen Namenstagen, wie z.B. St. Konstantin und Eleni, oder St. Demetrius, er ist der ‚Schutzpatron' der Stadt Thessaloniki. Jede Stadt, jedes Dorf hat seinen Schutzheiligen und an den Tagen rund um seinen Namenstag gibt es ein Fest, ein ‚Paniyiri'. Die Kirche wird von innen und außen dekoriert. Es gibt Leute, wie bei jedem Fest, die verschiedene Sachen verkaufen. Diese Kirche wird an diesen Tagen mehr besucht.
Sonntags gehen allgemein mehr Leute in die Kirche. Meine beiden Omas waren jeden Sonntag da. Mein Papa geht auch hin. Wenn so ein ‚Stammgast' plötzlich fehlt, wird es bemerkt! Vor allem in einem Dorf, oder einfach in der Nachbarschaft, werden die Leute sich um die ‚Vermissten' Sorgen machen! ‚Was ist denn mit ihm passiert? Er war zwei Sonntage nicht da! Ist er krank?' Weihnachten und vor allem Ostern sind die Kirchen voll! Während der ganzen Osterwoche gibt es abends Gottesdienst. Das ist praktisch für die Berufstätigen. Dort trifft man oft Freunde, Schulkameraden, sogar mehr als in der Cafeteria! An diesen Gottesdiensten war ich immer dabei. Mit meinem Büchlein, weil die kirchliche Sprache leider schwer oder unverstehbar ist. Weder Neugriechisch noch Altgriechisch, eine dumme Mischung, die sonst heute kein Mensch benutzt: Die ‚Katharevussa'. Mein Lieblingsgottesdienst ist Ostersonntag auf -montag von 23:00 bis 02:30 Uhr. Ich bin auch zu den ‚Heretismi' mit meiner Mutter und Schwester, oder mit Freunden gegangen. Sie finden freitags von Rosenmontag bis eine Woche vor Ostern statt. Diese Gottesdienste fangen um 19:30 Uhr an. Die letzten paar Jahre haben viele Kirchen einen zweiten Gottesdienst, eine schnellere und eine kürzere ‚Version', um 21:00 Uhr für die Berufstätigen. Das war ruhig und entspannend.
Eine standesamtliche Hochzeit war so gut wie gar nichts! Die letzten Jahre gibt es immer mehr Paare, die sich nur für das Standesamt entscheiden, um die vielen Kosten zu vermeiden. Eine Hochzeit in der Kirche ist etwas Besonderes. Sie findet meistens am Wochenende und am Abend statt. Das Paar muss schon relativ früh die Kirche buchen. Im Frühjahr und Sommer ist so was schwer! Ein Saal für die Feier muss auch früh gebucht werden. Manche sagen, die Eltern des Bräutigams müssen diese Feier bezahlen. Es ist schwer, jemanden nicht einzuladen. Als Erste kommen die Familienmitglieder; Tanten, Onkel, Cousinen, Freunde des Ehepaares, die Nachbarn und dann die Freunde der Eltern und der Trauzeugen. Die Mutter des Bräutigams muss das Brautkleid bezahlen, unter 1000 € gibt es nichts, und das ist nur die Miete. Es zu kaufen können sich nur wenige leisten. Der Anzug des Bräutigams wird von seiner Schwiegermutter bezahlt. Dann folgen die Ringe, die Dekoration fürs Auto und für die Kirche, die Ge-

schenke füreinander und für die Trauzeugen, die Einladungen, und die ‚Boubounieres'. Für die Braut kommt dazu die Frisur, das Schminken, die Nagelpflege. Der Trauzeuge muss vor der Hochzeit, bei der Vorbereitung des Ehepaares, nach den Sitten und Gebräuchen, auch schon ganz viel Geld ausgeben. Was die Eltern die Tage davor und danach machen, ist wieder was anders! Manchmal ist bei deren Feiern das ganze Dorf eingeladen. Da gibt es ausreichendes Essen und Trinken und Tanzen bis morgens früh! Oft zahlen die Eltern mehrere Euroscheine für eine live Volksmusikgruppe. Nach jedem Lied kommen neue Scheine!
Bei einer Taufe sind die Kosten nicht viel weniger und werden von den Eltern und den Paten übernommen: Einladungen, ‚Boubounieres', Dekoration, die Kinderkleidung, die Feier danach und die Geschenke. Bei einer Trauerfeier gibt es mindestens Kaffee und was zum Essen für die Anwesenden, oft in einem Restaurant.
Bei jeder kirchlichen Feier/Trauer gibt es am Ende für alle Gäste etwas Süßes. Nach Hochzeiten und Taufen werden die Boubounieres verteilt. Kleine Souvenirs und Mandelbonbons meistens in Tüll eingewickelt. Nach einer Taufe kommt eine Süßigkeit dazu und manchmal eine kleine Überraschung für die jungen Gäste. Nach der Trauerfeier werden kleine Schachteln verteilt, jede mit einer Schokoolive, ‚Koliwa' (süße, gekochte Weizenkörnerzuckermischung) und kleinen gefüllten Blätterteigtaschen.
Klar gibt es oft Streit und Missverständnisse. Warum bin ich nicht eingeladen?, warum muss ich und nicht er das bezahlen?, warum hat die Schwiegermutter so was gesagt/ getan/ angehabt?!
Man betet und man glaubt. Man verspricht den Heiligen. Weil er an Wunder glaubt: Maria, Mutter Jesu, mach mich wieder gesund und ich verspreche es dir, ich werde nicht mehr lügen, oder ich werde für die Kirche spenden! Ich werde irgendwas machen (oder was nicht machen!). In Griechenland glaubt man auch an den bösen Blick. Wenn jemand hübsch oder erfolgreich ist, zieht er oder sie das böse Auge auf sich, den bösen Blick derer, die auf ihn oder sie neidisch sind. Es gibt Gebete für die Verhexung. Komischerweise glaube ich auch daran. Früher, als wir ohne wesentlichen Grund Kopfschmerzen hatten, mussten wir uns überlegen, wer auf uns sein böses Auge gerichtet hatte! Die neidische Klassenkameradin/ Freundin/ Nachbarin/ Kollegin? Die, die blaue Augen haben, haben mehr Macht!! Wahr oder nicht, Hauptsache danach hat die Mama mit ihrem Gebet, Wasser und Öl von unserem Öllämpchen das böse Auge außer Gefecht gesetzt, war der Kopfschmerz weg! Babys, die ohne Pause geweint haben, konnten nach dem Gebet ruhig schlafen! Irgendwann hat mir eine Frau sogar genau gesagt, wer schuld war! Die Öltropfen haben die ersten

Buchstaben eines Namens gezeichnet. Die Frau hat mir ein Gesicht beschrieben. Ich hatte an diesem Tag eine alte Freundin getroffen und die Beschreibung hat gepasst! Gänsehaut, oder?
Noch einmal hat mir die gleiche Frau aus meinem Kaffeetässchen ‚gelesen'. Wir machen griechischen Kaffee, trinken mindestens einen Schluck (nur eine Person darf aus dieser Tasse trinken) und drehen das Tässchen auf den Kopf auf sein Tellerchen. Nach ein paar Minuten bilden sich verschiedene Muster an den Tassenwänden. Jeder ‚liest' sie, wie er will! Die Frau hatte damals genau vorhersagt, was an den nächsten Tagen passierte: Dass eine Person mit dem ersten Namensbuchstaben ‚M' anrufen werde. Ein alter Schulfreund hat telefoniert! Dass ich mit einer Freundin streiten würde. Ich hatte es am Anfang gar nicht geglaubt. Ich? Streiten? Nie im Leben! Und doch passierte es!! Und dass ich auf dem Weg nach ‚M' einen Mann mit ‚G' kennenlernen würde. Auf der Fahrt nach Mykonos saß ich neben einem Mann. Als er sich vorgestellt hat, war ich schon wieder schockiert: George! Und diese Frau hatte überhaupt keine Ahnung von mir und meinen Plänen! Nach so einem Schock habe ich das nie wieder gemacht!
Viele Leute machen so was beruflich. Jahre später hat mich eine Freundin mit ihrer Geschichte schockiert: Ihre zukünftige Schwiegermutter hatte sie verhext. Sie war schwer krank im Krankenhaus und die Ärzte konnten keine Diagnose feststellen. Meine Freundin hat ihre Wohnung aufgeräumt und fand versteckte Servietten mit Haaren und anderen komischen Sachen. Eine Bekannte hat dieses Verhexen irgendwie gelöst und sofort ging es ihr wieder gut! Schon wieder Gänsehaut, oder?
Obwohl ich sage, dass ich an so was wie Verhexen und Karten- und Kaffeelesen gar nicht glaube, bin ich manchmal auch nicht mehr so sicher …

Karneval

Beim Karneval hat man die Möglichkeit, etwas anderes nach außen zu zeigen, etwas Lustiges oder Bescheuertes. Diese Chance, einmal im Jahr ganz locker zu sein, wollte ich nie verpassen!
Als Kind wollte ich schöne Kostüme haben, wie ‚Blumenmädchen' oder ‚Hofdame'. Es hat nicht lang gedauert; ‚Dracula', ‚Gespenst', „Baby". Ich brauchte dafür kein Kostüm; ein Bettlaken mit Stift bemalt, zwei Löcher für die Augen, und das Gespenst war fertig! Genauso war es als Baby: Ich brauchte nur ein Babydoll, einen Schnuller, die Haare zusammen in zwei Zöpfen, Sommersprossen mit Augenstift und fertig! Oder Pippi Langstrumpf. Ooo, der Draht hat weh getan! Als Bräutigam brauchte man einen

künstlichen Bart, ein Schild ‚Braut gesucht' und den Hochzeitsanzug meines Vaters! Es ging einfach und schnell!
An dem Donnerstag war der Höhepunkt. Normalerweise sind wir nach der Schule von Tür zu Tür gegangen und haben einfach unsere Freunde aufgegabelt. Du musstest schnell an etwas denken und selber basteln. Einmal habe ich meinen Bademantel, meine Badehaube und Schlappen genommen und bin damit raus gegangen! Ich bin spazieren gegangen und habe andere Freunde getroffen, vielleicht auch was getrunken. An diesem Tag wird nach der Tradition Fleisch gebraten und gegessen. Es muss in jedem Haus und Restaurant nach angebranntem Fleisch riechen! Wer keinen Tisch bestellt hat, hat Pech! Alle Lokale, Imbisse usw. sind voll und die meisten Leute laufen verkleidet herum.
Irgendwann kam uns die Idee, meine Tante und Onkel zu überraschen. Ich hatte einfach ein Schwangerschaftskleid meiner Mutter an und ein dickes Kissen darunter, meine Schwester war als Vampir verkleidet, meine Mama, glaube ich, als Baby und mein Papa als Frau mit einem roten, sexy Kleid meiner Mutter und einem Tuch vor seinem Gesicht, um seinen Bart zu verstecken! Wir gingen in ihr Wohnzimmer. Erst der Papa. Sie saßen alle vor dem Fernseher und haben versucht zu raten, wer unter dem sexy Kleid steckte! Als ich rein kam, war es klar und sie haben sich kaputt gelacht!

Die Discos sind an diesem Tag und eigentlich die ganze Woche voll mit Verkleideten. Nach unserer Tradition gibt es beim Karneval Latin–Disco Musik. Unter lauter Latin Musik findet auch der Faschingsumzug statt. Mehrere griechische Städte, vor allem Patra und Ksanthi, bereiten sich schon ein Jahr darauf vor. Man kann entweder in einer Gruppe teilnehmen oder einfach als Zuschauer da sein. Der ganze Tag ist eine Party. Es ist schwer, in eine Bar rein zu gehen, so voll sind die, aber die Party geht auf der Straße weiter. Komplette Gruppen, Kinder und Erwachsene, als Tiere, Komikhelden, wie Micky Maus, Donald Duck, Tweety und Sylvester, oder als Politiker, als Gegenstände, wie ich z.B. als Retsinaflasche ging. Alkohol, laute Musik, gute Laune und viel Laufen! Aber einmal im Jahr reicht es!

Namentradition

In Griechenland gibt es eine Tradition, wonach ein Kind den Namen seiner Großeltern kriegt. Der erste Sohn soll den Namen seines Vaters Vater haben. Das erste Kind (Mädchen oder Junge) soll den Namen der Eltern (Oma oder Opa) seines Vaters haben. Ob dieser Name dem Kind oder seinen Eltern gefällt, ist egal! Klar hat das viele Probleme und Streit zwischen Elternpaaren verursacht. Es gibt heute noch Schwiegereltern, die mit ihren eigenen Kindern deswegen nicht mehr reden! Es gibt trotzdem aber deutlich mehr Freiheit. Die neuen Paare versuchen mit keinem zu streiten und einfach einen schönen Namen für ihr Kind auszusuchen.
Meine Schwester sollte den Namen von der Oma (Mutter meines Vaters) haben. Die Oma hatte vorgeschlagen, dass statt ihres Namens meine Schwester den von meiner Tante (Omas Tochter), die zu jung verstorben war, bekäme. Ich habe ganz normal den Namen von der Mutter meiner Mutter bekommen. Da war ich ihr Lieblingsenkelkind!
Als ich als Zahnarzthelferin arbeitete, kam eine Patientin, die vor kurzem Oma geworden war. Sie hat stolz über ihre Enkelin erzählt. Irgendwann fragte sie nach meinem Namen.
Frau: -Oh, Du lieber Gott! Was für ein Name! Wie konnte man Ihnen nur so etwas antun?!
E: Na ja … so heißt meine Oma. Wie heißt Ihre Enkelin denn?
F: Nepheli
E: Schöner Name! Heißen Sie Nepheli?
F: Nein, nein. Mein Sohn und meine Schwiegertochter sind modern und wollten selber den Namen aussuchen.
E: Und haben Sie das erlaubt? War es in Ordnung?

F: Na klar, ich bin auch modern! Die jungen Leute müssen frei sein! Ich habe nichts dagegen!
(Das hat mich echt überrascht!)
E: Respekt! Sie sind die Erste, die ich so progressiv höre! Ein einziger Sohn … (Sie hat angefangen zu erzählen, wo sie noch progressiv war).
E: Wie heißen Sie eigentlich mit Vornamen?
F: Maria. (Halb Griechenland heißt Maria).
E: Und wie heißt die Schwiegermutter Ihres Sohnes?
F: Christina.
E: Das ist auch ein schöner Name!
F: (genervt) Wie … ein schöner Name? Wenn sie den Namen einer Oma gewollt hätten, wäre es doch klar MEINER geworden! Tja … mein Einzelkind …
Na ja, sooo modern – das kann man eben auch nicht aushalten.

Schwiegereltern

Mit der Oma oder dem Opa zusammen zu wohnen war keine Ausnahme. Früher war es so. Wenn du Glück hattest, konntest du bei deinen Eltern wohnen. Mit den Schwiegereltern war's kompliziert. Es gibt in Griechenland eine traditionell schlechte Beziehung zwischen Schwiegermutter und Schwiegertochter. Die beiden sind immer im Konflikt. Über die Kindererziehung, den Haushalt, die Reinigung, die allgemeinen Kosten, die Geldverwaltung, das Benehmen usw. Ich hatte von Bekannten (etwas älter) furchtbare Geschichten erzählt bekommen. Manche Schwiegereltern haben ihre Schwiegertöchter wirklich gequält.
Die Großeltern zu Hause sind aber praktisch, um auf die Kinder aufzupassen. Heute sind die jungen Ehepaare mehr unabhängig und die Großeltern genauso. Wenn beide etwas Geld verdienen und eine Wohnung besitzen, wohnen die getrennt. Bei Pflegebedürftigen sind aber immer noch die Kinder zu helfen ‚verpflichtet'.
Drei Generationen zu Hause fand ich nicht unbedingt schlimm. Vor allem mit genügend Platz. Einfach das gemeinsame Essen, oder die Erfahrung, die die Enkelkinder von den Großeltern sammelten.

Brot und Salz, Freunde

Man sagt in Griechenland über Leute, die einander schon seit Jahren kennen, eng befreundet sind und viel miteinander erlebt haben: ‚Sie haben zusammen Brot und Salz gegessen'. Woher dieser Spruch stammt, bin ich

mir nicht sicher. Ich glaube, weil es früher, als unsere Eltern und Großeltern Kinder waren, nichts anderes als Brot und Salz zum Essen gab.
So einen Freund habe ich auch. Mit sechs Jahren waren wir schon in der selben Klasse, und blieben es, bis wir 18 wurden. In der gleichen Nachbarschaft sind wir aufgewachsen und haben nur 100 Meter auseinander gewohnt. Viele fragten, was zwischen uns los war. Unsere Antwort war: ‚Wir ZWEI? Wir haben zusammen Brot und Salz gegessen!'

Irgendwann wollten wir diesen ‚Satz' realisieren! Ich habe ihn eingeladen. Es war kurz vor Weihnachten. Meine Mama hat uns einen Teller mit Brotscheiben gemacht, einen davon mit Salz, dazu zwei Gläser Wasser für den Durst danach! Später hat meine Mutter den Freund gefragt, ob er Lust auf Pizza hatte. Wir haben Pizza bestellt. Als er fast fertig mit dem Essen war, hörte er plötzlich auf: ‚Oh Gott! Ich habe es komplett vergessen! Ich sollte heute noch fasten! Morgen gehe ich zur Kommunion!' Wir haben nur gelacht und ihm eine Ausrede gegeben: 'Wir haben dich entführt!' Seitdem sagen wir, dass wir zusammen auch ganz praktisch Brot und Salz gegessen haben!
Einige Freunde waren und sind immer noch wie Familie zu mir. Vor allem nach dem Tod meiner Mutter habe ich die meiste Zeit bei denen zu Hause verbracht und übernachtet. Sie bei mir auch. Vor allem im Sommer, in unserem Ferienhaus. Ich betrachte sie als zweite Geschwister und ihre Eltern als zweite Eltern.

Schule, Essen, TV, Alltag

Als ich noch in die Schule ging, hatten die staatlichen Schulen (Grundschulen, Gymnasien, Lyzeen) in den großen Städten Schichten. Die Gebäude haben nicht für alle Schüler gereicht. In einem Gebäude waren manchmal mehr als zwei Schulen untergebracht. Es war morgens von 8:15 bis 12:30 Uhr für die Grundschule, bis 13:10 Uhr – glaube ich – für das Gymnasium. Abends war es von 14:15 bis 19:15 Uhr. Eine Woche musste ich morgens und die Woche darauf abends gehen. Ich hatte zusätzlich Englisch und die Kurse gingen auch eine Woche morgens und die nächste abends, aber es gab auch Abendkurse ab 19:30 Uhr. Dort gingen meistens die Schüler der privaten Schulen hin, die nur Morgenschicht hatten. Ich fand es nicht so schlimm. Es war eine Abwechslung und ich hatte sowieso das Frühaufstehen gehasst! Meine Mama fand es nicht so toll. Es war ungünstig, weil ich und meiner Schwester unterschiedliche Schichten hatten. Das Gebäude wurde vom Gymnasium und vom Lyzeum gleichzeitig benutzt. Eine von uns kam nach Hause, dann musste die Andere hin und umgekehrt. Wir konnten nur am Wochenende gemeinsam essen. Somit gab es auch weniger Streit!

Gemeinsames Essen gab es auch am Weihnachten, Silvester und an Ostern. Manchmal mit der ganzen Familie; Opas, Omas, Tanten, Onkel und Cousins. Namenstage wurden genauso gefeiert, entweder zu Hause, oder in einem Restaurant oder einer Bar mit Familie und Freunden. Jeder weiß, wann jeder Namenstag ist. Die Leute rufen dich an, um zu gratulieren, und du lädst sie ein. Sie kommen mit Geschenken, wie beim Geburtstag. Aber deinen Geburtstag können sie nicht wissen oder sich merken. Freundes- und Familientreffen finden auch auf Hochzeiten, Taufen oder Beerdigungen statt. Man muss die Gäste mit Essen belohnen und sich bedanken.

Als Kind war das Essen nicht meine Lieblingsgewohnheit: Pommes, Frikadellen, Frankfurter Würstchen, Pizza waren willkommen. Manchmal auch Koteletts. Gemüse, Nudeln, Suppen, Milch waren unvermeidbar. Knoblauch und Zwiebel auf gar keinen Fall! Zum Glück hatte sie meine Mutter auch nicht gemocht. Jeden Tag zu Mittag gab es etwas Warmes zu essen. Donnerstags und samstags war es oft Fisch, frisch vom Wochenmarkt. Sonntags hat manchmal der Papa gekocht, oder wir sind ins Restaurant gegangen.

Man verhungert in Griechenland nicht. Es gibt überall Bäckereien, einfache Restaurants, Imbisse, Fast Food … In der Bäckerei gibt es nicht nur Brot, sondern auch viele kleine leckere Teigwaren. Blätterteigpasteten gefüllt mit Käse, Spinat, oder Lauch, Kartoffeln, Pilze, Würstchen, Hackfleisch, Hähnchen, Schinken, Oliven, Rosinen, Vanille, Sesampaste. Größere oder kleine Portionen. Mein Lieblingsimbiss waren die Sesambrezeln (Koulouria) und Rosinenbrötchen. Bougatsa-Läden gibt es auch überall. Eine kleine Portion entweder mit Käse oder Vanillecreme, oder halb und halb

schmeckt lecker und reicht für das Frühstück. In den Konditoreien findet man Eis, Torten, Kuchen, süße und herzhafte Plätzchen, Sirupteigwaren, mmh, mir läuft das Wasser im Mund zusammen ... Pizza, Crêpes, Toast, Gyros, Souvlaki, gegrilltes Fleisch, Hähnchen, hausgemachte Wurst, Hamburger, Sandwich, Salate, warmes Essen (Bohnen, gefüllte Paprika, Mousaka, Pastitsio), egal worauf du Appetit hast, du kannst das finden, oft auch bestellen und zu Hause essen.
Klar gibt es bei uns traditionelle Gerichte für jeden Anlass, für jede Feier. Zum Glück, denke ich, hat meine Mutter nicht alles befolgt! Eierfärben an Ostern war in Ordnung. Jedes Jahr gab es weniger Eier, weil sie nicht gegessen wurden. Osterkuchen haben lecker geschmeckt, waren aber viel Arbeit und es war nicht selten, dass du den ganzen Tag in der Küche verbracht hast, um so was zu backen, und am Ende des Tages hattest du einen Teig, flach und hart, wie eine Schuhsohle, wolltest du ihn an die Wand schmeißen, die Küche sah aus, als ob eine Bombe explodiert wäre, und deine Nerven waren am Ende! Heute kann man solche Kuchen in der Bäckerei kaufen und sich Zeit und Nerven sparen! Am liebsten mochte ich diesen Kuchen in Milch getaucht. Am schlimmsten fand ich unsere traditionelle Ostersuppe: ‚Magiritsa'. Meine Mama war der gleichen Meinung, aber sie musste leider durch, weil sie dem Papa so gut geschmeckt hat. Die Küche hatte einen ekligen Geruch nach gekochter Leber und Darmstücken, Dill und anderen Kräutern. Ich weiß, so was kann lecker schmecken, aber ich musste an diesem Tag fast ausziehen, um mich nicht zu übergeben! Ich habe immer noch dieses Bild in Erinnerung, wie meine Mutter mit einem komischen, langen Zeug die Därme entleert hat, ihr Gesicht auch voll Ekel! Für mich gab es stattdessen einfach Hühnersuppe. Nicht traditionell, aber mir hat sie mindestens geschmeckt!
Viele Mütter von meinen Klassenkameraden hatten ständig zu Hause alle Schränke voll: Süßigkeiten oder Blätterteigsachen. Bei uns war das nicht der Fall. Ich habe nie irgendwo nach Bonbons oder so was gesucht. Jeden Abend habe ich mit meiner Schwester vor dem Fernseher gesessen. Zwischen 17:00 und 18:00 Uhr lief das Kinderprogramm. Dabei haben wir eine ungesunde Kleinigkeit gegessen. ‚Genüsschen' haben wir das genannt. Eine ‚koukouroukou' Waffel (mit Aufklebern, die wir gesammelt haben) oder eine ‚Sokofreta', oder ein Tütchen ‚Tasty' -Kartoffelchips-, oder ‚Fofico' -Erdnussflips-, oder ‚Dracoulinia' Paprikaflips. Keine Schokoladentafel. Ich war kein Schokoladenfan.
Das mache ich heute noch. Leider nur die Kleinigkeit zu essen, aber ohne Kinderprogramm! Nicht weil ich zu alt dafür bin, sondern weil es diese Sendungen von damals nicht mehr gibt. Candy Candy, Heidi, Nils Holger-

son, Muppet Show, Fraggle Rock, Froutopia, Paramithas. Vor allem Candy Candy. Ich habe nur wegen dieser Sendung die Schule geschwänzt! Und ich war nicht die Einzige! Ich glaube, wenn diese Sendung heute wieder käme, würde sie wieder angeschaut. Alle Mädchen waren verliebt. Manche in den blonden Anthony, manche in den dunkellanghaarigen Terry …

Am Anfang hatten wir einen Schwarzweißfernseher und nur zwei staatliche Sender. Später kam die Farbe. Wow! und immer mehr Sender, alles privat. Noch später kam Satellitenfernseher. Das war toll: Super, Sky, MTV, SAT1, Rai1, Rai2, TV 5, RTL (die Jungs fanden die Sendungen spät am Abend besonders bildend …) Diese Gelegenheit konnte man nutzen, um eine Fremdsprache zu verbessern; Englisch, Italienisch, Französisch, Deutsch. Ich hatte fast alle Musiksendungen gesehen. Sie waren aktuell, nicht wie unsere griechischen, die die Lieder mit vier Wochen Verspätung abspielten. Mein Englisch war gut genug, um ‚Punky Brewster' und ‚I dream of Jeannie' zu verstehen. ‚Calabrone Verde' habe ich auch geschaut, obwohl ich damals kein Italienisch konnte. Die Musik war einfach toll! SAT1 und RTL fand ich interessant. Es gab Macgyver zum Beispiel, er hat aber Deutsch gesprochen, komisch! Dieses Synchronisieren finde ich heute noch furchtbar. In Griechenland läuft alles original mit Untertiteln. So kann man die Stimme von jedem Schauspieler hören und die Stimme passt zu der Mundbewegung. Schade mit dem Synchronisieren, weil so viele Witze einfach verloren gehen. Es ist anders. Später kamen ein paar argentinische Sendungen, die auf Griechisch synchronisiert wurden. Genauso furchtbar!

Macgyver – original – fand ich gut. Knight Rider und The Dukes liefen auch, sie waren aber nicht meine Lieblinge. Später kamen die Soaps: ‚The Bold and the Beautiful' (ich glaube auf Deutsch heißt es ‚Schön und Reich'), ‚The Young and the Restless'. Wir hatten Aufkleber gesammelt. Peinlich!

Meine Lieblingsserie aller Zeiten bis heute noch ist ‚Friends'. Ich habe 100-mal alle Folgen gesehen, ich kenne sie fast auswendig und ich kann sie noch weitere 100-mal sehen. Diese ‚Monica Geller' ist einfach mein anderes Ich!

Eltern, Erziehung, Spiele, Schwesterchen

Ich habe gerne Bücher über das Leben früher in Griechenland, in Thessaloniki und in der Heimat von meinen Großeltern gelesen. Ich fand es interessant, nicht nur die Geschichte zu lernen, sondern auch alles, was in einem Schulbuch nie geschrieben steht. Schilderungen von Leuten, die

diese Zeiten erlebt haben. Es gibt Themen, wie zum Beispiel der Bürgerkrieg, worüber nicht diskutiert wird. Oder vielleicht schon, aber nicht objektiv, sondern mit Empathie. Das Leben, die Verhältnisse, die Arbeit, die Bildung, die Kommunikation, die Transportmöglichkeiten, das Geld, alles war anders. Unsere Großeltern und Eltern haben hart gearbeitet, so dass wir diese Zeiten und diese Armut nicht erleben müssen.
Meine Eltern haben uns deswegen Sachen beigebracht, wie zum Beispiel, immer unseren Teller leer zu machen. „Aber Mama, ich kann nicht mehr", oder „mir schmeckt's gar nicht". Die Antwort war „Es gibt Kinder auf dieser Welt, die überhaupt nichts zu essen haben. Sie verhungern. Sie wären froh, alles, was dir nicht schmeckt, zu haben." Es hat immer funktioniert. Egal ob ich schon satt war oder nicht. Diese Gedanken mache ich mir heute noch.
Beide Elternteile wollten, dass wir selbstständig und unabhängig wurden. Streit zwischen ihnen habe ich selten mitgekriegt. Der Familienstreit war zwischen mir und meiner Schwester. Wie Katze und Hund. Aber gegen unsere Eltern haben wir einander unterstützt. Solidarität!
Für meinen Papa war es wichtig uns beizubringen, dass die Familie über alles geht, dass man fleißig arbeiten, sparsam leben und pünktlich sein muss. Mein Problem war, dass ich abends nicht lang draußen bleiben durfte. Heute kann ich seine Angst verstehen. Damals war es aber unmöglich!
Meine Mutter war ruhig, geduldig und komischerweise hatte sie immer Recht! Ich hatte ihren Spruch gehasst: „Du kannst machen was du willst. Sag bloß nicht, dass ich dich nicht davor gewarnt habe …"
Sie hat mir auch beigebracht, nicht zu diskriminieren und immer mit allen Kindern zu spielen, nie ein Kind auszulachen. In der Grundschule war ich die „ Chefin". Ich hatte zu entscheiden, was wir spielten und wer mitmachen durfte. Ich war der weise Papa- Schlumpf! Jeder ist mir gefolgt! ‚Efi, er ist so komisch … Ich: – JEDER SPIELT MIT!'
Während der Pause haben wir in der Schule viel gespielt. Meistens Mädchen gegen Jungs. Fangen, Krieg und Frieden, Bockspringen (Varelakia), Völkerball (Mila), ‚lange Esel' (makria gaidoura). Mädchen haben auch oft mit dem Gummitwist gespielt. Für kleine Kinder gab es:
To mantilaki perase ke I kori to yirevi …
I mikri Eleni kathete ke klei …
Zu Hause habe ich mit meiner Schwester, oft auch mit unseren Eltern, Karten und Brettspiele wie Monopoly, Stratego, Mensch ärgere dich nicht, Schlangen und Leiter, Skor 4 gespielt. Mit meiner Schwester haben wir auch stundenlang mit Playmobil, Lego und Kibi gespielt. Playmobils haben

wir gesammelt: die Schule, das Krankenhaus, das Hotel, die Camping–Serie, den Spielplatz. Die haben wir uns fast immer zu Weihnachten und Ostern gewünscht. Meine Schwester hatte zwei Playmobil–Kinder, die ‚Weißlein' und den ‚Blauenchen' nur für sich. Ich durfte damit nie spielen. Auch als sie weg war, hatte sie diese zwei in ihrer Schublade versteckt … Trauma …
Mit Barbie oder Bibibo usw. haben wir gar nicht gespielt, obwohl wir solche Puppen geschenkt gekriegt hatten. Langweilig. Wir haben damit unser Zimmer dekoriert. Das war es. Nur Miss Piggy und Kermit, der Frosch, waren die Ausnahmen. Piggy war auch unser Spitzname in der Schule. Piggy, Schwein, Wurst. Nicht wegen unseres Geruchs! Nur wegen unseres Nachnamens …
Mit meiner Schwester habe ich mir ein Zimmer geteilt. Leider hat es nicht immer gut funktioniert. Ich wollte mit Musik einschlafen. Meine Schwester brauchte Ruhe. Sie war die älteste und musste mehr lernen als ich. Für sie war es wichtig. Ich musste deswegen nachgeben. Die Nächte waren lustig, weil ich in meinem Schlaf nicht immer ruhig war. Ich habe gesprochen, gesungen, bin aufgestanden, habe das Licht oder den Fernseher angemacht, bin in der Wohnung spazieren gegangen … Eines Nachts habe ich auf dem Bauch meiner Schwester gesessen, gehüpft und gesungen! Klar war sie erschrocken! Oft war ich auch vom Bett gestürzt. Bumm! Arme Mama, wieder wach. Nichts passiert. Mit 20 bin ich aufgestanden und habe Bettwäsche gebügelt. Wie fleißig! Manchmal hat meine Mama mit mir im Schlaf eine komplette normale Diskussion geführt. So konnte sie alle meine Geheimnisse erfahren! Und ich wusste nicht woher!

Technologie

Während meiner Kindheit gab's schon Fernseher, aber noch keine Playstation, Wii, Nintendo und so was. Eine Freundin in der Grundschule, eine Bekannte, und meine Patentante hatten zu Hause diese ersten, uralten Ataris. Ich hab mich so gefreut, sie zu besuchen und mit diesen komischen Joysticks dumme Spiele zu spielen! Hellgrün auf schwarz, ‚Space Attack' und etwas ähnliches wie Tennis (ein Strich und ein Ball), Pacman und Tetris. Später gab's solche Videospiele auf der Fähre, und noch später gab's immer mehrere Läden. Irgendwann war's ‚in' dahin zu gehen und so was zu spielen. Das hatten die Jungs angefangen und wir Mädels sind gefolgt Ich habe zusammen mit einer Freundin gespielt. Eine Runde = 20 Drachmen. Mit 7 (jeder) haben wir das Spiel zu Ende geschafft. Einfach Geldverlust!

Solche Spiele gab's auch in der Cafeteria, wo ich gearbeitet habe. Am Anfang habe ich sie ignoriert. Irgendwann fand ich ein Spiel doch interessant. War eher etwas Aggressives. Irgendwie wollte ich, vielleicht unbewusst, oder doch bewusst, mich stark und mächtig fühlen! Ich konnte gegen Jungs spielen und gewinnen! K.O.!
Mein erster PC war ein 386, glaube ich. Dort hatte ich eine Sammlung von allen diesen Spielen installiert und meine Lieblinge weiter geübt! Dann kam der 586, Pentium, Celeron, und Internet mit Modem. Wow! Wir hatten eine extra Festnetznummer nur fürs Internet, sonst war ständig die Verbindung unterbrochen, wegen eines Anrufs. Mit 56K Geschwindigkeit konnte man nicht viel tun. Ich fing an an Chatrooms teilzunehmen. Mit lustigen Spitznamen, wie „Champignon“ oder „Mistlappen“ hatte ich schnell viele ‚Aufrufen’ aus der ganzen Welt! Interessante Gespräche! Mit der Zeit wurde es mir langweilig, und habe was Besseres entdeckt: Die MP3! Lieder herunterladen und umtauschen mit anderen Nutzern. Tags und nachts lief der arme Rechner! Ich brauchte für ein normales Lied ca. eine halbe Stunde! Da konnte ich mit anderen Nutzern diskutieren und neue Künstler entdecken. Bis es alles verboten wurde. Kinderpornographie und Missbrauch gab's immer noch, aber Liederumtausch war wahrscheinlich schlimmer und gefährlicher.
Durch das Internet habe ich wieder Kontakt zu alten Brieffreunden (Penpals) aufgenommen. Die hatte ich nach der Schule langsam verloren. Keiner schrieb mehr Briefe, da die E-Mail schneller, einfacher und kostenlos war. Meine Brieffreunde hatte ich seit der Grundschule, durch IYS (International Youth Service) gehabt. Man konnte dadurch Brieffreunde auf der ganzen Welt suchen. Du musstest nur einen Coupon ausfüllen, was du suchtest: Mädchen oder Junge, ihr Alter, Ursprungsland, Interessen, Hobbys, und in welcher Sprache du schreiben konntest. Das war auch eine gute Sprachübung! Ich hatte Freundinnen aus Hong Kong, England und Australien. Manche habe ich später noch in sozialen Netzwerken gefunden. In diesem Fall war Internet eine tolle Erfindung!

Familie, Politik

Leben mit der Familie war für mich einfach. Papa hat gearbeitet. Der Kredit für die Wohnung musste bezahlt werden. Als sein Gehalt nicht gereicht hat, hat er einen Nebenjob gehabt. Mama hat seit meiner Geburt aufgehört zu arbeiten. Mit zwei Kindern war es schwer. Sie konnte mit ihrem Gehalt nicht den Kindergarten für meine Schwester und zusätzlich eine Betreuerin für mich bezahlen. Außerdem konnte sie nicht ihre eigenen

Kinder erziehen. Deswegen ist sie zu Hause geblieben. Ich war schuld daran!

Sie hat sich nur um uns gekümmert. Alles war vorbereitet und sauber. Wir brauchten keine Hausarbeit zu machen. Wir sollten nur vorsichtig sein und keine Sauerei machen. Nach der Dusche, nach dem Essen unsere Sachen aufräumen. Unsere Pflichtarbeit war die Schule. Wir konnten sonst alles fertig haben. Komplett unterstützt. Wir mussten deshalb fleißig lernen und unsere Eltern stolz machen. Das war ihre Belohnung. So einfach.
Die politischen Richtungen meiner Eltern habe ich als Kind nie erfahren. Die Zeiten waren kompliziert. Meine Eltern sind aufgewachsen, als es in Griechenland viel Unsicherheit, Chaos und Gefahr gab. Bürgerkrieg, Faschisten, Sozialisten, Kommunisten, Königsfreunde, Rechte, Linke hatten regierungsabhängige Probleme.
Unsere Eltern haben uns gesagt: 'Es geht keinen etwas an, was wir wählen. Wir sollen nicht provozieren, vorsichtig sein und uns keine Feinde machen'. Sie haben nie versucht, unsere politischen Meinungen zu beeinflussen. Ich finde es auch richtig!

Eine kurze Schulgeschichte

Die ersten Schuljahre … Schön war es!
Ich glaube, ich war der Traum jeder Mutter. Die meisten Kinder haben am ersten Schultag nur geweint, sich hinten ihrer Mama versteckt und haben an deren Röcken oder Hosen gezogen, weil sie nicht von ihnen weg wollten. Ich war einfach glücklich! ‚Endlich gehe ich auch in die Schule, wie meine ältere Schwester! Endlich kann ich auch lesen, zählen, andere Kinder kennenlernen und Freunde finden!' Ich konnte schon ein bisschen lesen. Das hatte ich von meiner Schwester gelernt. Das Rechnen fand ich auch nicht schlimm. Ich machte fleißig meine Hausaugaben und war immer unter den besten Schülern meiner Klasse, ohne Hilfe von den Eltern. Ich lachte kein Kind aus und glaube, dass meine Lehrer und Klassenkameraden mich sympathisch fanden.
Eines Tages haben wir in der Pause Fangen gespielt. Mädchen gegen Jungs. Ich war sehr schnell und konnte ständig meine Freundinnen befreien. Ich stand auf einer ‚Hola' – dem Platz, auf dem man nicht gefangen werden darf –, als ein Junge kam und mich am Hals geschnappt hat und mich aus der ‚Hola' herunterziehen wollte. Das Ergebnis: ein wunderschöner rotblauer Bluterguss quer am Hals. Meine Mutter war darüber erschrocken und kam am nächsten Tag mit in die Schule, um mit diesem Jungen zu reden. Ganz freundlich ging sie zu ihm, vor unserer Versammlung für die Morgengebete, und sagte ihm: ‚Weißt du was, mein Junge, die Efi ist klein und empfindlich und du als Junge bist größer und stärker. Du hättest sie erwürgen können! Bitte, beim Spielen auf die Kleineren aufpassen, ok?' Das hat seine große, kräftige Mutter gehört und ohne Weiteres hat sie sich zu ihm gedreht und ihm eine Ohrfeige verpasst … Oh mein Gott! Diesen Klang werde ich nie vergessen. So was hatte ich in meinem kurzen Leben noch nicht gesehen. Meine Mutter stand mit offenem Mund da, wieder erschrocken! Es hat uns so leid getan. Meine Mutter ist nie wieder in der Schule erschienen. Hätte sie das gewusst, hätte sie nie etwas gesagt …

Liebe ..?

Mit fünf war ich im Kindergarten. Ich war nicht die schönste, hatte aber viele Bewunderer. Ein Junge wollte mich immer wieder umarmen und küssen. Eklig! Einer hat mich gejagt und mir ein Bein gestellt. Ein anderer hat mir regelmäßig etwas geschenkt. Ich konnte das nicht akzeptieren. Ich habe einen Anderen geliebt.

Die Mutter hatte Angst vor Läusen, weil meine Haare dicht und kräftig waren. Schön. Die Wurzeln waren dunkelbraun, die Spitzen hellbraun, fast rot, in der Sonne echt hell, sie waren bis April lang genug, dass ich zwei zuckersüße Zöpfe machen konnte. Anfang des Sommers musste ich aber zum Friseur, kurz wie ein Junge abschneiden lassen. Furchtbar. Ich habe das genauso wie mein Papa gehasst …

Hässlich!

Ich war klein, dünn, empfindlich und seit dem Kindergarten fast immer verliebt. Ich hatte auch meine ‚Fans', aber nichts war ‚öffentlich'. Nur eine Freundin wusste, wer meine Liebe war. Im Gymnasium hatte ich eine Valentinskarte in seiner Schultasche versteckt. Die hatte ich mit einem Pseudonym unterschrieben. Er hatte mich in den Pausen gehascht! Er sagte auch nicht, dass er Gefühle für mich hatte, es war aber trotzdem klar! Er gründete mit ein paar Freunden eine ‚Anti-(Efi)-Schwein-Koalition'! Sie haben mich gehascht, haben meine Haarklammer geklaut und versteckt, hatten an meine Schultasche „Dynamitchen", eine Art Feuerwerkskörper, gestellt und viel viel mehr! Es gab sogar ein Heft: ‚Die Protokolle der Anti-Schwein-Koalition'!

Später hatte ich ‚normale' Liebeserklärungen … Sogar ein Lied!

Eine „spätere" Schulgeschichte

Ich war eine gute Schülerin. Beim Spielen war ich auch gut. Meistens gewonnen. Immer zu gewinnen und gute Noten zu haben macht ein Kind oft unsympathisch. Ich wollte auch normal sein … Deswegen habe ich mit 15 oder 16 meine Noten mit Absicht verschlechtert. Jeder konnte bei einer Prüfung von mir abschreiben. Ergebnis: Ich kriegte eine 16/20 und die, die von mir kopiert haben, eine 19. Als ich den Lehrer fragte ‚Warum?' ‚Du weißt schon warum!'. Das ist nicht nur einmal passiert. Zum Abschluss waren meine Noten nicht mehr die besten, aber ich war beliebt! Alles hat seinen Preis.

Einige Freundinnen haben ein paar Mal die Schule geschwänzt. Ich konnte nicht mitmachen. Meine Mutter hatte mir erlaubt, wenn ich nicht wollte, aus irgendwelchem Grund, wie auch immer, zu Hause zu bleiben. Ich

durfte aber nicht aus dem Haus. Meine Mutter schrieb mir später für meine Abwesenheit eine Entschuldigung.
Einmal – und nur einmal – habe ich gedacht, ich mache mit zwei Freundinnen mit. Es war ein schöner, warmer, sonniger Tag. Meine beiden Freundinnen sind Töchter von Ärzten, die ihre Praxen im Zentrum hatten. Deshalb hatten sie ständig Angst, gesehen zu werden. Ich war gaaanz locker. Meine Mutter würde daheim bleiben. Wir haben versucht uns irgendwo zu verstecken. Wir waren Kaffee trinken, auf der Promenade, auf der Terrasse eines Cafes mit Blick aufs Meer und später gingen wir Scrabble spielen, um 19:30 Uhr, wie immer, waren wir zu Hause.
Mama: Und? Wie war die Schule?
E: Ganz OK! (Meine Wangen waren schon rot und ich versuchte, ihr nicht in die Augen zu gucken und rannte schnell auf mein Zimmer).
Mama: Das Wetter war so schön heute, oder? Schade, dass du das nicht genießen konntest …
E: … Na…ja..(aus meinem Zimmer was geflüstert).
(Dann kam sie rein, machte die Tür zu, guckte mir so tief in die Augen, dass ich mir gewünscht hatte, dass die Erde sofort ein Loch öffnete, um mich zu verstecken …)
Mama: Was soll das? Wo warst du? Du weißt, dass ich es dir immer erlaube, wenn du nicht in die Schule willst! Warum hast du mich angelogen???
E: …
M: Weißt du, wie peinlich es mir war, einen Anruf von deinem Lehrer zu kriegen und gefragt zu werden, wie es dir geht??
Zu meinem Pech hatten an diesem Tag insgesamt fast 20 Leute aus meiner Klasse die gleiche Idee wie wir gehabt. Die Klasse war fast leer und der Lehrer war so sauer und zum ersten und letzten Mal hatte er alle Eltern angerufen! Meine Freundinnen waren nicht betroffen, weil ihre Eltern bei der Arbeit waren! Glück gehabt!
Mama: Ich werde deinem Papa nichts davon erzählen, aber so was gibt es nie wieder! Verstanden?
Am kommenden Samstag war es mir verboten zum Club mit den Anderen zu gehen … Klar habe ich so was nie wieder gemacht.

Feier, Grundschulzeiten

Unsere Geburtstage haben wir mit unseren Klassenkameraden gefeiert. Die Party fand meistens zu Hause statt. 1 oder 2 Wochen davor habe ich die Einladungen verteilt.

‚Mit großer Freude lade ich meine(n) Freund(in) (Name) zu meiner Party zum Geburtstag ein. Am: _______ Um:________ Adresse:___________.
Ich hab fast jedes Jahr, bis ich 14 war, eine Party gemacht. Später hab ich nur ein paar Leute eingeladen, entweder zu Hause, oder zu einem Club oder Restaurant. Einmal zum Geburtstag und einmal zum Namenstag. Auf der Party gab's Musik, Tanzen und Buffet mit Kleinigkeiten zum Essen, wie auch die Geburtstagstorte mit so vielen Kerzen wie das Alter. Es gab auch Spiele. Altersabhängig … Als kleine Kinder haben wir z.B. Mousikes Karekles (Reise nach Jerusalem), oder Spasmeno Tilefono (Stille Post), oder Kolokithia gespielt.

Am Namenstag habe ich in der Grundschule an alle meine Klassenkameraden Süßigkeiten verteilt.

Die Grundschule war fünf Minuten zu Fuß von unserem Haus. Das Gymnasium noch fünf Minuten weiter. Ich konnte relativ früh schon alleine gehen. Die Schule für Englisch war genauso nah. Zu meinem Musikunterricht musste ich über eine zweispurige Straße gehen. Keine Ampel, keine Zebrastreifen. Bis ich neun bis zehn war, hat mich meine Mutter begleitet.

Meine Lehrer in der Grundschule hatten es nicht einfach mit mir. Ich war eine gute und fleißige Schülerin, meine Noten immer A (=1). Deshalb konnte sich keiner über mich beschweren! Am meisten musste unserer Lehrer in der letzten Grundschulklasse (sechste) durchmachen. Unser Normallehrer war mehreren Wochen krank, und deswegen kriegten wir eine Vertretung. Er war der beste den wir haben konnten! Jung, um die 25, und voll Lust, im Vergleich zu den anderen Lehrern, die wir bis damals hatten, fast alle kurz vor ihrer Rente. Ich habe versucht ihn mit einer Plastikspinne zu erschrecken, mit gefälschtem 5.000-Drachmen-Schein zu verarschen und viel mehr. Damals war ich beim Biologiekurs für das menschliche Körper-Modell zuständig. Er musste vor dem Kurs vorbereitet werden. Meine Klassenkameraden fanden ihn eklig. Alle diese Sachen waren in dem Nebenraum von unserem Klassenraum gelagert. Die Türklinke war kaputt, und konnte nur auf einer Seite angefasst werden, um die Tür aufzumachen. Eines Tages kamen Schüler aus einer anderen Klasse und wollten sich das Modell leihen. Als sie in dem Nebenraum waren, mit unserem Lehrer, bin ich aufgestanden, habe die Tür zugemacht, die Türklinke mitgenommen und ging zurück zu meiner Schulbank. Unglaublich. Alle haben laut gelacht, als mir langsam der Angstschweiß ausbrach. Ich habe die Grenze überschritten, er könnte böse werden. Nach ein paar Sekunden habe ich die Tür wieder aufgemacht. Zum Glück hat er nur gelacht. Was konnte er sonst machen? Ich war sooooo lieb … wie ein Engel!

Viel später hatte ich Probleme mit einigen Lehrern. Sie waren manchmal echt ungerecht mir oder meinen Klassenkameraden gegenüber, und so was konnte ich nicht ertragen, hab mich deswegen oft darüber beschwert. Manchmal friedlich, manchmal nicht so friedlich.. Einer hat gesagt, ich sollte unbedingt meine Pläne wechseln und Rechtsanwältin werden. Ein anderer hat gefragt, ob ich ‚meine Pistole' mit hatte oder nicht, und ob er in den Klassenraum dürfte. Viele haben sich Gedanken gemacht, was später, bei meinem zukünftigen Zuhause, passieren könnte; ob ich mit meiner Schwiegermutter streiten würde, und Teller und Vasen gegen sie werfen würde … Gehässigkeit und Frechheit, oder?
Ich war als Kind sehr empfindlich und fast jedes Wochenende krank. Halsschmerzen, Ohrenentzündung, Fieber; Teufelskreis. Manchmal habe ich wochenlang die Schule verpasst. Ich habe aber in diesen Wochen eine Schulfreundin angerufen, um die Hausaufgaben zu erfahren. Trotz meiner Abwesenheit hatte ich keine Probleme mit meinen Noten.
Griechisch und Mathe waren meine Lieblingsfächer, bis ich mit einer Mathelehrerin Probleme hatte. Seitdem habe ich Mathe nicht gerne gelernt. Dann kam ein furchtbarer Mathelehrer und ich hab Mathe wirklich gehasst. Schade, wenn die Leute, vor allem die Lehrer, ihre Familien- oder andere eigene Probleme in die Schule mitbringen. Wir Schüler waren doch nicht schuld …
Wir hatten einen tollen Physiklehrer; fachlich nicht so gut, aber menschlich mehr als gut. ‚Meine armen Kinder … Ihr seht so müde aus. Wir lassen die Prüfung heute ausfallen. Habt ihr irgendwelche Probleme, worüber wir diskutieren könnten?' Oder: , Habt ihr über die Kinder (da oder dort), die unter Krieg/Armut leiden gehört? Was können wir tun?' Er hat mehrmals eine Sammlung initiiert. Klamotten, Geld, Spielzeug, Lebensmittel. Die Schüler haben gerne mitgemacht. Er hat die Sachen selber transportiert. Im Frühjahr 1993, wenn ich mich richtig erinnern kann, hat er schwerkranke Kinder aus Russland eingeladen und in seiner Ferienanlage in Halkidiki hospitiert. Er hat mit uns einen Ausflug bis dahin organisiert, und mit Schwimmen und Essen dort kombiniert. Wir hatten Süßigkeiten und Schulutensilien mit unserem Taschengeld gekauft und den Kindern geschenkt. Sie haben für uns gesungen, ein paar Lieder sogar auf Griechisch! Wir haben mit Tränen zugeschaut. Echt rührend …

Musik – Hobby – Freizeit

Als ich ein Kind war, gab es weder CD noch iPod. Mein einfaches, kleines Radio war ständig an. Meine Mutter hatte die ‚piratischen' Sendungen

gehört. Es gab auch welche für Kinder. Sie haben Märchen vorgelesen und die Lieder vom Schlumpf, oder ‚Tenekedoupoli' gespielt. Man konnte anrufen und jemandem ein Lied widmen.
Um 11:00 Uhr kam meine Lieblingssendung. Sie hieß ‚Formula 1' und hatte nichts mit Autos zu tun, sondern mit Popmusik! Von 13:00-15:00 Uhr kam ‚Ti akoui i Thessaloniki' („Was Thessaloniki hört"), mit einem Moderator, den ich bis heute noch, via Internet, gerne höre. Von 15:00-17:00 Uhr kam ‚To portokali Portokali' („Die orange Orange"). Nach den Schulaufgaben konnte ich entweder die eine oder die andere Sendung hören.
Die neuen Lieder und Musikneuigkeiten aus der Welt kamen mit Verspätung nach Griechenland. Die originalen Kassetten waren zu teuer. Ich konnte eine Wahl bei einem Musikgeschäft abgeben und dann kriegte ich alles auf eine Kassette kopiert für ca. 2000 Dr. Das war teuer, deswegen habe ich meine Lieblingslieder aufgenommen, klar mit Werbung dazwischen und mit der Stimme des Moderators! Manchmal hatte ich auf einer 60-Minuten-Kassette immer wieder das gleiche Lied aufgenommen und dann hörte ich es, bis es mir endlich langweilig wurde! Zum Beispiel ‚Especially for you' gesungen von Kylie Minogue und Jason Donovan. Dieses Lied konnte ich stundenlang hören, oder sein Video sehen. So süß! Kylie Minogue und Debbie Gibson waren meine Lieblingssängerinnen. Ich hatte damals nur die aktuellen Pop-Hits angehört und überhaupt keine griechische Musik.
Mit acht Jahren wollte ich Gitarre lernen. Ich fing an, obwohl meine Gitarre größer als ich war! Mit Spielen hatte ich kein Problem, aber die Theorie ging mir auf die Nerven. Irgendwann war ich beim Spielen so weit, dass ich etwas langsamer sollte, weil meine Finger so klein waren. Dann musste ich nur Theorie lernen und so faul wie ich war, habe ich aufgehört! Später und heute noch bereue ich diese Entscheidung. Ich fing mit Klavier an, wie meine Schwester, aber ohne Theorie ging es auch irgendwann nicht weiter. In der Uni-Zeit war ich so neidisch auf meine Bekannten, die so toll spielen konnten. Einfach ein Lied hören und sofort konnten sie spielen, während die Anderen mitgesungen haben. Das konnte ich nicht. Ich musste immer die Noten lesen. Ich habe trotzdem zu Hause oder am Strand, auf unseren Beachpartys gespielt. Meine Mama oder meine Freunde haben gesungen. Ich sang entweder sehr leise, oder gar nicht. Meine Stimme war furchtbar. Sogar meine eigene Mutter hatte es gemerkt!
Die Musikgeschmäcker hatten sich mit der Zeit geändert. Mehr Alternative und Rock, sogar auch Griechisch. Mora sti Fotia, Ksilina Spathia, Nirvana, Offspring, aber auch Aleksiou, Loizos, Mitsias, die Letzten durch Beeinflussung meiner Mutter. Bars mit Live-Musik waren meine Lieblinge und

ich hatte versucht, kein Konzert zu verpassen: U2, Rolling Stones, The Cranberries, Rage against the Machine, Radiohead und fast alle griechischen Sänger. Ich bin bis Athen gefahren. Rockwave-Konzerte fanden auch nur in Athen statt. Drei Tage, verschiedene Gruppen. Alle diese Künstler live zu hören finde ich heute noch faszinierend. Damals kamen selten bekannte Gruppen nach Griechenland. Egal wie, ich musste es schaffen! Und ich war so neidisch auf einen Freund, der damals in Deutschland gewohnt hat und immer wieder bei irgendeinem tollen Konzert, von aktuellen Topsängern, dabei sein konnte.
Zu Hause hörte ich aber gerne griechische Musik, Volkslieder, aktuelle Top-Hits, was wir auch ‚Skiladika' nennen. Dabei wurde die Hausarbeit leichter!
Wie gesagt, mit so einer schlechten Stimme wollte ich nie Sängerin werden. Aber irgendwann hab ich vom Schauspielen geträumt. Ich bin deshalb einem Theaterverein in meiner Nachbarschaft beigetreten. Wir haben eine Aufführung vorbereitet, die nie dran kam,: ‚As peksoume tous megalous' (Los, wir spielen Erwachsene). Meine Rolle war Eugenius, ein Junge, weil die Mädchenrollen zu wenig waren. Er war ein lustiger Typ!
Ins Theater zu gehen in Griechenland war mir zu teuer. Mit meiner Mutter haben wir sonntags einiges gesehen und später schaute ich gerne Komödien und interaktive Aufführungen. ‚Hamlet B – Na bi kanis i na min bi?' (Herein kommen oder nicht?) ‚Shakespeare in einer Stunde' und mein allerliebstes ‚I Katara tis Irma Wep' (der Fluch der Irma Wep): Zwei Männer (Kafetzopoulos und Sakellariou) machten 14 Rollen; Männerrollen, Frauenrollen, Tierrollen! Es war so überraschend lustig, ich würde es sofort wieder sehen!
Was ich auch gern gesehen habe, war Tanzen und Eistanzen. Leider fast nur im Fernsehen. Mein Traum war so was selber zu lernen, ich hatte aber leider weder Ballett- noch Eistanzunterricht besucht. Oft krank und empfindlich zu sein hat nicht wirklich geholfen. Solche Kurse waren zu teuer, wenn überhaupt möglich. Ganz spät, mit fast 30, habe ich Tanzkurse besucht. Das war doch peinlich, als meine Mittänzerinnen fast halb so alt wie ich waren! Ich hatte mich gefühlt, als ob ich ihre Mama wäre!
Das Problem, um so was zu machen, war nicht nur das Geld, sondern auch die Zeit. Als Kind wegen der Schule, als Erwachsene wegen der Arbeit. Priorität hatte die Schule, dann die zweite Sprache. Englisch war nicht meine Lieblingssprache, war aber ein ‚Muss'. Italienisch fand ich schön, melodisch, harmonisch. Nach der Schule habe ich privaten Unterricht gekriegt. Einfach so. Irgendwann wollte ich auch Spanisch lernen. Deutsch hatte ich nicht vor. Es hat mir damals so komisch und hart geklungen!

Durch die Sprachschule gab es die Möglichkeit, andere Leute kennenzulernen. Genauso war es bei der Nachhilfe für die Vorbereitung für die Klausuren an der Uni. Jeder Schüler musste damals mindestens bei einem Fach und mindestens ein Jahr vor der Prüfung zur Nachhilfe. In der Schule war der Unterricht weniger als mangelhaft. Nach meinen Zeiten soll es noch schlimmer gewesen sein.
So was schränkt noch mehr deine Zeit ein. Freizeit war für mich in Griechenland ein fremdes Wort, ein Witz. Altersabhängig gab es immer verschiedene Prioritäten. Und der schnelle Stadtrhythmus hat nicht so wirklich geholfen! Schule, Englisch, Gitarrenunterricht, Arbeit, Hausarbeit, Besucher und die verlorene Zeit dazwischen.
Selten war ich morgens zu Hause und habe die Morgensendungen gesehen; über aktuelle VIPs und ihr Leben wurde geredet, Mode gezeigt und sich mit Themen beschäftigt, die mich meistens gar nicht interessierten. Überraschend fand ich, wie viel diese Sendungen gesehen werden. Das bedeutet, dass es die Leute, die Freizeit haben, doch gibt!

Leben in der Stadt, Haustiere

In der Schule war ich aktiv, habe gerne gelernt und viel gelesen. Penelope Delta und Zors Sarri waren meine Lieblingsschriftsteller. Ich konnte stundenlang lesen. Auch beim Essen, im Bad, egal. Das Buch musste an einem Tag bis zum Ende gelesen werden. Kunst war nicht mein Fach. Leider kein Talent. Ich war schnell beim Laufen und wollte immer Ballett und Tanzen lernen. Die Zeit hat nicht gereicht. Schule, Englisch drei Mal die Woche acht Jahre lang. Gitarrenunterricht; meine Eltern wollten, dass ich nicht so unter Druck stehe. Schade. Ich habe deshalb zu spät mit modernen Tänzen angefangen.
Ich habe auch kein Fahrradfahren gelernt. Wo denn? In der Stadt hatten meine Eltern vor Autos Angst. Kein Platz. Auch Schade. Thessaloniki ist eine große Stadt mit ca. 1.000.000 Einwohnern. Es ist schön mit dem Hafen und allen Möglichkeiten, aber leider zu wenig Grün, und viel Dreck. Wenn man eine Bewegungseinschränkung hat, ist es fast unmöglich aus seiner Wohnung raus zu kommen. In der Stadt gibt's fast nur Hochhäuser, eng aneinander. Autos sind überall geparkt. Kaum Platz für einen Kinderwagen. Die Straßen sind auch noch beschädigt.
Als ich fast 2 Jahre alt war, an Ostern, hatte unsere Nachbarin uns 2 kleine Hühnchen geschenkt. Wir hatten ein Schüsselchen mit Wasser und eins mit Futter für die beiden. Ich wollte ihnen helfen, und habe mit meinen kleinen Händen beide genommen und in die Schüssel rein: ‚Friss Vögelchen! Trink

Vögelchen!' Leider habe ich meine Kraft nicht kontrolliert und zu fest gedrückt. Meine Schwester hatte mich angeschrieen und ich konnte gar nicht verstehen warum. Ich versuche mich bei ihr heute noch zu entschuldigen. Ich wollte so was nie tun! Mörder mit 2. Keine Erinnerung, aber trotzdem schlechtes Gewissen …

Irgendwann hatten meine Eltern uns zwei Vögelchen gekauft. Wir haben die Ermis und Ermioni genannt. Leider gab's keinen Nachwuchs. Eines Tages sagte die Mama, dass während des Käfigputzens Ermis weggeflogen sei. Ein paar Tage später sei dasselbe mit der Ermioni passiert. Schade, aber wir haben es überlebt. Später hat uns ein Onkel einen einbalsamierten, orangen Papagei gegeben. Komisch. Er sah genauso aus wie Ermis. Jahre später habe ich die Wahrheit erfahren. Die Mama hat Ermis und Ermioni tot gefunden, aber wollte, dass wir uns keine Sorge darüber machen, hatte deshalb die Geschichte mit dem Wegfliegen erfunden. Mama wollte, dass wir keine Trauer empfinden. Das galt nicht nur für die Papageien, sondern auch später für den Opa.

Weil wir keinen Garten hatten, nur Balkon, war es unmöglich Haustiere zu besitzen. Die Katze vom Nachbarn war oft bei uns, und hat uns erschrocken. Zum Glück keine Verletzung. Wir konnten deswegen die Balkontüren im Sommer nicht auf lassen!

Eines Jahres am Weihnachten hatten die Kinder gegenüber von uns ein Hündchen geschenkt gekriegt. Ihre Eltern wollten wahrscheinlich uns allen zeigen, wie tierfreundlich sie waren, und dass sie Geld hatten. Kalte Nächte waren sie unterwegs und hatten den Hund einfach auf dem Balkon gelassen. Der Arme hat die ganze Nacht gebellt und geheult. Mir hat's so leid getan. Ein paar Tage später haben sie ihn wahrscheinlich zurückgegeben, oder frei gelassen. Genauso wie viele andere Leute.

Außer Büchern habe ich auch gerne Zeitschriften gelesen. Als Kind war es ‚Candy Candy', Micky Maus, Asterix und Lucky Luke. Als Jugendliche war es ‚Katerina' und ‚Manina' im Taschenformat mit ganz wichtigen Infos über Haar, Schmuck, Schönheit, und klar über Jungs. Noch später war ich ‚Cosmopolitan'-Fan, die Bibel; alles was in der Schule nicht gelernt wird! Auch im Taschenformat und günstig, ich konnte sie überallhin mitnehmen – am Strand oder im Bus lesen. Die Sammlung habe ich heute noch … Wie eine Enzyklopädie!

Mode

Während der Schulzeit waren Stil und Mode nicht mein Schwerpunkt. Ich wollte, wie meine Klassenkameraden, eine Levi's Jeanshose, Dr. Marten's

Stiefel, Converse All Stars, Benetton und was auch immer haben. Stattdessen gab es für mich, im besten Fall, die guten Imitationen, im schlimmsten Fall, die ganz billigen, die furchtbar aussahen. Na ja, meine Eltern wollten die Wohnung bezahlen, unser Ferienhaus bauen und wo es ging, sparen. Eine originale Levi's 501 hat damals ca. 20.000 Dr., also fast 60 Euro gekostet. Mit diesem Geld haben meine Eltern eine tolle Mischbatterie fürs Bad gekauft!
Es war immer ärgerlich, weil es deshalb in der Schule Diskriminierung gab. Warst du nicht ‚IN' angezogen, solltest du lieber alleine bleiben. Ich glaube und hoffe, dass es heute nicht so schlimm ist. Damals war das eine echte Verletzung. Und klar gab es deswegen Streit mit meinen Eltern, die nicht verstehen konnten, welchen Unterschied ein kleines, rotes 501 Schildchen und zwei Streifen auf den Rücktaschen machten und warum sie für so was das doppelte oder dreifache Geld bezahlen sollten. ‚Wenn DU dein eigenes Geld verdienst, kaufst DU damit, was DU willst! Solange WIR für dich bezahlen, gibt es so einen Quatsch nicht.'
Später hat sich meine Selbstbestimmung etwas gesteigert. Ich konnte mit meiner Frisur und Haarfarbe spielen, ab und zu schminken, schicke Klamotten kaufen, mich zu einer (kleiner immer!) Frau langsam entwickeln! Irgendwann wurde ich sogar gefragt, ob ich an einem Beautycontest teilnehmen wollte: ‚Face of the Year'. Das war, glaube ich, mein größtes Kompliment! Klar habe ich nicht mitgemacht. So was wäre mir übertrieben vorgekommen!
Mit meinem ersten Geld habe ich mir eine tolle, orange O' Neil Winterjacke und Benetton Klamotten gekauft. Was für eine Freude! Es hat aber nicht lang gedauert und ich habe meine Eltern verstanden und ihnen Recht gegeben.

Handy

Irgendwann kamen die Handys auch nach Griechenland. Am Anfang waren sie aber noch nicht so ‚handy'. Die Geräte waren groß, unsympathisch, hässlich, mit langen Antennen, unpraktisch. Nur die ‚Reichen' oder die ‚viel Arbeitenden' hatten eins.
Mit der Zeit wurden sie kleiner und billiger. Ich habe lang versucht, so was zu vermeiden. Leider war ich ab einem Punkt die Letzte ohne eins, total eingeschränkt! Ohne SMS war ich verloren. Sollten wir uns treffen, ich war pünktlich da, egal; die Anderen haben miteinander ‚gesimst' und die Uhrzeit geändert, ohne dass ich davon wusste. Ich musste wie eine Blöde warten, oder viel Geld ausgeben, um aufs Handy zu telefonieren.

Mittlerweile konnte man mit einem Jahresvertrag ein Gerät haben. Ich hatte damals angefangen zu arbeiten und habe mir das Nokia 3310 mit so einem Vertrag gekauft. Endlich alle Probleme gelöst! … oder nicht?

Uni-Zeit

Meine Studentenzeit war spannend. Viele andere Studenten aus verschiedenen Orten kennengelernt, mit einigen davon bin ich heute noch gut befreundet.
Ich kam nur mit wenigen Lehrern klar. Manche hatten eher die Jungs gemocht und unterstützt. Manche wollten einfach ihre Zeit irgendwie herumbringen und hatten keine Lust uns etwas beizubringen. Klar, wir waren die zukünftigen Konkurrenten. Manche haben ihre Stellen ohne Leistungsgesellschaft. Vitamin B gibt es genug in Griechenland. Weil ich immer gegen solche Lehrer war, war ich auch nicht unbedingt beliebt. Ich wurde aber regelmäßig von ihnen benutzt, weil ich klein und dünn war, war ich ein gutes, lebendiges Anatomiemodel, wo man Muskeln und Knochen gut zeigen konnte. Das war mir oft unangenehm. Nur ein Lehrer hat mich wirklich unterstützt und, ich glaube, er war der Einzige, der uns wirklich seine Lehre beibringen wollte. Nicht nur Fachsachen, sondern auch Allgemeines, das ich immer noch im Kopf behalte und das mir in vielen Fällen hilft.
Was lustig war, war die Fahrt mit dem Stadtbus. Die Schule war außerhalb der Stadt. Ich musste jeden Tag zwei Busse nehmen. Der erste war in der Stadt, bis zum Zentrum und war während des Berufsverkehrs voll. Die anderen haben fast nur die Studenten genommen. Wenn er schon voll war, mussten wir lang auf den nächsten warten. Manchmal musste ich anderthalb Stunden vorher schon an der Bushaltestelle sein. Manchmal haben nur 50 Minuten gereicht. Nur wenige von meinen Freunden hatten damals ein Auto und dieses arme Ding hatte nur fünf Sitzplätze, obwohl wir oft bis zu sechst gefahren sind. Nachmittags waren die Busse so voll, dass du lieber mit fünf anderen gefahren bist, als über eine Stunde in der Sonne warten zu müssen. Während der Fahrt haben wir manchmal gelernt! Wenn wir keinen Sitzplatz hatten, war das nicht möglich. Am Anfang gab es einen „Dirigenten“, einen Platzanweiser, hinten im Bus. Ich habe versucht, eine Monatskarte zu haben, weil ich damit die vordere Bustür benutzen konnte und nicht an der langen Schlange warten musste.
Nach dem Unterricht konnte ich meine Klassenkameraden treffen, in einer Cafeteria, Restaurant oder zusammen im Haus von einem. Es gab auch Play-Cafes, wo wir verschiedene Brettspiele, am liebsten Tabu, spielen

konnten. Im Zentrum gibt es viele Restaurants und kleine Tavernas, wo wir eine Kleinigkeit essen und etwas Retsina oder Ouzo trinken konnten, ohne ein Vermögen zu bezahlen. Oft haben wir uns bei mir zu Hause getroffen. Brettspiele, Musik gespielt, gekocht oder Pizza bestellt, einfach spontan.
Abends bin ich am liebsten in Bars mit Live-Musik gegangen. Es war unkompliziert, ‚in' und hat Spaß gemacht. Zwei oder mehrere junge Leute haben mit einer Gitarre aktuelle und alte griechische und ausländische Lieder gesungen. Dabei konnte man ein Weinchen, zum Beispiel, trinken. Diese Lokale waren immer voll. Ich fand sie auch romantisch. Heute gehe ich nicht mehr hin, nicht weil es mir nicht mehr gefällt, sondern weil ich, wenn ich reingehe, wie eine alte Oma angeschaut werde!
Freitags und samstags ging es ein bisschen länger. Wir sind in die Tavernas mit Live-Musik gegangen: ‚Rebetadika' heißen sie. Die Musik dort ist nur griechisch, sodass man tanzen kann. Es gibt meistens eine Tanzfläche, die relativ schnell voll wird. Dann wird auf dem Tisch getanzt! Es gibt was zu essen, aber das interessiert die meisten nicht. Man kann Leute kennenlernen. Manchmal war das so heftig, dass ich mit einer Telefonnummernliste von schönen Männern raus kam. Das Trinken war wichtig. Meistens Retsina, wegen seines Preises. Oft ‚gießen' die Leute jemanden, den sie mögen. Ein Freund von mir hat mir damals verboten, ohne ihn in solche Lokale zu gehen!
Es gibt auch die ‚Bouzoukia'. Das sind Clubs wieder mit Live–Musik. Dort singen bekannte Sänger und die Getränke sind deutlich teurer. Sängerabhängig hatte eine Flasche Wein früher ab 60 € und eine Flasche Wodka oder Whiskey ab 120 € gekostet. Das heißt pro Person mindestens 30 € (für Wein) oder 40 € (für anderen Alkohol). Es wird noch teurer wenn man einen bestimmten guten Tisch nah zur Tanzfläche bestellt. Die Leute können auf dieser ‚Pista' oder auf dem Tisch tanzen. Es werden Nelken geworfen. Entweder zum Sänger oder von Männern zu Frauen (meistens) und umgekehrt. Ein Tablett mit Nelken hat mindestens 5 € gekostet. Man muss schick angezogen sein, die Frauen schick geschminkt, mit sexy Kleidern und perfekter Frisur. Deswegen waren die Bouzoukia nicht so meins. Für die Schule hatte ich Trainingsanzüge und Jeans und manche Abende trug ich, mehr ‚Ladylike' -Kleidchen, oder kurze Röcke mit Stiefeletten und war vielleicht etwas geschminkt. Aber jede Woche ein fancy Kleid anhaben und zum Friseur gehen wollte ich nicht. Außerdem fand ich, dass das zu viel Geld war. Es machte Sinn und Spaß, nur wenn ich die Sänger sehr mochte und wenn enge und gute Freundinnen mitgegangen waren.
Einen empfindlichen Magen zu haben, hat mich vom übermäßigen Trinken fern gehalten. Das heißt, ich war zwar locker, aber selten betrunken. Das

heißt auch, dass ich mich immer um meine besoffenen Freunde kümmern musste. Seit den Schulzeiten schon. Manchmal ging ich nach Hause und roch so stark nach Alkohol und Rauch, obwohl ich selber fast nichts getrunken hatte! Man musste sofort unter die Dusche gehen und seine Klamotten draußen aufhängen! Und das Schlafzimmer hat trotzdem gestunken!

Kino – DVD – Filme

Am Wochenende war es schön, sich mit ein paar Freunden zu treffen um etwas zu spielen (Tabu, Trivial Pursuit, Pictionary, Pantomime), oder ins Kino zu gehen, oder eine VHS oder DVD auszuleihen und gemeinsam zu sehen, mit Pizza, Bier, Cola, Kartoffelchips, Gyrossandwich, Pommes, usw., auf jeden Fall mit „gesundem“ Essen!
Mit Freunden haben wir meistens spannende Filme gesehen: Identität, Running scared, Wicker Park, Derailed, Crash, Usual suspects sind einige meiner Lieblingsfilme. Was mir gefällt, ist wenn der Film weiter geht und du denkst, du hast alles mitgekriegt, aber am Ende kommt die Wendung! Der Film sollte etwas kompliziert sein, manchmal lustig dabei, wie z. B. ‚Bube, Dame, König, Gras'. Du musst dich konzentrieren, um alles zu kapieren und das Ende nicht voraussehen zu können.
Im Kino war es auch schön, Zeichentrickfilme zu sehen: Ice Age, Monsters, A Bug's Life, Atlantis, etc. Die Musik und die Effekte waren einfach toll!
Als ich noch zur Schule ging, gab es in der Stadt normale Kinos. Ein Film für eine Woche, dreimal am Tag, nur abends. Dolby Surround war ein Luxus, der später kam! Während der Pause konnten die Leute Chips oder Popcorn kaufen und sogar rauchen. Die Sitzplätze waren klein, und weil ich auch klein war, war es Pech, wenn vor mir ein großer Mann mit langen Haaren saß! Wer später kam, wurde von dem Assistenten mit seiner Taschenlampe auf einen Sitzplatz gebracht und musste dafür Trinkgeld geben! Später, wie gesagt, kam der Luxus; große Kino–Center mit sieben oder neun Räumen, nummerierte, breite und bequeme Sitzplätze, amphitheatrisch angeordnet, so dass die Kleinen wie ich eine Chance hatten! Keine Pause. Du musstest dein Popcorn von Anfang an dabei haben! Das Problem war, dass diese Kinosäle außerhalb der Stadt waren. Damals konntest du nur mit dem Auto hinfahren. Die waren auch teurer. Ich glaube 7 €. Popcorn und alles kam dazu, sodass du so was nur einmal in der Woche machen konntest. Es musste sich lohnen.

Freiluftkinos gab es auch, aber nicht viele. Es hat mehr Spaß gemacht, auf dem Dorf im Freiluftkino. Es war laut und voll und hat nach Autan gerochen! Verflixte Mücken! Für die Touristen gab es keine Probleme, ins Kino zu gehen; in Griechenland sieht man alles original mit Untertitel.
Wenn ich alleine zu Hause war, hatte ich mehr Lust auf Drama oder Liebesfilme. Freitagabends, nach meinem Feierabend um 21:00 Uhr, habe ich einen Cheeseburger mit Pommes gekauft und eine DVD ausgeliehen: Great Expectations, Dead Poets Society habe ich bestimmt 100-mal gesehen. Ethan Hawke fand ich toll. Mit den guten alten griechischen schwarzweißen Filmen kann man immer noch lachen. Mit Familie oder mit Freunden oder alleine. ‚Despinis Diefthintis' –„Fräulein Chefin" – ist einer meiner Lieblingsfilme, mit Tzeni Karezi, der schönsten und besten – meiner Meinung nach – griechischen Schauspielerin.
Während des Bügelns war es entspannend, eine leichte Komödie zu sehen, oder vielleicht ein Drama. Das Weinen hat das Bügeln leichter gemacht …
Ich kann mich noch erinnern, dass mich, als ich ein Kind war, andere Filme interessiert haben. Ich war Arnold Schwarzeneggers Fan! Terminator, Totall Recall, usw …! Komisch wie sich die Geschmäcker ändern!

Arbeit

Als Kind wollte ich erst Kindergärtnerin werden. In der Grundschule wollte ich Grundschullehrerin werden. Später wollte ich Schauspielerin werden. Ich hatte deshalb ein paar Theaterunterrichtstunden besucht. Mein Beruf sollte auf jeden Fall etwas mit Kindern zu tun haben, oder mit Kranken. Ärzte ohne Grenze und alles ähnliche war für mich besonders attraktiv.
In den Uni-Zeiten habe ich Babysitting gemacht, als Zahnarzthelferin, als Kellnerin und in Kinder Play Cafes gearbeitet. Nach meinem Abschluss hat mein ‚Arbeitsleben' richtig angefangen. Es gab Tage, wo ich von 8:00 Uhr morgens bis 22:00 Uhr abends gearbeitet habe. Aber das schlimmste war nicht die Arbeit. Was mich müde machte, war die Parkplatzsuche: 45 Minuten im Auto war kein Spaß.
Was bei allen meinen Jobs Spaß machte ist, dass ich viele verschiedene Leute kennengelernt und lustige Erfahrungen gesammelt habe. Ich könnte viiiiiel erzählen.
Als Kellnerin in der Cafeteria z. B. konnte ich mir fast immer eine Bestellung merken, egal wie kompliziert sie war. Es konnte sein, dass zehn Personen zehn diverse Kaffees haben wollen. Genauso war es an einem Tag: einen Kaffee Frappe, süß mit Milch, einen starken ohne Milch, einen süßen

aber leichteren, einen mit einem Teelöffel Zucker und viel Milch, etc, und eine Fanta Lemon. Ich bereitete alles vor und ging zum Servieren, aber zum ersten Mal war etwas falsch: Statt Fanta Lemon hatte ich Fanta Orange gebracht.
Kunde: Entschuldigung, ich habe Fanta Lemon bestellt!
E: Oooo! Es tut mir leid! Eine Sekunde, bitte!
Ich nehme die Flasche zurück, gehe zur Bar, stelle sie drauf, mache den Kühlschrank auf, nehme ich eine andere Flasche, mache sie auf und schnell zurück zum Kunden.
K: Eeee … Ich habe eigentlich eine Fanta Lemon bestellt!
E: Oh großer Gott! (Ich hatte schon wieder eine Fanta Orange!)
Wieder Entschuldigung, zurück, die Flasche auf die Bar gestellt, vorsichtig eine andere genommen, aufgemacht und wieder zum Kunden gerannt.
K: (zum Glück lachend) Fräulein, wenn Sie keine Fanta Lemon haben, ist auch nicht schlimm. Ich kann die Orange trinken!
E: (Ich guck die Flasche an. Das darf doch nicht wahr sein!) Ich war sicher, ich hatte diesmal eine Fanta Lemon geschnappt!
Wieder zurück, eine Flasche Fanta Lemon genommen und endlich serviert. Es gab sogar Trinkgeld an diesem Tag! Wahrscheinlich dachten die Leute, dass ich sie nicht alle habe und wollten damit etwas helfen! Am Abend kam mein Chef und es fiel mir schwer zu erklären, warum drei offene Fanta Orange im Kühlschrank standen … Er war nicht von meiner Geschichte überzeugt.
Im gleichen Sommer, an einem heißen Samstagabend, kam ein süßes Pärchen. Die Bestellung kommt – zweimal Kaffee und zwei Gläser Wasser. Das Wasser war damals noch umsonst und musste jeden Kaffee begleiten. Ich wollte ein Glas auf den Tisch stellen und plötzlich fiel der Glasboden weg! Einfach weg! Und das kalte Wasser mit Eiswürfeln hat die schöne, leicht beige Hose des Mannes voll nass gemacht! Die Erklärung? Kaltes Wasser im heißen Glas, direkt aus der Spülmaschine. So was passiert selten, aber bei mir MUSSTE es schon sein! Ich habe mich tausend Mal entschuldigt und auch die Getränke aufs Haus gelassen. Wie peinlich! Du möchtest mir deiner Geliebten einen romantischen Abend genießen und sie beeindrucken. Aber trocken … Und dann so was …

Arbeit 2 – Praktikum

Meine Arbeitskarriere hat eigentlich angenehm angefangen. Unsere Patienten im Praktikum im Krankenhaus waren froh, als sie von uns – Praktikanten – behandelt wurden, weil die Festangestellten nicht mehr so motiviert

waren, oder nicht genug Zeit hatten. Am Ende meiner ersten Woche hat mir eine Patientin 5000 Dr. Trinkgeld gegeben! Das war damals viel Geld! Schnell habe ich sie in die Hosentasche gesteckt und später meinen Klassenkameraden stolz gezeigt! In der Woche darauf habe ich von jemand anderem 500 Dr. und eine große Schokolade gekriegt. Die konnte ich gar nicht verstecken! Fast jeden Tag ging es so und meine Freunde haben in meinen Taschen nachgeschaut, was ich noch bekommen hätte! Eines Tages kriegte ich ein Unterwäsche–Set von einer Patientin, die früher als Haute Couture-Schneiderin gearbeitet hatte. Gleichzeitig kam auch das Angebot, mir ein hochwertiges Hochzeitskleid zu schneidern und zu schenken. Ich hoffe, sie wartet nicht mehr auf die Bestellung meines Hochzeitskleides, denn damals konnte ich nicht wissen, dass es noch über 10 Jahren dauern würde … und dann, als es soweit war, habe ich mir mein Kleid nicht von ihr schneidern lassen. Ob sie überhaupt noch lebt?
Manche Patienten waren eigentlich nicht schwer krank, aber konnten sich trotzdem nicht bewegen, oder hatten Schmerzen. Das größte Problem, das ich gemerkt habe, war Gesellschaftsmangel. Sie waren so dankbar, nur wenn jemand mit ihnen einfach gesprochen und ihnen zugehört hatte. Das habe ich weiter in meiner Erfahrung gesehen und sehe es heute noch. Die Leute sind einsamer und einsamer geworden und brauchen ein offenes Ohr. Das kostet nichts, ist aber trotzdem schwer zu finden. Traurig, oder?
Mein privates Ziel war, den Armen und den Behinderten zu helfen. Mit 15 hatte ich mich bei meinem Englischkurs unter Anleitung meiner Lehrerin bei VSO beworben. VSO war eine Organisation für freiwillige Assistenten, die irgendwie auf der Welt helfen wollten, ähnlich wie „Ärzte ohne Grenzen“. Man brauchte keine Erfahrung. Leider hat das später, aus verschiedenen Gründen, nicht geklappt.
Meine erste Stelle nach meiner Ausbildung habe ich durch die Arbeitsagentur gekriegt. Es war ein elfmonatiger Vertrag im Rahmen des EU-Programms ‚Stage' für die Unterstützung und Förderung von jungen Leuten. Meine Aufgaben waren nicht so einfach, weil ich mit schwer behinderten Patienten zu tun hatte. Ich hatte aber, durch meine erfahrenen Kollegen, viel gelernt, vor allem, dass ich immerhin lesen und lernen musste. ‚Stage' war ein gutes Programm, aber viele Arbeitgeber haben davon richtig profitiert. Mehr als die Hälfte der Mitarbeiter waren unter ‚Stage' angestellt. Eine Verlängerung wurde selten angeboten und die Konditionen waren nicht gut. Sie haben einfach die Leute ausgenutzt … egal.
Später habe ich auch mit Privatbesuchen angefangen. Das war ein Erlebnis. In verschiedene Häuser zu gehen und alle mögliche Sorten von Leuten

kennenzulernen. Wie gesagt, die Leute sind einsam … Sie haben sich gefreut, dass sie mir während der Therapie ihre Probleme und Sorgen erzählen konnten. Gesundheits-, Ehe-, Familien-, Arbeitsprobleme, Ängste über die Zukunft.
Was ich nie vergessen kann, ist ein Fall bei einer süßen Oma. Ich habe sie bei ihr zu Hause behandelt und während der Therapie lief oft der Fernseher. Es war spät am Abend und die Sendung hieß ‚Du hast ein Paket'. Das war wie eine Doku-Serie, wo die Leute alte, verlorene Freunde oder Familienmitglieder gesucht haben. Die Sendung hatte die Verlorenen überall auf der Welt gefunden und hat ihnen ein Paket geliefert. Das Paket hatte eine Sache drinnen, ein Zeichen, mit dem die überraschten Leute versucht hatten zu schätzen, wer ihnen das Paket geschickt hatte. Sie wurden von der Sendung eingeladen und dort haben sie das erfahren.
Ich hatte nie solche Sendungen gesehen, weil ich nicht daran geglaubt hatte. Dieses Mal aber war ich in sie vertieft. Ein adoptiertes Mädchen aus Kanada hatte ihre Eltern gesucht. Die Mutter war leider schon tot. Die Sendung hat aber die älteste Tochter auf Kreta gefunden. Diese sagte, als sie das Gesicht von dem kanadischen Mädchen gesehen hatte, dass es ihr so bekannt vorkäme. Sie hat aber erzählt, dass sie keine Ahnung hatte, wer sie in so eine Sendung einladen haben konnte. Das Mädchen hat schon angefangen zu weinen. Wir konnten beide sehen, die beiden konnten noch nicht einander sehen, weil eine Wand dazwischen war. Am Ende kam raus, dass die Mutter irgendwann in Kanada Zwillinge hatte! Ein Baby hatte sie mit nach Griechenland genommen, deswegen kam ihr auch das Gesicht bekannt vor! Dieses Mädchen war auch leider schon tot. Die Mutter ging, bevor sie starb, nach Kanada, um ihren Sohn zu besuchen, hat aber keinem gesagt, dass sie dort noch eine Tochter hatte. Als die Wand weg war, haben die Geschwister zum ersten Mal einander gesehen und sich umarmt. Die Ältere: ‚Wenn ich das nur gewusst hätte, hätte ich dich längst gesucht!' Beide Mädchen, die Moderatorin, die Zuschauer, die Oma haben so geweint und ich konnte meine Tränen nicht mehr unterdrücken.
Dann hatte die Oma mir erzählt, dass sie immer solche Sendungen schaut, weil sie auch ihre Tochter sucht! Nach ihrem ersten Kind war sie noch mal schwanger und hatte ein kleines Mädchen auf die Welt gebracht. ‚Ich hab ihr Weinen gehört! Sie war lebendig! Sie haben uns keine Leiche gegeben.' Am nächsten Tag wurde ihr gesagt, dass ihr Baby tot geboren worden sei. Sie war krank, konnte nichts machen und ihr Mann hat es einfach geglaubt. Die Zeiten waren schwer. Nach dem Krieg war alles durcheinander. Die Leute hatten keine Wahl. ‚Ich glaube immer noch, dass mein Mädchen

noch lebt! Sie ist am 30.11 geboren. Vielleicht erfährt sie irgendwann, dass sie adoptiert ist und sucht mich!'
Am nächsten Tag hatte ich diese Geschichte einer jüngeren Patientin in der Praxis erzählt. Sie hatte auch darin Erfahrung! Ich war schockiert! Man denkt, es ist alles gelogen, es kann aber trotzdem jedem passieren! So viele Geschichten über Kinder, die geklaut wurden, einfach verschwunden. Die Ausrede: ‚Das Fenster war auf. Alle Neugeborenen sind erkrankt und jetzt leider tot.' Die Papiere wurden verbrannt, keiner konnte sie später suchen. Chaos. Viele Skandale wurden früher schon in Griechenland bekannt, über Krankenhäuser und Ärzte, die mit Kinderhandel viel Geld verdient hatten. Nur hatte ich bis dann nicht geglaubt, dass davon Leute, die ich kenne, betroffen waren.

Urlaub etwas anders!

Während meines Studiums habe ich ein Mal, freiwillig, als Betreuerin an einem Sommercamp für behinderte Patienten teilgenommen. Das war ein Erlebnis!
Einige der anderen Betreuer kannte ich schon aus der Schule. Die anderen habe ich dort kennengelernt. Das Behindertenheim hat Zimmer in Halkidiki gemietet. Die Zimmer im Erdgeschoss waren perfekt für Rollstuhlfahrer. Wir haben oben gewohnt. Therapeuten und Pfleger. Wir mussten jeden Morgen erst den Leuten beim Waschen und Anziehen helfen. Dann gab's Frühstück in der Taverna neben uns. Danach nahmen wir jeden Tag zwei oder drei Patienten und halfen ihnen ins Meer. Später geduscht, Mittag gegessen und abends spazieren gegangen im Dorf, manchmal ein Eis oder eine Süßigkeit gegessen. Später gab's Abendessen und nachts mussten wir alle zwei Stunden Schicht machen, aufpassen, dass nichts passiert. Am Sonntag sind wir sogar in die Kirche gegangen. Es war viel zu tun, aber das Team und die Patienten waren so lieb, und es hat mir am Ende so viel Spaß gemacht, dass wenn ich heute daran denke, diese Zeit etwas vermisse.
Was ich nicht vermisst habe, war das Gewicht, das ich in diesen zehn Tagen zugenommen hatte! Mit drei vollen Mahlzeiten am Tag, plus Süßigkeit, plus eine Kleinigkeit bei der Nachtschicht, war das Ergebnis sieben Kilo, ein dicker Bauch und eine Hose, die nicht mehr hoch konnte! Na ja, es hätte schlimmer sein können!

Wirtschaft – Wohnen – Sparen

Arbeitsstellen gab es eigentlich genug, als ich mit meiner Ausbildung fertig war. Das Problem war, dass kaum ein Arbeitgeber dich versichern wollte. Das hieß: Du konntest arbeiten, klar – du brauchtest ja auch das Geld – aber ohne Versicherung. Wenn du die Versicherungen oder etwas mehr wolltest, damit sich deine Arbeit auch gelohnt hätte, Pech gehabt! Du konntest die Stelle ablehnen. Ein Anderer würde sich freuen … Das war schlimm für junge Leute, die ohne Erfahrung keine Wahl hatten, aber auch für die Erfahrenen, die ihre Erfahrung bezahlt haben wollten.

Ein Basislohn für eine Ausbildung wie meine war um die 700 €. Die Kosten für ein Auto und eine Wohnung waren so hoch, dass die jungen Leute schwer aus ihrem Elternhaus gehen konnten. Alleinwohnen bedeutete um die 400 € Miete, plus Benzin und allgemeine Autokosten, dann blieb nicht so viel übrig. Man brauchte gar nicht erst zu überlegen, davon eine Familie zu ernähren! Trotzdem ging es irgendwie. Ich weiß es auch nicht mehr wie, aber es ging!

Ein Problem extra war der Urlaub. Wann ich in den Urlaub durfte, war nicht meine Entscheidung, sondern die meines Chefs, und er war nicht verpflichtet, mir relativ früh diese Auskunft zu erteilen. Manchmal wusste ich schon, dass ich die ersten zwei Wochen im August hatte, weil fast jede Firma zumachte. Es ist auch passiert, dass ich eine Woche vor meinem Urlaub erfahren habe, wann ich das durfte! Das Ferienhaus vom Papa hat mich in diesen Fällen gerettet. Wie und wo anders kann man so kurzfristig mitten in der Hauptsaison was buchen? Fliegen war gar nicht denkbar bei solchen Preisen. Ins Ausland? Auf keinen Fall!

Als ich kurz nach 16:00 Uhr Feierabend hatte, bin ich direkt mit dem Auto nach Halkidiki gefahren. Bikini war schon angezogen, Strandtuch dabei und in einer Stunde war ich schon im Wasser. Das war eine Erleichterung! Nach einer Woche Arbeit in der Hitze, mit über 30°C, war es ein erfrischender Genuss! Muskeln, Knochen wieder fit, Akku aufgeladen und nach dem Wochenende musste man wieder zurück. Oft habe ich auch während meines Urlaubs und am Wochenende noch Patienten behandelt.

Leben und arbeiten in Griechenland hat Vorteile und Nachteile. Man glaubt, dass die Griechen die ganze Zeit Urlaub am Strand machen. Die Wahrheit ist, dass trotz Hitze jeder ganz normal arbeiten muss. Mittagspause gab es für mich nicht. Schlimmer wird es, wenn aufgrund des übermäßigen Stromverbrauchs ein Stromausfall passiert. Klar haben wir Sonne und blauen Himmel kostenlos und ich glaube, dass das gute Laune macht und es weniger zu meckern gibt. Und klar ist es manchmal möglich, dass man nur kurz Auto fahren muss, um ans Meer zu gehen. Aber, ehrlich gesagt, so oft konnte ich Sonne und Meer nicht genießen. Obwohl ich ca. 500 Meter vom Strand gearbeitet habe, hatte ich selten die Zeit, das Geld und die Kraft, nach der Arbeit in eine Bar, ins Restaurant oder einfach schwimmen zu gehen. Die Touristen sind in der Lage, das schöne Wetter, das kristallklare blaue Wasser und das leckere Essen zu genießen und alle Sehenswürdigkeiten zu entdecken. Ja ja … ich war immer neidisch und jetzt kann ich auch als Touristin die Schönheit meines Landes kennenlernen!

Unfall

Es war ein wunderschöner Samstagmorgen, ich glaube der 12. Juli. Ein Ehepaar, Freunde von mir, mit ihrem Baby, hatten zum ersten Mal unser Sommerhaus besucht. ‚Wir zeigen euch eine tolle Bucht!' Man musste nur zehn Minuten fahren, und dann konnte man im klaren, blauen Wasser baden. Die Bucht ist so klein wie eine Badewanne. Wenn mehr als zwei Familien da sind, ist sie schon voll!
Ich bin gefahren. Autositz für das Baby haben wir für die kurze Fahrt nicht mitgenommen. Die Strecke besteht fast nur aus Kurven, schöne Landschaft, mit einem grünen Berg auf der einen Seite und blaues Meer und Himmel auf der anderen. Das letzte Stück geht endlich geradeaus und ich habe angehalten, um nach links abzubiegen. Es gab viel Gegenverkehr, weil es Samstag war. Alle wollten aus der Stadt weg, um die Sonne und die Wärme am Strand zu genießen. Auf einmal sah ich am Spiegel ein Auto, das nach der letzten Kurve mit Vollgas direkt auf uns zu kam. Ich habe gebremst, dass ich nicht auf den Gegenverkehr geschoben werden konnte und geschrien: ‚Haltet euch fest!'

Dann ein ‚Bumm.' Ich habe die Alarmanlage eingeschaltet, bin ausgestiegen und habe gefragt, ob es allen gut ging. Zum Glück waren alle „in einem

Stück“. Meine Freundin mit dem Baby hat geweint, ihr Mann ging zum anderen Fahrer und hat ihn angemault. Ich habe meine Warndreiecke aufgestellt, versucht von einem fremden Handy (meins hatte ich nicht mit, warum denn?) meinen Papa anzurufen und habe Bilder mit meinem Fotoapparat gemacht. Damit hatte ich eigentlich vor, eine schöne Zeit zu haben, Spiele im Wasser und den Sonnenuntergang aufzunehmen. Stattdessen habe ich den Schaden am Auto und die Straße mit den Abdrücken von den Reifen fotografiert.
Was ich nie vergessen werde, ist das Gesicht von meinem Papa, als er zu Hilfe kam. Blass wie ein Taschentuch. Nach etwa zwei Stunden und einem Sonnenbrand – keiner hatte an Sonnenschutz gedacht – gingen wir nach Hause. Ohne mein Auto. Spät am Abend kamen mir die Bilder vor Augen und ich habe geheult, in Gedanken an alles Schlimme, was hätte passieren können.
Den Rest des Sommers musste ich mit dem Bus fahren. Klar, es hätte schlimmer kommen können.
Dieses Auto habe ich heute noch. Es war immer treu. Mein Traumauto. Es hat nie gemeckert, trotz einiger Unfälle und über nichts, was es mitnehmen sollte. Ich habe sogar ein Bett damit transportiert. Es hatte immer Platz für alle, nette Leute und alles, was ich brauchte. Ich habe es gebraucht gekauft. Mit so einem hatte ich fahren gelernt und deswegen hatte ich es mir gewünscht. Unkompliziert, leider ohne Klimaanlage. Sommer in Griechenland war nicht einfach. Ich konnte nur mein ‚Naturklima' nutzen: Fenster aufmachen! Aber dann kamen die Bienen und die Schmetterlinge volle Pulle rein! Direkt auf die Stirn! Manche Leute zahlen, um in die Natur zu gehen, und ich hatte so was kostenlos!

Oldtimer

Mein Papa hat sein erstes Auto als er 33Jahre alt war gekauft. Das war ein alter Simca, schon von 2 Besitzern gebraucht. Mit diesem Auto ist die Familie in Griechenland gereist, obwohl ich, wegen meiner Reiseübelkeit, kein Autofahrenfan war! Mit diesem Auto habe ich meinen ersten Fahrkurs gemacht! Sommer auf einer Wiese. Klar, habe ich schnell den Anlasser kaputt gemacht!! Schalten war schwer, vor allem der erste Gang. Trotzdem liebe ich dieses Auto ... Irgendwann ist jemand drauf gefahren und hat sein Hinterteil gebrochen. Als ich damals das Auto gesehen hatte, konnte ich fast weinen! Ich dachte, es hat ihm wehgetan! Als ob es ein Mensch, mit Seele und Gefühle wäre! Als ich mit meinem Auto, später, den Unfall hatte, war es für mich nicht so schlimm!

Später hat mein Papa – mit mir oder ohne mich – an Oldtimer-Rallyes teilgenommen. Unser Simca hat uns weiterhin stolz gemacht!!

Großeltern, Sommerhaus

Alle meine Großeltern kamen als Flüchtlinge aus der Türkei nach dem „Volksumtausch“ 1922. Sie waren zwischen acht und zwölf Jahre alt. Sie haben furchtbare Geschichten erzählt, von Erlebnissen, die kein Mensch braucht.

Die Mutter meiner Mutter kaum aus Smirni (heute Izmir). Ihre Familie dort war für diese Zeit reich. In Thessaloniki wurden damals kleine Häuser für

die Flüchtlinge gebaut. In einem davon hat meine Oma mit meinem Opa und ihren drei Kindern gewohnt. Es war ein einfaches Häuschen, sie haben es immer nach und nach gemacht. Noch ein Stockwerk, dann den Keller, Garten und eine wunderschöne, große, duftende Rose.

Die Eltern von meinem Papa kamen

von einer Insel in der Nähe von Istanbul. Marmaras hieß sie. Das alte Haus vom Opa gibt es immer noch. Mein Papa war zweimal dort zu Besuch. Es war ergreifend und beeindruckend. Die Flüchtlinge haben sich einen Ort ausgesucht, der ähnlich wie ihre Insel aussah. Es hat ein paar Jahre gedauert, bis sie ihr Ziel erreicht hatten. Dort haben sie als Fischer oder Landwirte gearbeitet.
Nach den Kriegen kamen immer mehr Touristen nach Griechenland, um hier ihren Urlaub zu verbringen. Das Haus von der Oma war nah am Meer. Auch ein einfaches Häuschen. Eine ‚Küche', zwei Zimmer, ein Garten mit zwei Weinreben, die Schatten an beiden Seiten hatten viele Blumen, Weinpressen, ein paar Haustiere und einem WC zwei Meter vom Haus entfernt. Ich kann mich noch an diese Weinpressen erinnern – wie zwei große Badewannen – auch an die drei großen Stufen, wo ich jeden Sommer gestürzt war und mein Knie verletzt hatte, an das kleine Gartenteil, wo ich mit meiner Schwester mit Blumenblättern ‚Cocktails' und ‚leckere Sachen' gemacht habe, an die Haustür mit ihren kleinen Fenstern, wo mein Onkel Handpuppentheater gespielt hatte, an die zwei Wasserkanister, wo das Wasser von der Sonne warm wurde, so dass wir uns nach dem Schwimmen duschen konnten …
In der 1960er haben meine Oma, Onkel und Papa im Sommer ein Zimmer vermietet. Die Familie meiner Mama hatte dieses Zimmer für ihren Urlaub gemietet und so haben meine Eltern, zum Glück, einander kennengelernt.
Wir haben unsere Sommerferien dort verbracht. Die Schule hatte am 15. Juni aufgehört. Danach hatten wir einen Ausflug für eine Woche in Griechenland gemacht; Thessalien, Pelopones, Athen, Korfu. Jedes Jahr woanders. Das Wetter war noch nicht warm genug zum Baden (für uns Griechen), deshalb haben wir Museen besucht und sind wandern gegangen. Dann hat der Papa uns zu unserem Sommerhaus gefahren und kam jedes Wochenende, weil er in der Woche arbeiten musste.
Jeden Tag von 11:00 bis 13:00 und von 18:00 bis 19:00 waren wir am Meer. Manchmal auch länger. Klares, blaues Wasser und Sandstrand, mehr brauchte ich nicht. Die Wellen kamen nach 11:30 Uhr und haben ca. um 18:30 Uhr aufgehört. Es war angenehm, denn ohne Wind war es einfach zu heiß. Es gab Konkurrenz: Wer am häufigsten am Strand war! Für mich war fünfzig Mal das Mindeste! Bis Ende August war ich so braun wie eine Schokolade.
Vor dem Krieg in dem ehemaligen Jugoslawien war das kleine Dorf voll mit Touristen aus ganz Europa: Deutschland, Schweden, Italien, Holland, England. Die Touristen haben oft unser Häuschen fotografiert. Die Wein-

rebe, die von einer Seite des Hauses bis zu der anderen mit einem Zweig am Haus entlang kam, hat sie fasziniert.

Eine Nacht war es auf einmal laut. Wir waren daran gewöhnt. Die Touristen waren oft besoffen und haben mitten in der Nacht auf der Straße gesungen. Aber diesmal war es noch lauter. Fußstampfen. Alle waren wach und erschrocken. Papa ging raus. Unglaublich! Drei oder vier Deutsche waren auf unserem Dach! Sie haben gesungen und getanzt! Papa hat sie mit einem Besen verjagt! Bier war damals billig …
Später haben wir das Häuschen abgerissen und ein größeres Gebäude gebaut. So hatten wir endlich normale Dusche und Toilette IN DER Wohnung! In den 90er haben wir angefangen, drei Zimmer zu vermieten. Seitdem war mein Urlaub interessant! Ich konnte Leute aus verschiedenen Städten oder Ländern kennenlernen. Englisch konnte ich gut. Die Kommunikation war nicht schwer. Ich habe versucht, auch andere Sprachen zu lernen, Sprichwörter und Sprüche. Ich wollte alles wissen; wie die Leute in ihrem Land lebten, arbeiteten, wie die Schulen waren, welche Probleme sie hatten. Einmal wurde ein Zimmer von einem Finnen gemietet. In dem Zimmer daneben war eine serbische Familie mit zwei Kindern, die Tochter war genauso alt wie ich. In das dritte kam ein Franzose mit einem Kind. Abends haben wir alle zusammen mit meinem Papa diskutiert. Wie? Auf jeden Fall nicht einfach! Die Serben erst mal auf Serbisch, die Tochter hat auf Englisch übersetzt und dann ich auf Griechisch … und umgekehrt! Es ging noch besser, als die Themen Politik oder Wirtschaft diskutiert wurden! Wir – Dolmetscherinnen – hatten es schwer! Auch bei einem Witz hat jeder getrennt gelacht! Die Übersetzung hat ein bisschen gedauert!
Ich habe versucht, mit vielen dieser Touristen den Kontakt zu halten. Mehr als die Post gab es leider nicht! Einige Touristen sind mehrere Jahre gekommen. Auf dem Dorf gibt es den Spruch: ‚Wer hier Wasser trinkt, kommt bestimmt wieder.'
Während des Sommers in Halkidiki habe ich auch viele Leute aus Deutschland kennengelernt. Nicht nur Deutsche, sondern auch Ausländer, die in Deutschland lebten. So habe ich meine ersten deutschen Wörter gelernt, klar nur die ‚guten, und die ‚wichtigsten': ‚Hasse ma ne Kippe?', usw.
Was interessant ist, ist, dass Jugendliche in meinem Alter ein anderes Leben geführt haben und ganz anders verdient haben. Die Ausländer waren viel um die Welt gereist, hatten mehr Selbstständigkeit, und zwei oder drei Mal mehr als wir verdient. Wir hatten damals unsere schönen Drachmen und die Deutschen ihre Lieblings-D-Mark und die Welt war schön! Die Touristen konnten viel essen, trinken, einkaufen, alles war echt günstig. Die Griechen waren darüber auch glücklich. Uns war schon klar, dass wir nicht gleich wie die anderen Europäer waren. Vor allem mit den Deutschen. Keiner von uns hatte Wirtschaft studiert, aber ein einfaches Rechnen hat

gereicht. Trotzdem haben wir vom Anfang an den Euro gekriegt. Super! So waren alle Probleme Griechenlands „gelöst"! 1 € waren ca. 375 Dr. Was 100 Dr. gekostet hatte, hat am nächsten Tag 1,00 € gekostet. Sieht gleich aus, oder? Ein Auto hat 2.000.000 Dr. gekostet und auf einmal ist es so billig geworden: Nur 6.000 €! Wir hatten vorher Münzen, die fast keinen Wert mehr hatten, damit hat fast keiner mehr etwas angefangen. Mindestens mit einem kleinen Schein von 500 Dr. und mit dem Euro war der kleinste Schein 5,00 €. Sieht auch genauso aus, oder? Aber mit Münzen war es so peinlich zu tippen ... Ich kenne keinen, der den Euro wollte. Einige waren der Meinung: ‚Toll! Mit dem Euro kann man einfach überall in Europa verreisen, ohne Geldwechsel', als ob die Griechen mit ihrem Gehalt das ganze Jahr Zeit und Geld gehabt hätten, durch Europa zu reisen. Es war aber echt einfach: Kein Geld – mit oder ohne Geldwechsel – bedeutet keine Reise! Problem gelöst ... Mit unseren Freunden damals, egal ob wir Euros, Drachmen, oder oft gar nichts hatten, hatten wir trotzdem Spaß! Tagelang am Strand, wir sind geschwommen, haben Beachvolleyball oder mit Ball und Schlägern gespielt, Kaffee und Bier getrunken, zu lauter Musik getanzt und Quatsch gemacht.

Abends sind wir in die Bars gegangen und später noch in die Disco bis 6:00 Uhr morgens. Wir brauchten nicht viel Geld. Eine Retsinaflasche für 2 € vom Supermarkt hat uns gereicht. Manchmal haben wir einfach auf den Straßenbänken gesessen und die Leute beobachtet und nach Geschmack bewertet! Scala 1-10. 10 für die schönsten! Manchmal haben wir Beachpartys gemacht. Ein Strandtuch, eine Jeansjacke, etwas zum Knabbern, eine Gitarre oder ein Bouzouki, Bier, Retsina oder Cola und vor allem gute Gesellschaft waren die Voraussetzungen eines schönen Abends. Wir haben Lieder gesungen, Witze erzählt, über aktuelle oder X-Akten Themen diskutiert, manchmal auch ins Wasser gegangen. Der Mond und seine Reflektion auf dem Wasser begleiteten uns. Sonst kein Licht, vielleicht ein paar Kerzen. Anfang August gab es die Nächte der Sternschnuppen. Immer wieder: ‚Guck mal da! Hast du sie gesehen? Ah, schon wieder!' Diese unschuldigen Zeiten, den leichten Meereswind und der Geruch des Meerwassers, des feuchten Sandes und des Eukalyptus vermisse ich heute noch.

Oma

Meine Oma ist auf einer Insel geboren, die heute zur Türkei gehört, die Familie war arm. Sie konnte nicht in die Schule gehen. Etwas Lesen und Schreiben hat damals für ein Mädchen gereicht. Noch keine zehn Jahre und sie musste schon arbeiten. Sie hat bei einer türkischen Familie geholfen.
Mit etwa zwölf Jahren musste sie, wie alle Griechen, ihre schöne Insel verlassen. Am Anfang sind sie auf Lesvos gelandet, später in die Nähe von Athen und noch später haben sie einen schönen Ort am Meer, der ihrer Heimat ähnlich sah, gefunden.
Ihr Leben in Griechenland war nicht leichter. Mit 27 hat sie ihren Ehemann verloren. Alleine mit drei kleinen Kindern. Jeder musste sich das Essen verdienen. Armut und Krieg. Sie hatten ein kleines Versteck im Keller. Dort hatten wir Jahre später den Babytopf von meinem Papa gefunden! Das Unglück war nicht vorbei. Ihre älteste Tochter starb mit 22 an Krebs. Mein Papa, ihr jüngstes Kind, der einzige Sohn, musste in ein Waisenhaus und früh eine Handwerkslehre machen, um die Mutter und die Schwester zu entlasten.
Als mein Papa verheiratet war, kam die Oma mit uns in die Wohnung. Halbes Jahr bei ihr im Sommerhaus, halbes Jahr bei uns in der Stadt. Sie hatte ihr eigenes Zimmer. Sie konnte schlecht sehen. Manchmal haben wir mit meiner Schwester für sie die Untertitel im Fernseher gelesen. Die Bewegung war auch eingeschränkt; es war unmöglich für sie, alleine in der Stadt spazieren zu gehen. Ich habe sie nur in schwarzen Klamotten gesehen. Nur bei der Hochzeit meiner Cousine hat meine Oma einen hellblauen Schal um ihren Hals gehabt … Die Haare schwarzgrau, lang, immer als Zopf und rund auf dem Kopf gewickelt; und eine Brille, die nicht wirklich geholfen hat. Egal. Sie hat gepasst.

Erdbeben

Erdbeben in Griechenland sind keine Besonderheit. Die finden so oft statt, dass sie manchmal (wenn sie unter dem Wert 3 der Richterskala sind) – gar nicht in den Nachrichten gemeldet werden.
Leider hatten wir solche ein paar Mal viel stärker als 3. In der Nähe von Kalamata, in Kozani, Lefkada, Athen war es so stark, dass die Leute heute immer noch zu leiden haben.
Als Kinder, in der Schule, hat das Spaß gemacht. Wir mussten unter die Tische krabbeln und warten, bis die Lehrerin gesagt hat „Wir dürfen langsam, einer nach dem anderen, rauskommen". Den Rest des Tages haben wir auf dem Schulhof verbracht und es konnte sein, dass wir die nächsten paar Tage aus Gründen der Sicherheit keinen Unterricht hatten. Die Schule musste erst getestet werden.
Ich hatte immer eine kleine Taschenlampe, Radio, Batterien und eine Pfeife mit! Gut vorbereitet!
Das schlimmste Erdbeben, das meine Familie erlebt hat, war im Juli 1978 in Thessaloniki. Es war ein heißer Sommertag. Wir waren auf dem Balkon, als die Erde angefangen hat sich zu bewegen. Stärke: 6,9! Manche ausländischen Institute haben 7,1 gemessen. Es hat auch lang gedauert. Ich hab es nur erzählt bekommen. Leute sind nackt aus der Dusche auf die Straße gesprungen. Ein Hochhaus ist eingestürzt. Mama hat meine Schwester – die damals vier Jahre alt war – genommen und Papa mich und die Oma. Ich war erst ein Jahr alt. Die Oma hat geschrien: „Warte, meine Zähne! Wo sind meine Zähne?" Sie hat überall gesucht. Die Erde hat sich weiter bewegt. Mein Papa war nervös: „Lass jetzt die Zähne! Wir müssen hier weg! Oh Mama! Siehst du's nicht? Du hast deine Zähne an!!" Arme Oma … Sie war so schockiert! Danach sind wir alle fünf auch die fünf Stockwerke die Treppe runter gegangen, ins Auto rein und haben, im Auto, auf einer Wiese übernachtet. Am nächsten Tag sind wir nach Halkidiki gefahren. In der Stadt war es noch zu gefährlich …

Reisen

Reisefan war ich nicht und das aus verschiedenem Gründen. Als Kind wurde es mir im Auto immer schlecht. Eine Quälerei. Meine Schwester musste als Beifahrerin sitzen und meine Mutter hinten, so dass ich auf ihrem Schoss schlafen konnte. Deshalb habe ich Autoreisen gehasst. Mit dem Bus war mir auch schlecht, aber nicht immer. Essen zu gehen, außer Haus, hat auch keinen Spaß gemacht. Dieses hat mir nicht geschmeckt, das wollte ich nicht essen, das konnte ich nicht vertragen. Das heißt, ein paar Tage weg und ich bin verhungert. Dazu kam, dass ich empfindlich war, Ohrenschmerzen, Halsschmerzen. Das Gefühl, weg von zu Hause und von Freunden zu sein, war mir unangenehm. Angst vor dem Unbekannten! Ich musste mir vor einer Reise zwei- bis und dreimal alles überlegen und mich für alle Fälle gut vorbereiten. Meine Schwester war genau das Gegenteil. Sie hat jede Chance genutzt, um die Welt zu bereisen. Sie hat mich immer eingeladen und ich, die Blöde, hatte immer eine Ausrede: „Ich habe kein Geld, keinen Urlaub, ich habe Anwesenheitspflicht in der Schule, eine Prüfung, etc.“ Das hat auch gestimmt. Es waren keine Lügen, ich bereue es trotzdem.

Das erste Mal habe ich sie in England, zu ihrer Masterabschlussfeier, besucht. Das erste Mal geflogen. Damals durfte man im Flugzeug noch rauchen. Fliegen fand ich toll! Ich hatte einen Fensterplatz und ein Topmodel kennengelernt. Meine Schwester hatte auf mich am Flughafen gewartet. Er war sehr groß! Wir haben ein Taxi genommen. Die ganze Zeit saß ich auf glühenden Kohlen. Der ‚Fahrerplatz’ war ‚leer’ und das Auto ist trotzdem gefahren! Und alle anderen Autos kamen uns entgegen! Na ja, die Engländer fahren links! Das wusste ich schon, ich fand es trotzdem komisch und gefährlich! Über die Straße zu gehen war genauso kompliziert. Erst mal rechts und dann links zu kontrollieren? Da stimmt was nicht! Wir waren in Surrey und London. Wow! So viele Leute überall! Aber nicht nur Engländer. Ich habe auch Griechisch auf der Straße gehört! Die Gebäude gleich und dunkel. Der Himmel grau. Ich gucke ab und zu meine Bilder von damals an. Ob die am Mittag oder am Abend aufgenommen sind, sieht man nicht. Nur grau und dunkel, keine Sonne. Gar kein Sonnenstrahl und es war saukalt! Ich war wie eine Zwiebel angezogen und fror trotzdem. Bei solchem Wetter konnte man die ganzen drei Tage nicht viel sehen. Schlimm war, dass ich nichts Gesundes zum Essen fand. Überall gab es Pommes, Snickers, Cola und solche Sachen, aber nichts Normales. Am Abend waren wir in einem türkischen Restaurant. Das Essen war lecker, die Bedienung perfekt. Auf einmal lief an der Wand neben mir eine dicke, große, schwarze, eklige Kakerlake! Appetitlich, oder? Ein Engländer, ein Freund von uns, hat sie einfach mit seiner Hand hingerichtet! Kein Problem! Weiter gegessen! In der U–Bahn war überall dieses ‚Mind the Gap’ oder ‚Mind the Step’. Ich habe nur gelacht! Wenn jemand in Griechenland in ein tiefes Loch stürzt, ist er selber schuld!

Meine schönste Überraschung in England war, alle mögliche Hilfe für die Seh-, Hör-, oder Bewegungsbehinderten zu sehen. Auf der Straße, im

Restaurant, in der Bahn. Trotz jeder Behinderung konnte man alles erreichen und sich bedienen. So was wäre für Griechenland, leider, utopisch.
Am Abend waren wir in einem Club. Interessant! Die Leute tanzen hier! Ich war es anders gewohnt! Bei uns blieb man stehen, mit seinem Getränk in einer Hand und einer Zigarette in der anderen und man schaute ständig, was die Anderen machten. Langweilig! Ich hab gefroren, trotz meines Zwiebelmusters. Die Mädchen hatten einen dicken Mantel an, darunter ein Sommerkleid und Sommerschuhe OHNE Strumpfhose oder Strümpfe!
Shopping, der Traum eines jeden Touristen, vor allem der Frauen aus Griechenland, war leider am Wochenende nicht möglich. Zu meinem Glück hatte ein Sportgeschäft am Sonntag auf! Ich habe mir ein paar O'Neil Schuhe gekauft! Wie schön! Die gab es in meiner Größe in Griechenland noch nicht! Ich war so stolz! Ich hatte am Flughafen, auf dem Weg zurück, schon von anderen Mädchen Komplimente deswegen bekommen! Die Schuhe habe ich heute noch … Ich kann sie einfach nicht wegschmeißen!
Mein zweites Mal im Ausland war wieder wegen meiner Schwester. Diesmal nach Deutschland. Frankfurter Flughafen. Die Hölle los! Zum Glück wurden wir abgeholt und sind mit der Bahn weiter gefahren. Leider haben die Wolken mit der Sonne gespielt. Wenn es dunkel ist, kann man die Schönheit eines Ortes nicht sehen. Keine Farben, kaltes Grau. Aber auf dem Weg zu unserem Ziel hat die Sonne geschienen. Es war alles so schön! Ein kleines, süßes Dorf nach dem anderen! Schöne Häuser mit Garten. Alles grün! In einer kleinen Pension sollten wir ca. zwölf Leute übernachten. Die Besitzerin hatte uns alleine gelassen. Kurz nach 18:00 Uhr hatten wir Hunger und Durst. Alles, was wir mit hatten, war schon gegessen. Sogar die Oliven und der Tsipouro vom Papa. In Griechenland kann man jederzeit was zum Essen bestellen. Lieferservice hat jeder. So waren wir daran gewöhnt. Endlich kriegten wir in der Pension eine Lieferservicenummer. Wir machten die Bestellung, gaben die Adresse und die Telefonnummer von der Pension und warteten. Kurz nach 21:00, fast besoffen – vom Tsipouro – und hungrig wie ein Wolf, riefen wir wieder an: ‚Wo bleibt denn unsere Bestellung?' ‚Ah! Die war dann echt!' Sie haben uns einfach nicht geglaubt! Wer sollte so viel auf einmal zum Essen bestellen? Sie hatten bei der Pension zurückgerufen, um sich zu vergewissern, aber weil die Besitzerin nicht mehr da war und von uns keiner Deutsch konnte, gingen wir nicht dran! Und es war dann zu spät! Endlich, kurz vor 22:00 Uhr, kamen unsere Pizzas und Hamburger. Und während der Nacht kam der Durst! Dieses Sprudelwasser konnte ich nicht trinken. War das Leitungswasser sauber? Wahrscheinlich nicht! Sonst würden die Leute keine

Wasserflaschen kaufen. Cola und Saft bis zum nächsten Morgen! Sonst fand ich das Land und die Leute viel besser, als ich mir das vorgestellt hatte! Alle waren nett und freundlich! Und das Wetter ging, endlich, am dritten Tag. Wir sind im Wald spazieren gegangen. Natur, Bäume, Teiche, Enten, Bänke zum Ausruhen, Spielplätze … Wiesen mit Blumen und Raps, so schön wie Gemälde! Alles so einfach und gut organisiert! Die Verkehrsmittel pünktlich! Breite Straßen, überall klare Beschilderung, Fahrradwege, keine Einschränkung für die Älteren oder die Behinderten. Und die Sonne schien! Warum sagte man, dass es in Deutschland nicht schön ist? Mit so einem Eindruck wollte ich nicht zurückgehen!

FÁTIMA CAVALCANTI AUS BRASILIEN

Es ist für mich eine besondere und interessante Erfahrung, bei diesem Projekt dabei sein zu dürfen. Der Austausch zwischen uns allen, über die erzählten und beschriebenen Erlebnisse, die gemeinsam verbrachte Zeit und nicht zuletzt das tolle Ergebnis sind eine wunderbare und wertvolle Bereicherung für mein Leben.

Wie das Leben in Brasilien so ist

Es gibt viele Klischees über Brasilien, das Land, in dem ich geboren bin. Man sagt, Brasilien ist nicht nur das Land des besten Fußballs, sondern auch das Land der Sonne, des besten Kaffees und des Sambas. Vielleicht stimmen diese Klischees sogar, aber Brasilien ist mehr als Klischee. Brasilien ist „das" Wunder der Natur, Brasilien ist mit seiner Flora und Fauna das artenreichste Land der Erde und beherbergt eine Vielfalt an Ethnien in einem Land. Wegen der Ethnie hat die brasilianische Bevölkerung ganz besondere Eigenschaften, wie z.B. die Lebensfreude. Der echte Brasilianer ist temperamentvoll, kreativ und spontan. Wegen der Lebensfreude ist die brasilianische Seele so frei wie die Natur.
Der Besucher findet ein faszinierendes Land vor. Ein tolles Land mit einer großen Anzahl von attraktiven Freizeitmöglichkeiten.

Der Strand von Itamaraca bei Recife.
Hier haben wir jedes Jahr unseren Urlaub verbracht.

Hierbei ist das Klima überwiegend tropisch und subtropisch. Das ist die Voraussetzung, um viele schöne Freizeitmöglichkeiten durchführen zu

können. Geographisch gesehen liegt Brasilien zwischen dem 5. Grad nördlicher Breite und 34. Grad südlicher Breite. Das äquatoriale Land ist aufgrund seiner Größe in fünf Regionen unterteilt. Diese umfassen den Norden, Nordosten, Südosten, Süden und den Mittelwesten. Dort kann man vier klimatische Regionen oder Zonen finden. Der kontinentale Teil Brasiliens liegt in zwei Zeitzonen. Der Sommer dauert von Dezember manchmal bis März und der Winter von Mai bis August. Dabei steigen die Temperaturen im Sommer zum Teil über 40 Grad und im Winter sind sie immer noch über 15 Grad. In Brasilien scheint die Sonne an 283 Tagen im Jahr und dies trägt wesentlich mit zur Lebensfreude der Menschen bei.
Der Himmel und das Meer sind wunderschön in den Farben blau und weiß kombiniert. Das Meer ist ständig in freier Bewegung mit seinen herrlichen weißen Wellenspitzen. Bei Tageslicht findet man das Meerwasser so intensiv blau wie ein glänzender blauer Topas, weil sich die Sonnenstrahlen an der Wasseroberfläche reflektieren. Am Strand finden wir feinen weißen Sand, auf ihm können wir bequem viele Kilometer zu Fuß spazieren gehen. Am wilden Strand dagegen findet man immer noch schöne Bäume, wie z. B. die Palmen, die das Strandbild prägen. Leider werden heute jedoch die grünen ursprünglichen Strandabschnitte durch menschliche Einflüsse immer weniger. Wenn die Brise vom Meer kommt und die Äste sich im Wind wiegen und die grünen Blätter in ständiger Bewegung sind, berührt das den Betrachter immer wieder in angenehmer Weise. Dieses Bild ist immer noch in meinen Gedanken fest verankert.
Der Name von Brasilien kommt von Brasilholz. In der Kolonialzeit hatte man im heutigen Brasilien reiche Vorkommen an Brasilholz, in der Indiosprache „Pau Brasil" genannt. Die Portugiesen nannten dadurch das neue Land „Brasil". Im Laufe der Zeit ist daraus der heutige Namen entstanden. Brasilien war über 300 Jahre lang eine portugiesische Kolonie, es wurde von 1500 bis 1822 von Portugal aus regiert. Diese Herrschaft über Brasilien dauerte bis zum 7. September 1822. Dieses historische Datum feiern wir als „unsere" Unabhängigkeit von der damaligen Kolonialmacht. Aber die Republik, wie sie heute besteht, wurde erst viele Jahre später, nämlich am 15. November 1889 gegründet.
Während der Kolonialzeit brachten die Portugiesen ihre Sprache und auch ihre Religion mit in das Land. Infolge dessen ist die brasilianische Muttersprache portugiesisch. Brasilien ist das einzige portugiesischsprachige Land auf dem südamerikanischen Kontinent. Doch es gibt inzwischen große Unterschiede zwischen der Sprache in Portugal und der gesprochenen Sprache in Brasilien. Die Religion ist überwiegend römisch-katholisch. Die

große Mehrheit der Menschen ist mit dem katholischen Glauben sehr verbunden.
Meine Eltern wurden in einer kleinen Stadt namens Palmares geboren. Diese Kleinstadt liegt im Landesinneren ca. 180 Kilometer von Recife entfernt. Recife, die Hauptstadt Pernambucos, liegt im Nordosten Brasiliens direkt am Atlantik. Über lange Zeit lebten meine Eltern in Palmares, heirateten und gründeten eine Familie. In dieser Stadt etablierte sich mein Vater als Geschäftsmann, er besaß einen kleinen Laden für Trockenlebensmittel. Meine Mutter war die ganze Zeit zu Hause mit der Erziehung meiner Geschwister vollauf beschäftigt. Sie hatte unendlich viel Geduld und sie war schon damals das ruhige und ausgleichende Wesen in unserer Familie. Wir waren eine typische brasilianische Familie. Aufgrund unseres römisch-katholischen Glaubens besuchten wir jeden Sonntag die heilige Messe in unserer Kirche. In Palmares konnte mein Vater gut verdienen, aber leider gab es nicht viele Möglichkeiten, die Freizeit zu gestalten, und die schulischen Weiterbildungsmöglichkeiten waren ebenfalls sehr gering. Es gab zu der damaligen Zeit weder ein Gymnasium noch eine Berufsschule in unserer kleinen Stadt. Aus diesem Grund zog meine Familie nach Recife, weil mein sich Vater eine bessere Zukunft für seine Kinder wünschte. Er wollte eine bessere Schulausbildung für uns Kinder, so dass wir später bessere Berufschancen haben. Dafür arbeitete mein Vater sein Leben lang viel und hart, um meinen Geschwistern und mir eine gute Ausbildung zu ermöglichen.
Zu dieser Zeit war die Gesellschaft in Brasilien noch sehr traditionell und konservativ eingestellt. Dadurch konnten die verheirateten Frauen zu Hause bleiben und sich anderen Aufgaben widmen. Es blieb nicht aus, dass viele Arbeitsplätze von Männern belegt wurden. Die typischen Berufe für Frauen waren jedoch Lehrerin, Sekretärin. Wie schon erwähnt gab es damals eine sehr konservative Mentalität. So lehnte z.B. mein Vater den Berufswunsch meiner Schwester ab. Sie wollte Krankenschwester werden, musste dagegen aber eine Ausbildung als Labormedizin-Technikerin absolvieren.
Mein Vater brachte also unsere Familie nach Recife. Hier musste für sein Geschäft ein neuer Platz gefunden werden. Recife ist wie erwähnt die Hauptstadt des Bundeslandes Pernambuco, hat einen sehr schönen Strand und zwei große wichtige Flüsse. Die beiden Flüsse heißen Capibaribe und Beberibe. Beide Flüsse ziehen durch viele Stadtteile von Recife, dementsprechend gibt es auch viele Brücken. Im Stadtzentrum fand man sieben Brücken zwischen dem ältesten Viertel und dem neuen Stadtteil. In der Kolonialzeit war das Bundesland Pernambuco sehr bekannt wegen seiner

Zuckerherstellung. Es gab viele Zuckerrohrplantagen und die dazugehörigen Zuckerfabriken. In den Jahren davor war die Agrarkultur in diesem Bundesland von enormer Wichtigkeit, denn es gab sonst wenig andere Arbeitsmöglichkeiten.
Nachdem mein Vater alles organisiert hatte, zog unsere Familie 1955 nach Recife um.

Mein Elternhaus in Recife (Besuch 2013)

Die Zeit in Recife war nicht so einfach für meine Familie. Mein Vater suchte einen neuen Platz für sein Geschäft, ein Haus zum Wohnen benötigten wir ebenfalls, und die richtige Schule für uns Kinder musste auch gefunden werden. Alles sollte nicht so weit auseinander liegen, weil wir alles zu Fuß erreichen mussten. Mein Vater hatte kein Auto und so fuhr er jeden Tag mit dem Bus in sein Geschäft. Auch wir Kinder mussten zu Fuß in die Schule gehen. Das Geschäft meines Vaters lag im alten Stadtteil von Recife im dortigen Marktteil, wo er Lebensmittel verkaufte. Das Geschäft von meinem Vater lief gut an, unsere Familie hatte ein angenehmes Leben, aber es gab keinen Luxus. Aber immerhin konnte sich Vater eine private Schule für uns Kinder und ein gemütliches Haus in dieser großen Stadt leisten. An Urlaub war nicht zu denken, geschweige denn an eine Urlaubsreise mit der Familie, die ja doch zehn Personen umfasste. Unser Freizeitvergnügen bestand darin, dass wir an den Wochenenden mit dem Bus an den Strand fuhren. Häufig war auch ein Zoobesuch angesagt, da wir nicht weit davon wohnten.

Im Alter von 5 Jahren

Ich wurde im September 1957 als letztes von 8 Kindern in Recife geboren und wuchs auch in dieser Stadt auf. Da ich das jüngste Kind der Familie war, verwöhnten mich meine Geschwister sehr. Mein „jüngster" Bruder war zehn Jahre älter als ich, dennoch haben wir uns beide sehr gut miteinander verstanden. Wir konnten nicht nur Fußball, sondern auch andere Spiele spielen. Als Kinder hatten wir kein modernes Spielzeug, wir begnügten uns auch mit kleinen bunten Glaskugeln. Fußbällen aus Kunststoff, Puppen aus Stoff und anderen Materialien, kleine Autos aus Aluminium oder aus Holz, auch Drachen bespannt mit buntem Papier erfreuten unsere Kinderherzen. Die Drachen aus Papier fertigte mein Bruder selbst, nachdem mancher durch mich zu Bruch gegangen war. Gern benutzt von uns Kindern war die Schaukel am Mangobaum. Etwas ganz Besonderes für mich war mein Fahrrad, denn damit konnte ich mit meinen anderen Kameraden zusammen auf der Straße fahren. Dies obwohl mein Vater uns

Kinder nicht auf der Straße spielen ließ, während er bei der Arbeit war und Mutter sich ausruhte. Wir gingen trotzdem mit unseren Fahrrädern auf die Straße.

Unsere Straße in Recife (Besuch 2013)

Schon als Kind war ich sehr kreativ. Gerne habe ich mit Puppen aller Art gespielt. So wollte ich einmal meiner Puppe das Fläschchen mit Milch verabreichen, so wie es die Säuglinge von ihrer Mutter bekommen. Dazu brauchte ich aber ein kleines Fläschchen. Meine Mutter schlief gerade und sonst war niemand zu Hause, den ich um Hilfe bitten konnte. Mit meinen vier Jahren entwickelte ich nun kreative Gedanken. Wie komme ich an ein kleines Fläschchen für meine Puppe? Clever wie ich war, hatte ich schnell eine Lösung für dieses Problem gefunden. Ich erinnerte mich, dass meine Mutter in der Hausapotheke ein Fläschchen mit Tabletten aufbewahrte. Das war genau das richtige Fläschchen für meine Puppe und ich holte es aus dem Schränkchen. Da noch Tabletten in dem Fläschchen waren, entsorgte ich diese in der Toilette. Nun konnte ich meinen Puppen das Fläschchen mit Milch geben. Ich war richtig stolz auf meinen Einfallsreichtum und dass ich alles ganz allein fertig gebracht habe. Natürlich bemerkte

meine Mutter schnell, dass das Fläschchen samt den darin enthaltenen Tabletten fehlte. Oh je, wie hat sie mich daraufhin geschimpft und ich musste als Strafe zwei Stunden lang auf einem Stuhl stillsitzen. Dies ist mir sehr schwer gefallen, denn stillsitzen konnte ich einfach nicht. Ich war eigentlich ein wildes Kind und machte ständig Dummheiten zu Hause. Dafür bekam ich aber auch jedes Mal die entsprechende Strafe zugeteilt.
Es gab damals in Recife noch ein paar Bauernhöfe und die Leute der Umgebung konnten hier täglich Milch, Obst oder Gemüse in frischer Qualität kaufen. Mein Vater und ich gingen jeden Tag schon sehr früh auf den Bauernhof, um frische Milch für das Frühstück zu kaufen.
Mein Vater nannte auch zwei schöne Hunde sein Eigentum. Es waren dies ein Dalmatiner und ein Riesenschnauzer. In seiner freien Zeit ging er täglich mit seinen beiden Hunden spazieren. Ein anderes Vergnügen in seiner freien Zeit hatte er nicht. Am Wochenende nahm er mich häufig auf diese Spaziergänge mit.
Als ich zehn Jahre alt war, starb mein Vater an den Folgen einer Herzerkrankung. Zwei meiner Geschwister lebten damals bereits außer Haus, meine Mutter war ab jetzt für uns sechs alleine verantwortlich. Sie verkaufte das Geschäft und erhielt eine Witwenrente, die es ihr möglich machte, weiter für uns zu Hause da zu sein.

Erstkommunion im Alter von 10 Jahren (November 1967)

An meine Schulzeit in einer reinen Mädchenschule habe ich viele interessante Erinnerungen, eine davon im letzten Schuljahr. Wir feierten in der Schule ein traditionelles Fest. Es war ein besonderes Fest, denn wir verkleideten uns mit Kostümen. Das besondere an der Feier war, dass alle Mädchen sich als Männer verkleideten. Wir tanzten und feierten ein Volksfest, das Fest heißt „São João“. Fünf Monate später hatten wir noch ein anderes Fest zum Feiern. Im November 1976 war das Ende meiner Gymnasialzeit. Aus diesem Anlass gab es einen Abschlussball, an dem ich mit meiner ganzen Familie teilnahm.

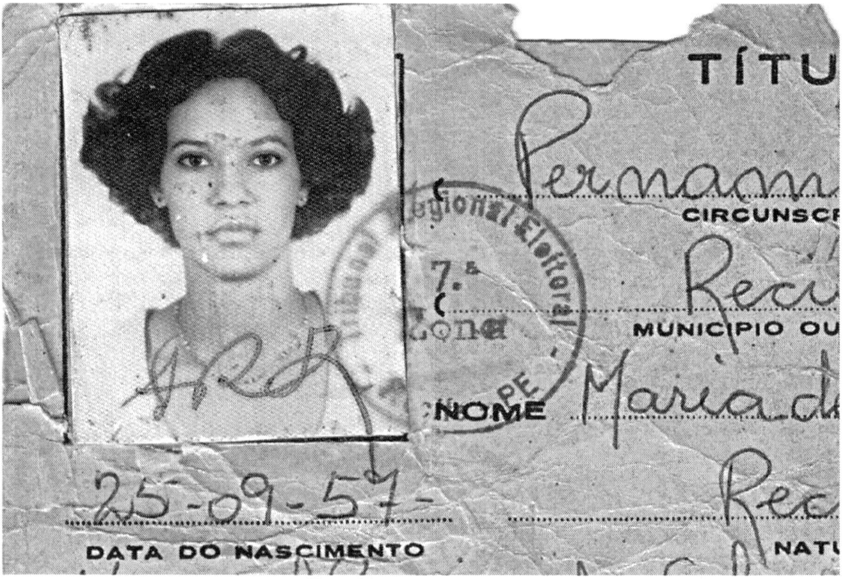

Im Alter von 18 Jahren

Mein Berufswunsch war seit meiner Kindheit die Medizin. Als Kind wollte ich immer Ärztin werden, denn ich fühlte, dass ich dazu geboren bin.
Endlich konnte ich mit meinem Studium beginnen. Im Februar 1977 schrieb ich mich an der Universität von Recife im Fach Humanmedizin ein. Obwohl mein Vater so früh starb, konnten wir ihm alle seinen Wunsch erfüllen. Wir schafften es und bekamen unser Diplom und waren alle in einen Beruf integriert.
Einige Zeit später starb auch unsere Mutter, an einem Schlaganfall. Zu diesem Zeitpunkt studierte ich noch.

Während meiner Kindheit erlebte ich unterschiedliche politische Strömungen und Zeiten. In Brasilien regierte eine demokratisch ausgerichtete Regierung unter dem Präsidenten Juscelino Kubitschek. Er war der Gründer der supermodernen Bundeshauptstadt Brasilia. Die neue Stadt wurde von zwei Architekten namens Lucio Costa und Oscar Niemeyer entworfen. Die neue Metropole wurde in der Rekordzeit von nur fünf Jahren gebaut. Im April 1960 wurde Brasilia zur Hauptstadt von Brasilien ernannt. Als dies geschah, war ich gerade drei Jahre alt.
Später erlebte ich auch die Zeit der Militärdiktatur, ausgelöst vom Militär und seinen Generälen. Während dieser Zeit musste die brasilianische Bevölkerung mit einer Rezession und einer nicht zu unterschätzenden Inflation leben. Die Allmacht des Militärs dauerte über 20 Jahre und die Zensuren waren sehr streng und so konnte niemand seine Meinung frei äußern. Zeitungen, Filme, Musik und Theater unterlagen der Zensur.
So war es während dieser Phase mit dem Wirtschaftswachstum im ganzen Land nicht gut bestellt. Im täglichen Leben spürte man, dass es wirtschaftlich deutlich zurückging. Wir lebten in einer stagnierenden Zeit, weil die freie Meinung und die Ökonomie unter Druck standen. So wuchs ich in diesem schweren politischen System auf. Widerstandsbewegungen sammelten sich und versuchten verzweifelt Besserungen zu erstreiten. Häufig waren Studenten auf der Straße und protestierten, wurden aber sofort von der Polizei auseinander getrieben. Viele Studenten, Politiker, Künstler, Pädagogen, Musiker und Autoren wurden in die Gefängnisse gesteckt. Viele Leute wurden gequält und andere zum Teil ermordet. Der beste Teil unserer Gesellschaft wurde in andere Länder verbannt. Zum Beispiel Prof. Dr. Paulo Freire saß 70 Tage im Gefängnis, weil er gegen das militärische System war. Während seiner Inhaftierung begann er sein Buch „Erziehung als Praxis der Freiheit“ zu schreiben. Anschließend entschloss er sich nach Chile auszuwandern. Er entwickelte ein Alphabetisierungsprogramm in Brasilien, das nicht nur eine Technik des raschen und gezielten Erwerbs von Lesen und Schreiben, sondern auch eine Methode der Bewusstseinsbildung darstellt. Seine Methode wurde im Jahre 1965 in Chile übernommen. Im Jahre 1969 war Paulo Freire Professor an der Harvard Universität. Mehr als zehn Jahre war er „Councellor of the Office of Education“ beim „World Council of Churches“ in Genf in der Schweiz. Im Jahr 1970 veröffentlichte Dr. Freire das Buch „Pedagogy of the Oppressed“, das in 18 Sprachen übersetzt wurde.
Obwohl die Militärdiktatur immer noch in Brasilien war, konnte er im Jahr 1980 wieder nach Brasilien zurückkehren. Das militärische Regime hatte

1975 ein Gesetz verordnet, das allen Brasilianern die Rückkehr in ihre Heimat ermöglichte.
Während der Diktaturzeit studierte ich 6 Jahre lang Medizin an der Universität in Recife. Im Dezember 1982 bekam ich mein Diplom als Ärztin und begann mit meiner Berufstätigkeit im gleichen Jahr an der Universitätsklinik. Im Jahr 1985 wurde Brasilien wieder ein demokratischer Staat und das Volk wählte einen Präsidenten.

Die Altstadt von Recife (Besuch 2013)

Im September 1985 heiratete ich und gründete kurz darauf meine Familie. Ich bekam eine Tochter, die Clarissa heißt. Danach bekam ich einen Sohn mit Namen Tiberio. Er ist drei Jahre jünger als seine Schwester. Mein Leben gestaltete sich nicht so einfach, weil ich voll berufstätig und eine Mutter mit zwei Kindern war. Ich beschäftigte mich nicht nur mit meiner Arbeit im Krankenhaus, sondern auch mit meiner Familie. Mein Ehemann war ein Ingenieur und er arbeitete als Bauingenieur bei einer Firma. Mit meiner Arbeitszeit war mein Ehemann leider häufig nicht zufrieden, weil ich als Ärztin viel Bereitschaftsdienst im Krankenhaus hatte. Für ihn war die Belastung zu viel. Nach fünf Jahren trennten wir uns. Zehn Jahre später wurde dann auch die offizielle Scheidung durchgeführt.
Während dieser Zeit lebten Clarissa und Tiberio bei mir, während ich weiterhin voll berufstätig war.
An der Universitätsklinik machte ich die Weiterbildung für Gastroenterologie. Die Weiterbildung dauerte drei Jahre. Im Mai 1988 war ich eine Fachärztin für Gastroenterologie. In der Klinik arbeitete ich über 23 Jahre in der inneren Medizin.
Im März 2004 lernte ich bei einer bekannten Familie einen deutschen Mann kennen.
Zwei Jahre später heirateten wir und im Juni 2006 kam ich nach Deutschland. Es war für mich zunächst eine große Herausforderung, mich hier zu integrieren, vor allem auch das Lernen der Sprache. Inzwischen fühle ich mich hier sehr wohl und habe viele Freunde gefunden. Meine Kinder leben inzwischen bei der Familie ihres Vaters, wir haben guten Kontakt, sie haben mich schon zweimal hier besucht.
Ich bin hier in Deutschland sehr zufrieden und habe mich entschieden, hier zu bleiben, eine brasilianische Frau mit einem wilden Kinderherz. Ich habe viel von der Welt gesehen und die Welt beginnt hier und jetzt.

HANNA ROST AUS OBERSCHLESIEN IM HEUTIGEN POLEN

Zuerst wollte ich bei dem Projekt nicht mitmachen. Ich habe gedacht, dass ich mit meinen Geschichten nicht zu dieser Gruppe passen würde, nicht mein Fall, nicht mein Thema. Angela hat mich überredet, eigentlich neugierig gemacht. Das große Problem war das Schreiben und die deutsche Grammatik. Schreiben macht Spaß und die Grammatik ist nicht so schlimm. Die Gruppe ist wie ein buntes Tuch aus vielen Farben, sagte Angela. Sie hat recht und meine Farbe ist auch drauf.

Ich war in der Schule. Es war kurz vor dem ersten Schultag. Auf dem Tisch, welcher von mir stand, lagen ein paar Buntstifte und ein weißes Blatt Papier. Ich erinnere mich, dass mein erstes Bild schön sein sollte. Am Anfang wollte ich eine blaue Wolke malen, aber zwischen den Buntstiften habe ich keine blaue Farbe gefunden.
Nach ein paar langen Minuten wurde ich gefragt: „Warum malst du nicht?"
„Es gibt keinen blauen Buntstift."

Meine große Cousine Teresa und ich

An das, was danach passiert ist, kann ich mich nicht so richtig erinnern. Summa summarum war ich in der besseren Klasse aufgenommen. Ich war nie im Kindergarten, also denke ich, meine Mutter hat mit mir sehr viele

Sachen zu Hause gemacht, viel unternommen z. B. malen, lesen, spielen, … Bei uns waren immer viele Kinder und es war sehr laut. Die Bücher lagen überall, man konnte jederzeit nach ihnen greifen. Heute habe ich keine Erinnerungen, alles hat mir meine Mutter mitgeteilt oder sie sind in Vergessenheit geraten. Schade!
Nach einem halben Jahr in der Klasse, also Februar 1972, sind wir umgezogen in eine andere Stadt, wo das Klassenniveau nicht so hoch wie in der ersten Klasse war.

Es war Ende November – ein kalter, regnerischer Tag. Ich war in der 5. Klasse. Meine Mama und ich habe bisschen ungeduldig gewartet vor dem großen Gebäude in Katowice. Sie hat mich alleine ohne meine Geschwister und meinen Papa dorthin gebracht. Ich und sehr viele andere kranke Kinder haben dort gewartet und gewartet. Erst wurden unsere Papiere, danach unsere Köpfe sehr gründlich kontrolliert – Letzteres in der Hoffnung, keine Läuse zu finden. Die mit den Tieren zwischen den Haaren mussten bleiben, durften nicht nach Rabka fahren. In meinem Kopf haben sie gar nichts gefunden, kein einziges Tier, also durfte ich mit den anderen „sauberen“ Kindern in den Bus steigen und zum Kinderkurort fahren. Allgemein haben die Kinder Probleme mit der Wirbelsäule. Rabka war ein sehr bekannter Kinderkurort, auch als letzte Hoffnung für Mädchen und Jungs bis 15 Jahre bezeichnet.
Nach der Ankunft hat uns das Personal unsere Unterkunft gezeigt und somit haben wir unsere zukünftigen Freundinnen kennengelernt. Die Schlafräume waren groß: Bis zehn Mädchen haben einen Platz gefunden, wenn ich mich richtig erinnere. Das Personal – die Frauen mit den weißen Kitteln – haben viel gelächelt, waren sehr sympathisch und nett. Keine von denen war für mich Ersatzmutter geworden. Viele von uns haben geweint, viele haben versucht, nicht zu weinen. Leider war damals an E-Mails, Skype, Handy noch nicht zu denken. Meine Mama hat mich nach paar Wochen am Sonntag das erste Mal besucht, nur für paar Stunden.
Die Besuchszeit war nur am Sonntag, am dritten Sonntag des Monats.
Sie hat mit den Ärzten gesprochen und danach die schreckliche Nachricht mitgebracht: „Du muss hier weiter bleiben.“ Habe ich geheult? Ich kann mich heute weiter nicht erinnern, aber bestimmt war das alles für die ganze Familie nicht zu leicht. Meine Familie, meine Freunde waren sehr weit von mir, von meinem Schmerz und meiner Einsamkeit. Die Kinder sind meist drei Wochen geblieben. Nur die schlechten, vielleicht auch hoffnungslosen Fälle – Buckel, Skoliose und ich – mussten länger bleiben.

Ich habe oder wollte keine Freunde haben. Nach drei Wochen war ich immer traurig, dass die anderen Mädchen nach Hause fahren durften und ich wieder nicht. Der nächste Tag nach der Abfahrt war es wieder das Gleiche: neue Kinder, neue Schlafräume, neue Mädchen, andere Betreuerinnen. Was ich fast vergessen habe: Wir hatten die gleichen Anziehsachen: Röcke, Blusen, Socken, Pullis. Oft verzog ich mich in die helle, nicht so große Bibliothek. Das Neonlicht von oben war hell, ich konnte nicht so direkt hinschauen. Ich habe viel mit der Bibliothekarin geredet, die Bücher mit hellbraunem Papier eingebunden, die Bücherkartei sortiert. Ich habe sehr gerne gelesen. Die Bibliothekarin hat mir immer die nächsten Bücher in die Hände gedrückt und ich bin wieder neugierig zurückgekommen.
Mein – unser gemeinsamer – Plan von Montag bis Sonntag:

- 6:00 Uhr aufstehen.
- 6:15 Uhr Gymnastik
- 6:40 Uhr 1. Frühstück und danach Marsch zu den Sporthallen
- 7:00 Uhr schwimmen, danach ca. zwei Stunden Gymnastik, sehr viele strenge, schmerzhafte Übungen. Schule: Dort habe ich am liebsten Geschichte gemocht. Der Lehrer war sehr sympathisch und hat alles sehr interessant erzählt.
- Mittagsessen
- Mittagspause: Wir mussten immer schlafen; wenn jemand nicht schlafen wollte, musste er im Bett leise liegen oder lesen, um die anderen nicht zu wecken.
- Hausaufgaben haben wir immer mit Betreuung gemacht. Trotzdem wurde jedes Heft danach noch einmal kontrolliert.
- Zeit für uns: Lesen, Briefe schreiben, reden, Blödsinn machen …
- Tanzen immer 30 Minuten
- Abendessen, duschen, schlafen.

Zwischendurch hatten wir alle sehr viele Arzttermine. Heute bin ich sehr dankbar, dass sie alle meine Skoliose in den Griff bekommen haben. Nach fünf langen Monaten, Anfang Mai, bin ich mit dem Bus zurück nach Hause gefahren.
Leider war das nicht der letzte Aufenthalt an dem Ort.

MARÍA ANGÉLICA WIERZ-GUTIÉRREZ AUS KOLUMBIEN

Wir kamen zum Unterricht in die Volkshochschule, Jahr für Jahr. Eine bunte gemischte Gruppe aus aller Welt, wo verschiedene Akzente zu hören, unterschiedliche Geschichten zu erzählen und lustige Sprachdrehungen zu bestaunen waren. Während des Grammatik-Unterrichts mussten wir viele Schreibübungen machen – wie etwa, einen Liebesbrief an einem Gegenstand zu schreiben. So kam kreatives Schreiben durch Angela in die Gruppe. Einen Hassbrief an das Wörterbuch war die Einleitung, danach haben wir Passagen von Büchern vorgelesen, die von Autoren ausländischer Herkunft auf Deutsch geschrieben waren; anschließend haben wir auch auf Papier beschrieben, wie unsere erste Begegnung mit der deutschen Sprache war. Irgendwann bildete sich ein Schreibprojekt, an dem ich teilgenommen habe, weil mir das Schreiben Spaß macht. Schon spannend zu erfahren, wie man woanders frühstückt, Hochzeiten oder Weihnachten feiert. Aus dieser Neugierde und Schreiblust heraus haben wir uns nach einer gewissen Denk- und Übungsphase entschieden, Erinnerungen aus unserem Land ans Tageslicht zu lassen und sie auf Deutsch zu erzählen.

Und ich bin geboren

Ich bin an einem Dienstag in Bogotá, Kolumbien, geboren und seitdem gab es an fast allen meinen Geburtstagen Regen und Hagel. Ich habe gehört, dass bei Hochzeiten Regen Glück bringt, also warum nicht zum Geburtstag? Sonst sind keine besonderen Ereignisse an diesem Tag geschehen. Nur war meine Mutter, als gute Feministin, sehr stolz darauf, dass ich nur 6 Tage nach dem Internationalen Frauentag geboren bin. Sie meint, ich wäre die Frau, die sie immer gerne gewesen wäre; bezüglich der Freiheit und den Gelegenheiten in allen Bereichen: studieren was man möchte, verreisen, sexuelle Freiheit, ein unabhängiges Leben, weit weg von den moralischen Leitbildern einer sehr konservativen Gesellschaft.
Ich kam per Kaiserschnitt auf die Welt. Ich saß da und wollte mich nicht umdrehen, außerdem hatte ich die Nabelschnur um den Hals und habe mich gar nicht bemüht zur Welt zu kommen. Irgendwann werde ich mein Baby-Ich fragen, warum ich nicht bereit war, geboren zu werden.
Wegen meiner sitzenden Position bei der Geburt sang mir meine Mutter oft vor: „Maripé que sentadita me quedé". Auf Spanisch reimt es sich (Maria, die sitzen geblieben ist).
Vielleicht, weil ich so eine unnatürliche und blutige Geburt hatte, bin ich heutzutage sehr kritisch gegenüber der Art, wie Kinder von Ärzten und Krankenhäusern zur Welt gebracht werden. Deswegen kämpfe ich für natürliche Geburten und bekam meine Tochter im Wasser; weder Ärzte, noch Medikamente, noch PDA oder Oxytocin wurden gebraucht. Alles lief normal, problemlos und- warum nicht? - sehr schmerzvoll …
Meine Mama erzählt, dass es an diesem Tag sehr ruhig war. Sie ist aufgestanden und wollte sich duschen, als die Fruchtblase platzte. Es war 9:00 Uhr des 14. März 1972. Der Kaiserschnitt war geplant und deshalb haben meine Eltern den Onkel Dr. Pereiro angerufen — soweit ich weiß, war er für fast alle Geburten der Familie zuständig. Schon im Krankenhaus kam die Tante Petra in ihrem beigefarbenen VW Beetle, und beide Omas waren dabei. Alle wollten am Event teilnehmen und als meine Mama aus dem Kreißsaal kam, standen da schon acht Tanten, die schnell angerufen worden waren. In den nächsten Tagen hatte ich die Gelegenheit, einen großen Teil der Familie kennenzulernen.
Man sagt, dass die Leute, die per Kaiserschnitt auf die Welt kommen, keine Kämpfer sind.
Ich musste so geboren werden, um das Gegenteil zu beweisen.
Mein Vater war auch im Krankenhaus, aber nicht bei der Geburt. Damals waren Männer nicht im Kreißsaal willkommen. Er war so nervös und

voller Aufregung, dass er sein Auto aufgelassen hat. Er ist mit einem Blumenstrauß ausgestiegen, rannte zu uns, und als er wieder nach Hause fahren wollte, war sein Simca weg, einfach weg! Gestohlen!
Ansonsten gab's damals im Land viele Protestbewegungen der Arbeiter, Gewerkschaften und Bauern. Es waren die 70er, und die Guerilla war fast überall im Land sehr aktiv. Ich weiß nicht, welche meine ersten echten Erinnerungen sind. Vieles kommt von Erzählungen von den Alten, von den Eltern und von Bildern …, aber meine ersten Gefühle, Bilder, und Erinnerungen aus meiner Kindheit beginnen ab etwa drei Jahren.
Die ersten zwei Jahre habe ich mit meinen Eltern in einer alten Wohnung in der Stadtmitte verbracht, als Einzelkind. Meine Mutter erzählt mir, ich hätte stundenlang am Fenster gestanden und alle Leute, die vorbeigingen, begrüßt.
Einmal haben mich meine Eltern auf dem Balkon vergessen und sind ins Kino gegangen. Als sie zurückkamen, hätte ich tief und fröhlich geschlafen, wer weiß, wie viel ich davor geweint habe.
Ich wuchs in einer gesunden und vereinten Familie auf, mit einer Oma, die für uns schöne Kleider genäht hat.
Als ich ein Jahr und sechs Monate alt war, musste ich in den Kindergarten gehen, weil unsere Eltern berufstätig waren, wie es dort üblich war. Meine Mutter war Sozialarbeiterin und Professorin an der staatlichen Universität Bogotas, mein Vater Anwalt und viele Jahre war er auch Professor.
Wir – meine jüngeren Schwestern und ich – hatten viel Spielzeug, aber am schönsten war, wie wir Gegenstände mit unserer Fantasie umgedeutet haben; wir durften das Sofa umkippen und daraus ein Schiff machen, oder alle Klamotten aus den Kleiderschränken nehmen und mit Kissen, Klammern und Kleiderbügeln einen Laden bauen.
Normalerweise haben wir den ganzen Tag, oder manchmal die Nacht, mit Bauen verbracht. Wir gehörten zu dieser Generation von Kindern, die das Haus für sich erobert haben. Die Erwachsenen hatten endlich mal kapiert, dass die Kinder Kindheit brauchten, und Freiheit, um ihre Gefühle und ihre Kreativität loszulassen.
Ich war die älteste Schwester von drei Mädchen. Meine Schwester Leyla kam zur Welt, als ich zwei Jahre alt war, und Amalia, als ich sieben Jahre alt war.
Ich hatte die typische „langweilige Geschichte". Das heißt, dass ich aus einer netten bürgerlichen Familie komme, wo ich viel Liebe, Geborgenheit und Schutz hatte.

Ich im Alter vom zwei Jahren

Meine Schwestern und ich (von rechts) Amalia, Leyla und ich

Die Vorfahren

Wir wären nicht, wie wir sind, ohne unsere Vorfahren. Wir erkennen uns immer wieder in ihnen, oder wir verstehen und nehmen die Welt wahr, so wie wir sie seit der Wiege erfahren können. Ich kann nicht ohne Milch leben, vielleicht, weil meine Tante-Oma Petty mich immer in Kuhmilch gebadet hat. Von Zeit zu Zeit schaue ich mich im Spiegel an und erkenne das Gesicht meiner Oma, die Stimme meiner Mutter, die Nase meines Vaters und das Lächeln meiner Tante. Ihre Geschichten haben mein Leben geprägt, ihre Träume meine, und ihre Erfahrungen haben meine angereichert. Sie haben dazu beigetragen, mein Leben Stück für Stück aufzubauen: Omas, Tanten, Onkel, Cousins, Schwestern, alle sind der Grundstein meines Lebens.

Meine Familie war viel größer als Papa, Mama und Schwestern und ist es immer noch. Zahlreiche Geschichten sind zu erzählen, wenn ich mit meinen Eltern telefoniere. Und wenn jemand fremd nach Kolumbien kommt, dauert es ungefähr zehn Jahre, bis er alle Tanten und Onkel kennt und es fällt schwer zu erklären, dass die, die dich gerade drückt, noch eine Cousine ist.

Ich habe sie nie gezählt. Bei uns wird nur durchgezählt, wenn etwas gefeiert wird, um zu wissen, für wie viele Leute gekocht werden muss, oder wie viele Gänse bestellt werden müssen. Jedenfalls, nicht jeder ist ein Verwandter!

Da findest du immer eine Hand, ein Wort, ein Bett, ein Haus, Begleitung und Unterstützung und natürlich findest du auch einen Arzt, einen Lehrer, eine die Yoga praktiziert, einen Postboten (der immer bei dir Kaffee trinkt, wenn er einen Brief vorbeibringt), einen Reichen, einen Armen; einen, der noch jemanden kennt, der dir helfen kann; eine, die in Lesotho wohnt und Ziegen hat; einen anderen, der vor 30 Jahren in Afghanistan war; eine, die das geschafft hat und eine andere, die nicht; einen Buddhisten, viele Katholiken, immer mehr Katholizismus-Kritiker, einen Freimaurer, null Protestanten und vielleicht eine, die mit einem Muslimen verheiratet ist. Sogar eine jüdische Hochzeit haben wir alle gefeiert.

Natürlich gab es, wie überall, kritische Momente; zum Beispiel, als ich das erste Mal aus Deutschland zurückkam und alle lauthals rumdiskutierten, ob mein Freund bei mir im Schlafzimmer schlafen durfte oder nicht. Oder als der eine Onkel die unpassende Frau heiratete, die zwar „viel Geld" hatte, aber von dubioser Herkunft war! Nichtsdestotrotz haben sie sich nach ein paar Jahren scheiden lassen – nicht auszudenken, dass „die schwarze Hand der Familie" im Spiel gewesen wäre!

Es kann auch sehr umfangreich sein, die Wunschliste aufzuschreiben, wenn man ins Ausland fliegt: Das Handgepäck wird nur für das Notwendigste und die 80 Kilo werden für Geschenke, Ideen, und mehr Geschenke gebraucht; vom Sohn für die Mama; den Milchschäumer von Ikea für die Uromatante; die Handschuhe für den Cousin, der trotz 35° C immer friert, wenn er 5 Minuten mit dem Motorrad über den Berg fährt; die Schere von Henkel, die am besten die Haare von Loretta schneidet; das Fotoalbum für Tante Mery, die genau 568 Kilometer entfernt wohnt von der Stadt, die du besuchst, und dann, wenn du schon so nah bist, dann „geh sie besuchen!"… Und „um Gottes willen, vergiss die Hämorrhoiden-Salbe für Onkel Enrique nicht", und „Bitte, bitte, bitte bring Tante Emma den Rollstuhl der Nachbarin".

Jedenfalls finde ich es sehr praktisch, wenn man ein Buch braucht und es ist genau dein Onkel, der die Inkunabel hat. Andernfalls ist es auch schön bei so vielen Menschen Urlaub verbringen zu können, feiern zu dürfen, und gebraucht zu werden.

Zum Thema Mutterschaft, beispielsweise, hat man über Generationen viel Erfahrung gesammelt und Weisheit weitergegeben. Außerdem bist du nie allein, nur dann, wenn du es sein willst.

Leider taucht bei mir eher die Inspiration auf, wenn ich an andere Zeiten denke, als ich mein Leben selber bestimmen konnte. Da war ich schon, was in der Gesellschaft für volljährig gehalten wird. Das war für mich eine wahre Befreiung. Endlich musste ich nicht mehr in die Schule gehen, um etwas zu lernen, was mich überhaupt nicht interessierte. Endlich konnte ich entscheiden, wohin, mit wem, warum, wieso und weshalb, und so habe ich angefangen, fast nur das zu machen, was ich wollte, und dieses Konzept hat mich mein ganzes bisheriges Leben begleitet.

Selbstverständlich war ich für die Familie ein bisschen zu liberal und ein bisschen zu sehr wie meine Mutter, und ein bisschen zu sehr wie mein Vater und zum Glück noch ein bisschen wie meine Oma …

Yaya, die Oma väterlicherseits, war Lehrerin in einer Schule auf einem Dorf. Sie war sehr arm und konnte kaum ihre Kinder ernähren, deswegen hat sie den ältesten Sohn zur Marine geschickt, die Tochter, die Tante Estrella, in ein Kloster, und mein Vater hatte mehr Glück und ist auf ein Jesuitenseminar gegangen. Dort hatte er die beste Ausbildung, die man sich vorstellen kann, auch gutes Essen und nette Kommilitonen.

Mein Opa war ein – wie man in Kolumbien sagt – ein „Taugenichts". Er nannte sich Schatzgräber und in seiner „Freizeit" machte er sich einen Spaß daraus, sich als Gespenst zu verkleiden; er erschreckte die Leute, die in der Nacht über eine Brücke gingen. Jahrelang hielt sich die Legende vom Brückengespenst. Das war mein Opa … Schätze hat er im ganzen Land gesucht. Angeblich glänzt vergrabenes Metall, insbesondere Gold, in der Nacht, ein Gas strahlt aus der Erde aus und so konnte er die Schätze aus der Ferne entdecken. Aber ob er jemals etwas gefunden hatte …?

Meine andere Oma, die Mutter meiner Mutter, war hauptsächlich Hausfrau, seitdem sie sechs Jahre alt war, und sie war auch Näherin. Sie machte uns schöne Kleider, hatte immer gern für andere genäht und so hatte sie sich ihr Geld verdient, als mein Opa Ludo an einer Typhuserkrankung gestorben war. Er war Kaufmann. Eine Cousine meinte, sie hätte uns das Bild der Ehe kaputt gemacht, weil Oma alles so idyllisch malte. Sie fand meinen Opa perfekt und sie waren füreinander bestimmt. Sie erzählte ihr ganzes Leben lang von ihm.

Sie haben selbst gebaut. Es war eine Ziegelsteinfassade und innen Holz. Das Haus hatte vier Zimmer und zwei Gärten, und das Viertel in Bogotá hieß Divino Salvador. Das Haus kostete damals $10 Pesos (heutzutage 0,36 Euro).

Davor hatten sie in dem großen Haus meines Uropas gelebt. Er hatte drei Mal im Lotto gewonnen; schon davor hatte er etwas Geld und besaß ein großes Haus in einem der schönsten Viertel Bogotas. Mit ungefähr 14 Schlafzimmern und einem großen Garten. Meine Oma hatte acht Geschwister, und weil sie die Älteste war, musste sie alle wickeln und großziehen. Sie war in meinen Opa ganz verliebt und so hat sie ihn geheiratet, als sie 15 war. Bei dem Uropa gab es genug für alle und das Haus war immer voll.

Sie kannten sich und mochten sich, aber meine Oma durfte nie alleine mit ihm zusammen sein; also wartete er sonntags immer vor der Kirche, um sie zu besuchen, wenn Lili mit anderen Frauen aus dem Gottesdienst herauskam. Ihr reichten ein paar Wörter, ein Händedruck und ein süßer Blick um zu erröten und den ganzen Tag zu seufzen.
Einmal fand eine große Kostümparty statt. Lili hatte sich als Prinzessin verkleidet und Ludo als Teufel. Am Ende der Party hat Ludo um ihre Hand angehalten und so blieb für alle die Legende: „Der Teufel, der die Prinzessin erobert hat."
Nachdem sie verlobt waren, durfte Opa Ludo sie besuchen, aber mindestens 2 Brüder von Oma Lili waren dabei und er durfte nur manchmal ihre Hand halten. Wenn sie spazieren gingen, hatte Ludo immer ein paar Münzen für die Kleinen, sodass sie alleine sein durften und nicht verpetzt wurden.
Leider starb mein Opa, als meine Mutter (die Jüngste von drei Kindern) nur sechs Monate alt war, an einer Typhuserkrankung; die Medikamente dagegen kamen eine Woche zu spät. Seit dem Tod von Ludo hat meine Oma ihr ganzes Leben lang getrauert; bis zu ihrem Tod war sie immer schwarz angezogen. Sie litt lange Jahre unter Depressionen. Eine Last, die viele Frauen der Familie über Generationen tragen müssen und deren Kette noch nicht gerissen ist. Zum Glück war der Rest der großen Familien da, um die drei Kinder großzuziehen; so hatte meine Mutter immer viele Väter und Tanten.

Opa Ludo

Der Uropa, der Vater von Lili, hat die Rolle des Vaters übernommen und er hat meiner Oma eine Weltreise geschenkt. Damit sie sich ablenke. Damals war es ein Luxus, durch die Welt zu reisen. Sie war in Japan, Amerika, Chile, Brasilien und sie war diejenige, die mir erzählt hatte, dass die schönste Ecke der Welt Südchile ist. Das höre ich auch immer öfter.
Mein Opa war zweieiiger Zwilling und sein Bruder wurde „Blondie“ genannt. Sie waren ganz unterschiedlich; Ludo war dunkel mit schwarzen Augen und Blondie war ganz hell, blond und mit blauen Augen. Den Onkel Blondie haben wir zum Glück und zu unserer Freude kennengelernt, er lebte noch viele Jahre. Er war für uns wie ein Opa und gleichzeitig unser Zahnarzt.
Das Haus von Yaya, der Mutter meines Vaters, gehörte dem Opa meines Papas und es war groß, zwei Stockwerke und vier Schlafzimmer im republikanischen Stil.
Meine Omas waren sehr unterschiedlich. Lili war ganz klein (1,45 Meter) und Yaya war sehr groß (1,70 Meter). Beide von unterschiedlicher Herkunft. Die eine aus einer wohlhabenden Familie aus der Hauptstadt und die andere aus einer armen Bauernfamilie. Beide waren sehr religiös (katholisch), lebten voller Schuldgefühle und haben immer ihre Gefühle unterdrückt. Yaya hatte immer Angst zu sterben, so furchtbare Angst, dass sie immer ganz früh aufgestanden ist, damit der Tod sie nicht im Bett erwischt und hat jeden Morgen „Aguardiente“, Feuerwasser, mit einem rohen Ei getrunken, damit sie lange leben konnte. Sie ist in dem Alter von 93 gestorben. Die andere Oma, Lili, ist in unserem Haus gestorben, sie war 75.
Ich habe keinen Opa kennengelernt. Aber es wurde gesagt, dass Ludo ein Gentleman war und der andere das Gegenteil, aber beide charmant. Ludo war immer liebevoll, verantwortungsvoll und lieb zu meiner Oma. Horacio war ganz anders, er war Schatzgräber, von Beruf Schürzenjäger und hatte meine Oma verprügelt und er hat sie immer sitzen lassen. Sie musste ihn immer suchen, retten und auf ihn aufpassen, als er von den Abenteuern wieder nach Hause kam.
Bei Lili war das echte Liebe und bei Yaya war das arrangiert, sie musste ihn heiraten, weil er aus einer guten Familie aus der Stadt kam. Er war aber ein Frechdachs und hat meine Oma nie geliebt, nur dachte sie, sie müsse ihn ehren, weil er ihr Ehemann war. Meine Oma Yaya war Schullehrerin und hatte immer wenig Geld, und so hatten die Kinder nicht genug zum Essen. Mein Opa, der Frechdachs, kam dann irgendwann nach Hause mit Fleisch zurück und hatte es alles allein vor den Augen seiner hungrigen Kinder gegessen, ohne zu fragen, ob sie ein Stück wollten.

Meine Oma Lili lebte jahrelang bei meiner Tante Aida und Onkel Augusto – bei denen wir einmal den Eingang des Hauses, nach meinem Befehl, mit Cousine und Schwester bemalten –, aber dann hat sie alleine gewohnt. Die letzten Tage ihres Lebens hat sie in unserem Haus verbracht. Bevor ich nach Deutschland kam, wollte meine Schwester auf die Toilette gehen und als sie die Tür auf machte, sah sie meine Oma Lili leblos auf dem Boden. Sie lebte immer extrem nüchtern und hat sich wenig gegönnt. Trotzdem - als sie starb, hatte sie auf ihrem Konto genau das Geld für ihr Begräbnis und ihren Trauergottesdienst, es fehlte kein Peso, um alle Kosten zu decken, da sie an jedes Detail gedacht hatte.
Meine Oma Yaya lebte auch bei meinem Onkel Mario und sie war bescheiden und hat ohne Luxus gelebt. Außerdem hat sie alles, was sie hatte, immer den Ärmsten gegeben. Ihr Leben war perfekt für eine gute Katholikin; leiden, leiden und leiden. Yaya besaß sehr alte Möbelstücke, immer war alles durcheinander und vollgestellt. Lili hingegen hatte wenig, gepflegt und sehr ordentlich. Mein Elternhaus ist dasselbe wie vor 38 Jahren, viele Möbel sind dieselben und das Haus ist voller Erinnerungen. Da lebten etliche Leute, da sind wir drei groß geworden und da sind auch Leute gestorben. Es ist ein fröhliches Haus, sehr belebt und beliebt. Meine Neffen sagen, dass das Haus von Opa und Oma ein Paradies ist.
Yaya hatte drei Schwestern; alle sind mittlerweile gestorben; eine wurde von einem Auto überfahren, nachdem sie ihren jahrelang kranken Mann gepflegt hatte und ihn im Krankenhaus besuchen wollte. Sie starb sofort, ohne Schmerzen. Die andere starb auch durch einen Autounfall, nach der Hochzeit meiner Cousine, als die Tante es sehr eilig hatte, nach Hause zu fahren. Sie hatte meinen Cousin so oft genervt, obwohl es keinen Grund gab, so eine lange Fahrt zu machen, gerade dann als die Party noch nicht angefangen hatte. Mein Cousin nahm dann das Auto für die letzte Fahrt ihres Lebens. Noch sehr lange danach fühlte sich mein Cousin schuldig an der Tragödie, aber wenn der Tag kommt, dann ist es so vorbestimmt und man kann nichts dagegen machen. Der Tod hat erbarmungslos an dieser Kurve auf der Landstraße gewartet. Anscheinend hatte sie es eilig, zu ihrem Termin mit dem Tod zu kommen.
Die dritte Schwester ist meine Lieblings Tante-Oma Petty, sie hat lange gelebt und ihre Kinder haben sie nie allein gelassen. Sie war eine Frau, die mit dem Mann zusammen war, den sie geliebt hat und mit dem sie sieben Kinder hatte. Für ihren Mann war das die zweite Ehe, oder man sagt sogar, dass sie nie geheiratet haben – etwas, das damals undenkbar war –. Dementsprechend hatte sie, als er gestorben ist, kein Recht auf sein Eigenturm, nur seine erste Familie hatte den Anspruch auf alle Bauernhöfe, Landbesit-

zung und Rente. Somit musste sie alle sieben Kinder ganz alleine ernähren, und nicht nur ernähren; die Schulen waren kostenpflichtig und ohne Bildung hätten ihre Kinder keine Chance im Leben gehabt. So hat sie ihrem verstorbenen Mann versprochen, ihn durch seine Kinder zu ehren und aus ihnen gute Menschen zu machen. Sie hat daraufhin gelernt, Buseta (einen Bus) durch die komplizierten Straßen Bogotás zu fahren, und diesen Job hat sie lange gemacht. Sie hat ihre Kinder so wie beim Militär organisiert, und der älteste Sohn war der „Kapitän der Truppe". Sie hatte später eine Studentenpension in ihrem großen Haus im Zentrum der Stadt; die Studenten von außerhalb mieteten ein Zimmer und aßen auch da. Als kleines Mädchen habe ich sie oft in der Küche mit einer Aushilfe Frühstück, Mittag- oder Abendessen für 20 Leute machen sehen, und nur so konnte sie allen ihren Kindern ein Leben ohne große Entbehrungen bieten. Sie hat gerne Feuerwasser getrunken, Zigaretten geraucht – das war damals nur freizügigen Frauen vorbehalten –, sie hat gerne um Geld „Mensch ärgere dich nicht" gespielt, so konnte sie mit Hilfe von ein paar Tricks gewinnen, um sich eine Flasche Feuerwasser zu kaufen. Sie hat behauptet: „Man muss ein Esel sein, wenn man keinen Fußball mag!" Sie war begabt und konnte sehr gut malen; sie hat meistens Vögel und Pflanzen gemalt und sie hätte gerne das Malen als Beruf ausgeübt. Leider konnte sie das wegen ihrer Lebensumstände nicht.
Eines Tages, als ich schon Mutter war, habe ich sie gefragt, warum sie so viele Kinder gehabt hatte, wenn sie eher malen oder auf den Bauernhöfen sein wollte; sie hat geantwortet, dass es damals nicht möglich war. Sie wollte keine Kinder mehr nach dem dritten, aber es kamen doch noch mehr und sie hätte alle mögliche Rezepte ausprobiert, bis sie bei einer Geburt den Arzt gebeten hatte, ihr zu helfen. Damals war die Auswahl sehr gering, und so hat ihr der Gynäkologe die Gebärmutter umgedreht. Ihr letztes Kind hatte sie mit einem verdrehten Uterus auf die Welt gebracht und der Schmerz war unerträglich. Danach ist ihr Mann gestorben.
Sie konnte im Leben gut auskommen, sodass ich sie, viele Jahre später, in London bei einem ihrer Söhnen getroffen habe und sie mir die folgende Geschichte erzählt hat: Sie konnte kein Englisch und sie war alleine zu Hause. Sie brauchte dringend Milch, also ging sie zum nächsten Geschäft. Der Besitzer war ein netter Pakistaner, der bereit war, ihr zu helfen. Sie hat nach „Leche" gefragt, und er hat nichts verstanden, dann hat sie nachgedacht und nach „Klimt" gefragt (eine bekannte Milchmarke in Kolumbien); als sie merkte, dass der Pakistaner ahnungslos war, hat sie versucht, andere Marken zu nennen: „Nestlé", „Proleche"…, dann hat sie wie eine Kuh gemuht, aber das hat noch weniger geholfen. Sie dachte, dass vielleicht die

Kühe in Pakistan anders muhen … Dann, in ihrer Verzweiflung, griff sie an ihre riesigen Brüste und zerquetschte sie und machte die Mimik, wie wenn Milch aus den Brüsten käme … so hat sie ihre Packung Milch bekommen. Über Petty werde ich später noch mal erzählen, anlässlich eines dramatischen Ereignisses auf dem Bauernhof von meinen Eltern.
Die Traditionen meiner Familie mütterlicherseits sind stärker geprägt, da die Familie immer noch zusammenhält und fröhlicher ist. Wir spielen viel, wir versammeln uns gerne, die Treffen sind immer gut besucht und über Weihnachten sind wir immer zumindest 70 Leute.
Meine Familie hat immer gerne Krocket gespielt, da gab es immer Geschrei und lustigen Streit. Man hatte sich in 2 Teams geteilt und besonders die Tante Petra war sehr gemein; öfters, wenn sie einen Ball exportieren musste, hatte sie den Ball so doll geschlagen, dass er genau an der Grenze oder am Bach von der Finca —von irgendeiner von uns, wo wir Urlaub verbrachten— landete.
Ah ja- die Tante Petra! Sie war ledig, und damals hatte man gedacht, dass ledig ein Synonym von verbittert sei. Sie wollte nur studieren. Sie wollte lesen und lernen in Zeiten, wo solche Aufgaben nicht die Angelegenheit einer Frau waren! In dieser Weise musste sie sich durchkämpfen und hatte immer als junges Mädchen ihr Taschengeld gespart, um ihr Studium zu bezahlen. Sie wollte in die Schule gehen, im Gegensatz zu meiner Oma und ihrer anderen Schwester, die sich auf ein Leben als gute Hausfrauen vorbereitet hatten. Sie hat Ernährungswissenschaften studiert, dann Bibliothekswesen in Brasilien, und dann flog sie in die USA, wo sie einen Amerikaner kennenlernte, den Mann, den sie heiraten wollte. Nach einer Zeit Beziehung stand das Datum fest und sie hatte gespart, weil sie berufstätig war und weil sie vom Vater Geld bekommen hatte. Alle haben sich gefreut. Die Eltern von ihm waren begeistert und haben sie ein paar Mal eingeladen. Sie haben ein Haus gesucht, wo sie ihr Familienleben anfangen wollten. Der Tag kam und sie saß ganz nervös im Frisörsalon, die Haare, die Nägel fertig, das Kleid passte ganz hervorragend und dann machte sie sich auf den Weg zur Kirche … da kommt die Braut … da kommt die Braut … aber … und der Bräutigam? Wo ist er denn? „Hat ihn jemand gesehen?"… Nein, niemand hat ihn wieder gesehen … und sie? Sie hatte alle ihrer Ersparnisse auf sein Konto überwiesen, um sich das so gewünschte Haus zu kaufen, um ein neues Leben an der Seite seiner Liebe anzufangen - und er war weg! Einfach vom Erdboden verschwunden!
Ich habe gehört, dass sie ein paar Tage nach der geplatzten Hochzeit bei seinen Eltern war, aber solche Leute hätten nie da gewohnt, keiner in der Nachbarschaft wusste von diesen Leuten. Das Haus war leer und es gab

keine Spur von ihnen zu sehen. Sie war Opfer eines schlimmen Verbrechens, weil sie nicht nur das Geld, die Vorfreude und eine ersehnte Zukunft in seiner Begleitung verloren hatte, sondern auch ihr Herz. Sie hat nie wieder geheiratet und man hat keinen anderen Mann an ihrer Seite gesehen. Mit dem Bruder von meinem Papa, Mario, gab es auch hin und wieder Ärger. Er war immer neidisch, dass mein Vater so viel geschafft hatte und er nicht. Er hat 7 Kinder und war sehr frustriert und unorganisiert und die Familie wuchs und wuchs und sie waren zu katholisch für Geburtenkontrolle, um zu verhindern, dass auch die 17-Jährigen noch mehr Kinder in die Familie brachten. Am Ende musste immer seine Frau auf die immer mehr Enkelkinder aufpassen und sogar Unterhalt bezahlen. In Kolumbien gibt es kein Kindergeld, Erziehungsgeld, Sozialhilfe oder Ähnliches, das heißt, dass man mit dem leben muss, was man verdient, und das ist manchmal nicht so einfach. Die Schulen, Studium, Bücher müssen aus eigener Tasche bezahlt werden und sie sind sehr teuer. Öffentliche Schulen sind nicht empfehlenswert und man kommt in einen Teufelskreis: Weil die Kinder nicht in eine gute Schule gehen, bekommen sie keinen Platz an der Uni und so haben sie weniger Chancen, einen guten Job zu bekommen. Die handwerklichen Arbeiten werden nicht gut bezahlt. Es gab einmal Ärger, weil meine Tante meine Mama angerufen hatte und erzählte, dass wieder eine Tochter schwanger war. Meine Mutter hat schmerzfrei gesagt: „Na, dann Abtreibung oder wer soll sich um das Kind kümmern?“ Das war für meine Tante und ihren katholischen Glauben viel zu viel. Manchmal kamen auch Cousins aus dieser Familie, die sich Geld von meinem Vater geliehen hatten und nie wieder zurück bezahlt hatten und obwohl mein Vater nie etwas gesagt hat, war das Thema nicht angenehm. Mein Onkel und mein Vater haben lange Zeit seit dem Tod meiner Oma Yaya nicht mehr miteinander gesprochen. Mein Vater kann nicht akzeptieren, dass er meine Tante Estrella, die Schwester von beiden, geschlagen hatte. Allgemein war diese gewalttätige Art für meinen Vater nicht zu ertragen. Sie haben gemeinsam die Asche von meiner Oma an einem beliebigen Ort verstreut und dann haben sie sich getrennt bis heutzutage. Als ob es der Schatten meiner Oma und ihre Präsenz gewesen wäre, die sie zusammen gehalten hatte.

Estrella, die Schwester meines Vaters, wurde geheiratet. Sie durfte nicht wählen, wen sie heiraten wollte. Also, es war meine Oma Yaya, die ihr einen Mann gesucht hatte. Sie war jung und hat viele Jahre mit diesem Mann zusammen gelebt, für sie ein Unbekannter, ihr ganzes Leben war er ein Unbekannter, mit dem sie 2 Kinder bekommen hatte: Tito und Leo. Leo starb an einer seltenen Krankheit, als er 7 Jahre alt war. Ich erinnere mich nicht an ihn, aber an Tito. Er war ein netter Cousin, immer nett, fröhlich, aufgeschlossen und groß, sehr groß, etwa zwei Meter groß. Ich träumte immer, er wäre mein großer Bruder und würde mir immer helfen, wenn ich einen großen Bruder bräuchte.

Bild links: Die Familie meiner Oma Lili (zweite von rechts nach links) und ihre sieben Geschwister, es fehlen fünf auf dem Bild. Foto von 1930. Bild rechts: Uropa Giraldo und Uroma Maria mit sechs ihrer Kinder

Las Nepas. Von rechts nach links: meine Oma Lili, hinten Tante-Oma Petty, Tante-Oma Elsa und die Oma Clara

Er wohnte weit weg, aber irgendwann, wegen einer Krankheit, kam er zu uns nach Hause. Ich kam nach der Schule und habe ihm lustige Artikel aus

der Zeitung vorgelesen und wir haben gemeinsam gelacht. Ich erzählte ihm meine Peripetien im Leben. Meine Schwester Leyla hat auch bei ihm am Bett die Hausaufgeben gemacht. Er wurde immer dünner und blasser und ein paar Mal habe ich ihn vor lauter Schmerzen schreien hören.
Er ist an Leukämie gestorben, im Alter von 18 Jahren, in unserem Haus. Ein harter Schlag für alle in unserer Familie..

Papa und Mama

Wir haben in einem Reihenhaus aus Backsteinen gewohnt. Es waren 12 Häuser, die ein „T" gebildet haben. Alles war wegen der Sicherheit umzäunt und in dem ganzen Viertel waren viele gleiche „T-s". Das Haus haben meine Eltern gekauft, als ich geboren wurde. In jenen Tagen wussten sie nicht, wie sie das Haus abbezahlen sollten. Sie waren jung, aber sie haben sich getraut, den Schritt zu machen und wir sind alle sehr froh, denn in diesem Haus sind wir ganz glücklich groß geworden; wir hatten viel Platz und man konnte auf den Straßen mit vielen Kindern stundenlang spielen.
Das Haus lag außerhalb der Stadt, sodass man einen Bus für die Vorstadt nehmen musste, wenn man zu uns wollte; heute hat die ungeheure Stadt das Viertel geschluckt und liegt mitten im Verkehr und in der Stadt selber.
Einen besseren Papa und eine bessere Mama hätte ich nicht haben können. Sie waren und sind immer sehr präsent. Es gibt einen Geruch an meinen Händen, der mich sehr an meinen Papa erinnert. Wenn ich mich unsicher in der Schule fühlte, dann habe ich an meinen Händen gerochen, und da kam der Geruch vom Papa, der immer so lieb und präsent ist. Während der Schule hat immer mein Vater das Frühstück gemacht, immer nach Wahl. Als allererstes hat er uns alle beim Aufstehen gefragt, was wir haben wollten und so musste er oftmals frische Schokolade (reines Kakaogetränk), Kaffee und Tee, frisch gepressten Orangensaft, Eier nach Geschmack —bei Eiern sind komischerweise alle Menschen pedantisch, mal muss es sehr hart sein, mal soll lieber das Eigelb weich, aber der Rand knusprig sein, mal, wenn es Rühreier sind, lieber trocken, oder das Ei soll nicht länger als 5 Minuten in der Schale kochen! -, Mittagessen hatten wir in der Schule und meine Eltern auf der Arbeit; das Abendessen war unterschiedlich. Wir waren nicht immer alle gleichzeitig zu Hause und jeder hat sich aus dem Topf serviert. Da hatten wir keine Rituale oder Ordnung. Papa hat uns morgens das Frühstück gemacht und so haben wir den ganzen Tag nach ihm gerochen. Es passiert mir immer noch, dass ich an meinen Händen seinen Geruch entdecke!

Am Wochenende haben wir zusammen gegessen. Die Mahlzeiten spielten für uns keine Hauptrolle. Wir waren mehr für ein interessantes Gespräch, für Anekdoten, oder für Freude und Freunde. Deswegen finde ich es immer noch schwer zu verstehen, warum einige Leute sich das Leben so schwer machen und in Kleinigkeiten Probleme suchen, oder ihre ganze Energie nur auf das Essen konzentrieren.

Meine Eltern waren politisch sehr engagiert, beide in Richtung Demokratischer Sozialismus, in einem eher rechts geprägten Land. Es war und es ist immer noch sehr gefährlich, solche politischen Ideale zu haben. Sie waren Revolutionäre und wollten die Welt verändern. Damals waren die 70er, die studentische Bewegung, und hat Furore weltweit gemacht. Erst vor ein paar Monaten habe ich erfahren, dass sie sich überlegt haben, in die Guerilla einzusteigen, bis sie analysiert haben, dass die Gewalt nicht die Lösung sei. Sie haben Schulungen von kommunistischen Büchern auf dem Land organisiert und hatten Decknamen bei ihren gefährlichen Projekten; meine Mutter wurde „Genossin Anita" und mein Vater, „Genosse Mariano" genannt. Die Sorgen für die Anderen und für Gerechtigkeit sind immer noch bei ihnen verblieben und sie haben uns beigebracht, respektvoll miteinander umzugehen, auch die Unterschiede der Religion, Rasse, Glauben oder Sozialstatus zu akzeptieren und zu tolerieren. In einem Land, wo das alles nicht selbstverständlich ist, behaupte ich, nachdem ich vieles von der Welt gesehen habe, dass Kolumbien eins der Länder ist, wo am meisten Rassismus herrscht und wo man wegen sozialer Schicht, Herkunft oder Glauben diskriminiert wird. Sie sind nachdenklich und kritisch der Welt gegenüber, und sie haben uns beigebracht für alles zu kämpfen, was man erreichen möchte. Sie sind immer noch sozial, für die Umwelt und politisch engagiert. Sie wissen, dass alles was sie machen, eine Wirkung hat und deswegen versuchen sie friedliche und interessante Lösungen für ihre Mitarbeiter und Taten zu finden.

Viele ihrer Freunde, die sich für eine Art Kampf oder Guerilla interessiert haben, starben im Kampf oder wurden inhaftiert. Von meinen Kommilitonen hat man immer die schrecklichsten Geschichten über die Eltern gehört: Einer wurde in der Badewanne ermordet, Andere kannten ihre Eltern nur vom Fernsehen, wieder Andere hatten Angst und mussten aus dem Land fliehen. Sogar mein Vater war ein paar Tage verhaftet, und man konnte ihn nicht finden, weil er die erste Demonstration, und bis heute die einzige, in einer Privatuni organisiert hatte, ausgerechnet an einer Jesuiten-Universität. Er hatte einen Sarg organisiert und damit sollte er die Tyrannei der Kirche begraben, hatte aber die Armut, die Ungerechtigkeit und die Ungleichheit im Land denunziert. Das war Tat genug, um ins Gefängnis zu

wandern und musste von Freunden und von meiner Mutter tagelang gesucht werden. Man konnte ihn nicht finden, in einem Land, wo politische Gegner verschwunden waren.
Papa und Mama führten zu Hause Diskussionen mit Freunden; viele haben sich bei uns oder mit der Hilfe meiner Eltern versteckt. Ab und zu kamen Militärtruppen und haben das Haus durchsucht, aber zum Glück haben sie niemals etwas gefunden.
Jahre später haben beide an der Universität gearbeitet und mein Papa zog den Anwalt-Anzug an. Meine Mutter ging gerne arbeiten. Sie hat das geliebt und deshalb bewundere ich sie immer noch, weil sie unheimlich intelligent ist. Sie hat viele Bücher geschrieben und Preise gewonnen. Einst war ich sehr stolz, weil eins ihrer Bücher in unserer Schule gelesen werden musste und ich habe sie gefragt, warum sie so intelligent sei und ich nicht: „Wie kann es sein, dass ich das nicht geerbt habe?" Sie hat auf gute Weise geantwortet: „Das wird nicht vererbt, sondern täglich erarbeitet …"
Ich habe immer von ihnen gelernt, dass man die Sachen nicht geschenkt bekommt, man muss etwas machen, um diese Ziele zu erreichen.
Wir hatten immer eine Haushaltshilfe, wie es für die Mittelschicht in Kolumbien auch üblich ist. Also, Mama musste sich nicht darum kümmern, ob die Dusche sauber, die Kinder geduscht oder der Kühlschrank organisiert war. Einiges vermisse ich, obwohl ich mich überall und in jedem Land anpasse, aber eine Sache von Zuhause vermisse ich: die Haushaltshilfe! Dort war ein Gärtner und ein Wächter für das ganze Kondominium, und einmal hat mein Papa —gottlob nur für eine kurze Zeit— sogar einen Fahrer engagiert, der öfters falsch gegen die Fahrtrichtung in großen Einbahnstraßen gefahren ist, und tagsüber bei Rot über die Ampel fuhr. Trotzdem konnten wir alle drei zu unserem Musik-, Sport- und Kunstunterricht gehen, ohne meine Eltern von der Arbeit abzulenken. Es ist nicht üblich, dass man alles allein macht. Für die Hausaufgaben gab es Nachhilfe, wenn wir das brauchten. Wir mussten trotzdem alle „helfen" und meine Eltern haben die Aufgaben verteilt: Jeder war für einen Bereich zu Hause zuständig. Man musste jemanden anrufen, oder selber die Sachen reparieren: Leyla war für Fenster und Türen zuständig, Amalia für alles, was mit Wasser zu tun hatte, und ich für die elektrischen Geräte. Wir mussten am Wochenende unsere Zimmer aufräumen und dabei helfen, das Haus zu putzen. Ich habe gerne staubgesaugt oder Geschirr gespült; für die letzte Aufgabe habe ich immer sehr lange gebraucht und lange mit Wasser gespielt. Jedoch, als ich zum ersten Mal alleine gewohnt habe, wusste ich nicht, wie man eine Waschmaschine anmacht; und ich habe für meine Gasteltern in Berlin, während meines Austauschjahres, Kopfsalat gekocht.

Sie rissen die Augen sooooo weit auf, dass ich sagen musste, dass das ein typisches Gericht Kolumbiens sei.
Meine Eltern haben einen Bauernhof und sie fuhren, ungern zwar, aber immer am Wochenende dahin: Bananen, Papaya, Avocado, Obst und Gemüse, das wir in der Nachbarschaft verkaufen sollten; das war dann unser Taschengeld. Gerne hatte ich das Geld, aber nicht den Aufwand. Jetzt bin ich froh, dass ich das gelernt habe. Sie haben uns beigebracht, praktisch und effektiv im Leben zurechtzukommen. Meine Sicherheit, meine Bestimmung, meine Lebenslust und mein Mangel an Angst kommen von der Erziehung.
Viele ihrer Kolleginnen hatten auch Kinder, und wenn sie gemeinsam gearbeitet und diskutiert haben, haben wir Kinder gemacht was wir wollten. Was für goldene Zeiten! Sie waren immer so konzentriert, dass sie nichts von unserem Strapazieren bemerkt haben. So haben wir auch unser sexuelles Leben in aller Ruhe entdeckt. Es wird erzählt, dass die Jungs von einer Kollegin meiner Mutter ganz aufgeregt petzten, weil wir ihnen gesagt haben: „OK, wir zeigen euch, wie wir aussehen, und ihr zeigt uns, wie ihr ausseht!“ Sie waren beide hübsch, dennoch traditioneller als wir und sie sagten ihrer Mama irgendwann: „Wir haben Angst zu den Gutierrez Mädchen zu gehen. Sie sind sehr erregend.“
Ich habe von meinem Papa gelernt, unglaubliche Geschichten zu erzählen und sie glaubwürdig zu machen, um die Leute zu veräppeln. Er hatte mir erzählt, dass er als kleines Kind sehr blond war, soooo blond, dass ihn einmal eine Frau auf dem Spielplatz mit einer Kokosnuss verwechselt hätte und ihn mit nach Hause nahm. Sie wollte ihn aufmachen und essen … Ich habe viele Jahre nachgedacht, wie frau auf die Idee kam, meinen Vater mit einer Kokosnuss zu verwechseln. „Wie? Hat sie nicht seine Beine gesehen? Hat sie denn nicht seine Augen erkannt? Warum hat mein Papa nicht geschrien?“ Erst, als ich viel älter war, habe ich wieder an die Geschichte gedacht und dann ist mir aufgefallen, dass mein Papa echt wie eine Kokosnuss aussah!
Meine Eltern haben gerne am Wochenende zusammen gekocht und das hat immer gut geschmeckt. Meine Mama sollte lieber nicht alleine kochen, das ging sehr oft daneben, aber zusammen hatten sie mein Lieblingsgericht gekocht; „Cazuela de Mariscos“ ein Fisch- und Meeresfruchteintopf. Sie haben immer gerne moderne Küche ausprobiert, das machen sie immer noch. Sie waren sehr modern für weltliche Verhältnisse, viele meiner Freunde waren gerne bei uns und haben bei uns gegessen. Es war immer ausreichend und leckeres Essen auf dem Tisch. Sie machen das immer

noch, und obwohl die Themen sich selten um das Essen drehen, weil es viel anderes Interessantes gibt, ist der Esstisch ein Treffpunkt.
Meine Schwestern und ich liebten ein Gericht, dass unsere Nanny uns zubereitete; klein in Würfel geschnittene Kochbanane, mit klein geschnittenen frittierten Kartoffeln, Popcorn und Wurst auch klein geschnitten. Nie konnten wir genug davon haben. Nanny fing an zu frittieren und gleich verschwanden die Stücke. Patacón (frittierte Kochbanane) ist auch ein Highlight, darauf kommen verschiedene Soßen, Fleisch oder Käse und Gemüse. Meine Tochter liebt das auch, als ob man mit den Genen auch den Geschmack weitergibt. Die typischen Eintöpfe und Suppen, sowie Bohnen, Linsen und andere Leckereien haben wir gut gegessen, obgleich unsere Nanny, die uns großgezogen hat und auch meine Neffen großzieht, nicht besonders gut kochen konnte. Meine Mutter hat versucht sie zu überreden, einen Kochkurs zu machen, aber sie wollte nicht. Sie war für uns wie eine zweite Mutter und am Anfang hat sie bei uns gelebt, bis sie ihre eigene Wohnung mit gebaut hat. Bei uns gab es immer Unmengen tropisches Obst: Papaya, Bananen, Avocado, Guava, Maracuja, Orangen, Limetten, Pitahaya, Granadilla, etc. Alles was bei uns wächst, wurde zu Hause gegessen, ebenso hat man jeden Tag frische Säfte davon gemacht, zumal die Mahlzeiten nicht mit Alkohol begleitet werden, sondern mit frischen Natursäften. Man konnte jeden Tag einen anderen Saft probieren und einen Monat lang etwas Neues an Obst auf dem Tisch haben.
Meine Eltern sind sehr offen, wie ich das schon erwähnt habe, und führen eine moderne offene Ehe. Das würde bei Verwandten und Freunden zu Skandalen führen, aber sie gehören zu den wenigen, die sich gut verstehen und die noch ganz zufrieden und ineinander verliebt zusammenhalten. Sie haben mir beigebracht, dass Loyalität wichtiger als Monogamie ist, und dass die Treue mit Loyalität verbunden sein sollte. Bei ihnen klappt es sehr gut und ich bin eine Anhängerin dieses Themas. Also, man kann „fremdgehen“, ohne untreu zu sein. Das kennen wir alle irgendwie, dass man eine Affäre außerhalb der Beziehung hat, aber die Schuldgefühle überfallen einen und das schlechte Gewissen lässt uns nicht in Ruhe und alles wird komplizierter, obwohl wir wissen, dass wir unseren Partner lieben und das Andere nur sexuelle Anziehung war, oder, wie meine Mutter sagt, das Universum und die Welt sind so vielfältig, dass es nicht sein kann, dass wir Menschen erwarten, dass nur ein Mensch uns erfüllen kann, auch wenn wir mit uns selber zufrieden sind. Also, man kann akzeptieren, dass wir menschlich sind und Schwäche und Anziehung zu anderen Menschen fühlen, ohne dass die Liebe zu unserem gegenwärtigen Partner leidet, oder ihm schadet.

Manchmal kann man zwar untreu sein, ohne fremdzugehen, indem man sich wünscht, mit jemand anderem zusammen zu sein, und der Kopf lässt uns nicht frei und dann, wenn wir mit unserem Partner zusammen sind, stellen wir uns vor, das wäre jemand anderes. Das bringt mehr Frustration und weniger Harmonie mit dem Partner und mit sich selbst.
Ich habe einmal von einem Lehrer eine Zen-Legende gehört, die das am besten erklärt: Zitat: „Zwei Mönche waren unterwegs auf der Wanderschaft. Eines Tages gelangten sie ans Ufer eines Flusses, dessen Ufer durch eine Regenperiode aufgeweicht waren. Dort stand eine junge Frau in schönen, teuren Kleidern. Offenbar war sie im Begriff, den Fluss zu überqueren. Da das Wasser sehr tief war, hätte sie ihn nicht durchwaten können, ohne dabei ihre Kleider zu schädigen. Ohne zu zögern ging der ältere Mönch auf die Frau zu, hob sie auf seine Schultern und watete mit ihr durch das Wasser. Auf dem gegenüberliegenden Flussufer setzte er sie trockenen Fußes ab. Nachdem der jüngere Mönch ebenfalls den Fluss überquert hatte, setzten die beiden ihre Wanderung fort.
Eine Stunde später fing der Jüngere an, seinen älteren Kameraden zu kritisieren: Bist du dir im Klaren, dass du nicht korrekt gehandelt hast, denn wie du weißt, ist es untersagt, näheren Kontakt mit Frauen zu haben oder mit ihnen zu sprechen. Und du hast sie sogar berührt. Wieso hast du gegen diese Regel verstoßen? Der Mönch, der die Frau über den Fluss getragen hatte, hörte sich die Vorwürfe des Anderen mit Bedacht an. Dann antwortete er ruhig: Ich habe die Frau vor einer Stunde am Fluss abgesetzt. Wie erklärst du dir, dass du sie noch immer mit dir herumträgst?“[1]
Mythen zu brechen ist meine Sache. Ich kann nur sagen, dass ich das ausprobiert habe und bestätigen kann, dass es sehr gesund ist, frei zu leben. Für mich sind die Menschen von Natur aus nicht monogam. Wenn sie das wären, wie erklärt man denn, dass die große Mehrheit fremdgeht? Der Unterschied ist, ob man das ehrlich und loyal macht, oder ob man den Anderen anlügt. Ich bleibe dabei, ehrlich zu sein, denn was richtig schadet oder verletzt, ist der Betrug. Man kann verzeihen, dass jemand einen Ausrutscher —wie man sagt— hatte, aber dass er oder sie uns angelogen hat, kann man nicht vergessen und die Wunde bleibt tief in der Seele.
Ja, ich habe auch meine Eltern nackt gesehen und gelegentlich passiert das immer noch. Ich fand es unglaublich, als meine Freundinnen oder Bekannten erzählt haben, dass sie ihre Eltern nie nackt gesehen hatten … Bei uns ist das Normalität, ich bin für FKK, ich verstecke weder meinen Körper, noch schäme ich mich dafür.

[1] http://de.spiritualwiki.org/Wiki/ZenGeschichten

Ab und zu haben sie sich gestritten, zuweilen ganz schlimm. Einmal hat sogar meine Mutter geweint, es war das einzige Mal, dass ich sie weinen gesehen habe.
Sie stritten wegen verschiedenen Sachen, normalerweise Alltagskram. Ein Mal haben sie im Auto heftig diskutiert, ich erinnere mich nicht mehr, worum die Auseinandersetzung ging. Meine Mama ist plötzlich voller Wut aus dem Auto ausgestiegen, mitten auf der Autobahn, und hat uns alle im Auto gelassen. Mein Papa musste sie rufen, aber sie ist zu Fuß gegangen und er musste schnell ans Steuer. Sie kam später nach Hause und jeder wollte die eigene Version des Streits erklären ... danach war Ruhe.
Sie wollten sich auch ein Mal trennen. Zum Glück ist es nicht gelungen. Ich habe am meisten aktiven Widerstand geleistet und einen Komplott mit meinen Schwestern organisiert; wenn sie darüber sprechen wollten, fingen wir alle drei an, untröstlich zu weinen. Ich vermute, sie wollten sich trennen, weil sie so modern, wie ihre anderen Freunde seien wollten. Alle trennten sich, es war die erste Generation, die sich so was erlauben konnte und in der Mitte einer Krise wollten sie moderne Entscheidungen treffen.

Die stärkste Charaktereigenschaft meiner Mutter ist Intelligenz, aber auch Sturheit und vom Vater Arbeitsamkeit und Bestimmung. Beide sind großzügig, modern und liebevoll.
Ich bewundere an meiner Mutter, dass sie so sehr gegen alles kämpft, was etabliert und akzeptiert ist, aber nicht unbedingt das Beste für alle. Sie bricht viele Gewohnheiten und Traditionen. Ich kritisiere sie sehr oft, weil sie so verpeilt ist und schlecht Scherze versteht. Wir haben jetzt öfter Streit als früher, weil sie mich kritisiert und ich immer hartnäckiger und verletzend antworte. Ich rede zu offen für ihren Geschmack und kritisiere sie. Ich finde, sie spricht sehr oft in einem unangenehmen Ton.
Sie ist auch sehr unaufmerksam im Alltag, sodass sie einmal eine Schlange Autos hinter sich hatte und fast verzweifelt den Parkschein suchte, irgendwann, nachdem sie sich mit allen Fahrern gestritten hatte, hat sie bemerkt, dass sie eigentlich einfahren wollte und gar keinen Parkschein bräuchte. Solche Sachen kommen immer öfter. Als ich klein war und sie rufen wollte, habe ich immer gerufen: „Tochter an Mars: Ist jemand da?“ Man musste auf Wolke 7 anrufen und irgendwann kam ein Lächeln zurück mit dem Satz: „Hör auf, mich in meinen Träumen zu stören.“
Meine Mama versteht keine Witze, die müssen immer ganz genau erklärt werden, nachdem man sie erzählt hat. Dann muss man sie hinterher scherzend fragen: „Mama, hast du den verstanden?“, und sie meint immer

ironisch: „Hahahaha, natürlich … sehr gut“, aber man merkt, dass sie ihn nicht verstanden hat.
Mein Vater ist im Gegenteil sehr lustig. Er ist humorvoll und immer gut für einen Scherz, und obwohl er als Kind weniger Zuneigung hatte, war er mehr kontaktfreudig und schmeichelnd als sie.
Er musste sich immer durchkämpfen und er ist sehr ehrlich und ehrbar, so wie meine Mutter auch. Beide haben eine sehr hohe ethische Einstellung und machen alles sehr transparent und sie würden nie ihre Ideen oder Glauben in Taten verraten.

Meine Eltern 1970. Frisch verliebt.

Mein Vater hatte (früher stärker) instabile Stimmungslagen, gelegentlich war er ganz lieb und plötzlich explodierte er neurotisch. Das fand ich peinlich, vor allem, weil er sehr groß war und eine kräftige Stimme hatte. Alle unsere männlichen Freunde haben immer voller Angst den Hörer

aufgelegt, wenn mein Vater abnahm. Seine Stimme machte Angst, er war sehr imposant.
Unsere Eltern haben uns nicht wegen schlechter Noten bestraft oder wenn eine in der Schule zurückblieb. Sie fanden, dass das Aufgrund Mängel in einigen Fächern war, und dann wäre es besser sie zu wiederholen.
Wir wurden zum Glück nie geschlagen. Das kam überhaupt nicht in Frage, und sowie sie das von anderen Eltern gehört haben, haben sie sie als primitiv bezeichnet. Meine Mutter meinte, dass man sehr verzweifelt sein muss, um ein Kind zu schlagen, und dass das nur passiert, weil sie keine besseren Mittel hatten, um ihnen etwas Besseres beizubringen. Jedenfalls bin ich sehr froh, dass sie solche Methoden nicht angewendet haben. Mir haben meine Freunde, die von den Eltern geschlagen wurden, sehr leidgetan. Mit körperlichem Schmerz lernt man nicht, was die Seele noch nicht begriffen hat. Nichts Besseres als eine oder mehrere Erklärungen und Erfahrung, um die Sachen innerlich zu akzeptieren. Körperliche Strafe bringt Verbitterung, aber keine Erklärung.

Die Geburt von Leyla

Für mich bedeutete die Geburt meiner Schwester Leyla einen Totschlag. Sie hieß nicht Leyla, aber sie wollte jahrelang als kleines Kind diesen Namen haben und sie wollte auch Friseurin werden. Sie hat weder den Job gelernt, noch ihren Namen geändert. Als Erinnerung an diesen Namen werde ich sie hier weiterhin Leyla nennen.
Ich wurde sehr eifersüchtig und ich habe sie immer dafür bestraft, bis ich endgültig aus dem Haus ausgezogen bin, als ich 21 Jahre alt war.
Das Grausamste in mir kam im Umgang mit meiner Schwester zum Vorschein. Ich hatte sie verprügelt, an den Haaren gezogen, beleidigt und wenn wir in Deutschland geboren wären, dann hätte ich schon eine Anzeige wegen seelischer Grausamkeit und Körperverletzung, sonst habe ich nie in meinem Leben jemanden verprügelt.
Ich fand sie lästig, nervig und unmöglich. Heutzutage muss ich zugeben, dass ich kein schlechtes Gewissen mehr habe. Ich hatte das viele Jahre, aber jetzt muss ich nur an das Kind denken, das ich war und ich hatte bestimmt das Klischee-Problem gehabt: Ich habe mich vertrieben gefühlt. Ich musste Jahre später meine Schwester zu Partys mitschleppen und das fand ich lästig.
So grausam, gewalttätig und voller Hass war ich nie in meinem Leben. Wenn ich nur daran denke, dann werde ich traurig und deswegen versuche

ich, ihr voller Liebe entgegenzukommen; ich bemühe mich, einiges wieder gutzumachen, auch wenn das Kaputte etliche Male nicht mehr reparabel ist.
Meine Schwester war, im Gegensatz zu mir, ein Sonnenschein; sie war das hübsche Mädchen, das lustige, intelligente, aktive und süße Mädchen, das keiner vergessen würde. Heutzutage würde sie bestimmt als ADS-Erkrankte bezeichnet. Sie hat immer alles, was gut funktionierte, kaputt gemacht, auch mein damaliges Leben. Sie hat immer die unberechenbarsten Sachen angestellt.
Einmal waren wir im Urlaub und wir sind kaum durch die Tür der Villa reingekommen - „wuuusch!" ist sie in den Pool gesprungen; sie war erst 2 Jahre alt, konnte noch nicht schwimmen und keiner war in ihrer Nähe. Zufällig hat jemand das Planschen vom Wasser gehört und hat nur aus Neugier geschaut und da war sie, da hat sie wie ein Hund gepaddelt und wäre fast ertrunken, bis irgendjemand, angezogen, ins Wasser sprang, um sie zu retten. Nach nur einem Jahr konnte sie wie eine Kaulquappe schwimmen und die Leute hatten immer die Nettigkeit gehabt, uns zu vergleichen, und da hatte ich nur zu verlieren.
Sie hatte, zu meiner Freude, meine Anweisungen befolgt. Meine Schwester Leyla war gut, um verrückte Sachen anzustellen, weil sie, egal wie irrsinnig die Anweisungen waren, das getan hatte, was sie toll fand. Sie hatte nicht dieses Gewissen, was gut oder böse war, sie tat nur alles nach Gefühl und für mich war dann immer die beste Gelegenheit, Ideen umzusetzen, ohne ausgeschimpft zu werden. Es ist auch passiert, dass die Erwachsenen einige Sachen ganz außergewöhnlich und kreativ fanden; dafür wurde sie natürlich belohnt und ich war innerlich beleidigt, weil ich eigentlich die Idee gehabt hatte.
Nichtsdestotrotz habe ich mich hinter ihren Rücken versteckt, um Streiche zu spielen. Natürlich ließ ich meinen Frust an ihr aus und mehrere Male habe ich sie gequält. Eines Tages zum Beispiel haben wir Friseursalon gespielt und ich war die Friseurin - ihr ganzes langes blondes Haar fiel auf den Boden, als ich es Stück für Stück abschnitt. Sie war stolz und froh, dass sie meine Kundin war, aber meine Eltern haben das als höchstes Eifersuchtssignal angesehen.
Ein anderes Mal habe ich vorgeschlagen, beim Onkel Augusto den Eingang mit Wasserfarben zu bemalen. Davor muss ich sagen, dass der Onkel Augusto ein depressiver, ernster Onkel war, nach meiner Ansicht als Kind, zumindest, und sein Haus wie ein Tempel geehrt wurde; alles extrem sauber und organisiert, immer dunkel, ruhig und mir fehlte immer die Fröhlichkeit. Er bekam besonderes Essen und das durften wir auf keinen

Fall anfassen oder uns etwas von seinen Diät-Lebensmitteln wünschen; wenn er zu Hause war, herrschte die totale Ruhe, da er das verlangt hatte … und in diesem Tempel habe ich meine Cousine (seine Tochter) und meine Schwester beauftragt, den Eingang bunt zu bemalen. Sie durften kreativ sein, sie sollten ihre Inspiration fließen lassen und sie sollten wirklich malen, wie und wo sie wollten …
Meine Oma hatte damals bei ihnen gewohnt, und hatte ihn verehrt und deswegen aufgepasst, dass alles ordnungsgemäß wäre, und ich erinnere mich an ihr Gesicht, als sie aus der Tür kam und die Kunstwerke sah – „Oh du lieber Gott! Er kommt gleich nach Hause!" –. Ich frage mich, was er gesagt hätte, wenn er die Kunst ihrer ungeliebten Nichten gesehen hätte. Ich finde es immer noch schade, dass er unsere Arbeit nicht bewundern konnte. –"Sofort, schnell sauber machen!" Ich erinnere mich nicht, dass ich mit geputzt hätte, eher erinnere ich mich an meine Oma auf den Knien mit Schwamm und Eimer. Als mein Onkel kam, erst eine Stunde später, war das Haus wieder in seinem normalen Zustand, alles glänzte und die Ruhe kehrte ein, um für ein paar Jahre dort zu bleiben.
Meine Schwester hat immer Streiche gemacht. Sie machte alles kaputt und brachte ein paar Mal (und das schafft sie heute immer noch) meine Mama zum Weinen. Als eine unserer Tanten ihr gesagt hatte: „Leyla, du hast meinen Fernseher kaputt gemacht", hat sie geantwortet: „Ja, ich kann auch Bügeleisen, Radios, Haarföns, Lampen, Gardinen kaputt machen". Oft waren meine Eltern beleidigt, weil sie ohne Leyla eingeladen wurden.
Ein anderes Mal lagen wir beide mit Mumps im Bett und waren im Zimmer eingeschlossen, dann hatten wir die grandiose Idee, durch das Fenster aus dem Haus zu gehen und einmal im Garten eine Tanzparty mit dem ganzen Waschmittel zu organisieren. Der Garten sah aus wie ein Schaumberg und wir tanzten und sangen mit Regenschirmen, nackt mit den Mumpspickeln und mit Gummistiefeln. An dem Tag hat meine Mutter geweint. Ich habe sie in meinem Leben nur zwei Mal weinen sehen.
Sehr oft habe ich Radionovelas organisiert, da kamen Kinder aus der Nachbarschaft und wir haben Geschichten mit einem alten Gerät auf Kassetten aufgenommen. Wir haben gespielt und Geräusche gemacht (so wie Tür auf, Treppen runter, mit dem Stock laufen) und jeder hatte eine Rolle.
Ich habe sie alle angefeuert, Schimpfwörter zu sagen, die sonst verboten waren. Meine Rolle war sehr oft eine alte verbitterte Dame, die sehr viel geschimpft hatte. Alle haben Tränen gelacht. Ein paar Mal haben wir auch Furz-Wettwerbe organisiert -. Wie müssten am offenen Fenster unser Bestes geben, drücken, Augen zu, versuchen es am besten zu machen …

und oh Wunder! Ich habe gewonnen. Es war so schlimm, dass einige unserer Freunde von dem Gestank weinen mussten. Ich würde immer noch in dem Bereich gewinnen. Mit unseren besten Freundinnen haben wir immer dumme Sachen angestellt. Wir hatten einen schlechten Ruf. Irgendwann sind wir sogar verschwunden und haben uns bei meiner Oma versteckt, weil wir andere Eltern wollten. Sie haben uns lange gesucht, das Haus war weit entfernt und wir mussten ein paar große Straßen, mit dem Verkehr von Bogotá, überqueren, um dahin zu kommen, trotzdem gelang es uns, das Haus vom Onkel Augusto zu erreichen, um auf dem Dachpuppenzimmer zu spielen, bis meine Oma meine Mutter angerufen und sie informiert hat, dass wir bei ihr waren.
Es ist nicht verwunderlich, dass wir in diesem Haus nicht sehr willkommen waren, genauso in anderen Häusern von Bekannten und Verwandten. Wir waren die wilden Mädchen von nebenan, aber in der Familie war das selbstverständlich, da wir die Kinder unserer Eltern waren. –"Wie sonst? Mit solchen Eltern!" Ich glaube, wir sind immer noch freier als die anderen, und das gefällt mir.
Vor kurzem hat eine Cousine erwähnt (obgleich wir uns kaum gesehen haben, weil sie in einer anderen Stadt, Medellín, gelebt hatte), dass sie ihre glücklichsten Momente ihrer Kindheit mit uns verbracht hatte. Mit „uns" meinte sie, mit meiner Schwester und mit mir. Da durfte sie lachen und träumen. Bei ihr zu Hause war die Stimmung wie auf dem Friedhof und ist immer noch so. Deswegen hat man, als ihr Vater gestorben ist, keine Veränderung in der Stimmung dieses Hauses bemerkt.
Diese Art von Mädchen sollten immer die braven Mädchen sein, die nie etwas Böses anstellten, zurückhaltend, nett zum Besuch, mit ausgezeichneten Noten in der Schule. Sie waren auch gut angesehen; am besten war es, wenn sie auch im Kinderchor gesungen haben.
Viele unserer Cousinen und Freundinnen gingen zu katholischen Nonnenmädchenschulen, und so wurden sie auch von Nonnen und Priestern erzogen; und somit hat man nie über Geschlechtsverkehr gesprochen, Sex war tabu, und so kam es dann, dass viele Mädchen im Alter von 15 bis 19 schwanger wurden; sie mussten dann von der Familie versteckt werden und flogen von der Schule.
Das bedeutet in so einer bestimmten Gesellschaftsstruktur eine Schande. Man erwartet so was von Familien, die keinen privilegierten Platz in der Pyramide der Gesellschaft haben, aber je höher die Stufe in der Sozialpyramide, desto schlimmer die Auswirkung. Eine Schwangerschaftsunterbrechung kommt in so einem katholischen Land moralisch nicht in Frage, aber viele machen es trotzdem.

Vor einiger Zeit habe ich einen Mann kennengelernt. Er wurde durch eine Vergewaltigung gezeugt und er bestreitet, im Lebensinhalt misshandelt worden zu sein.
Seine Mutter hatte ihm nichts anzubieten, auch wenig Aufmerksamkeit hätte er bekommen. Weil er intellektuell neugierig war, war es für ihn eine Strafe, mit einer Mutter aufzuwachsen, die ihm nur das Recht gegeben hatte, da zu sein, aber nicht richtig zu leben. Er klagte, er war unerwünscht, aber jetzt, wo er schon da war, wollte er leben, und meinte, dass er auch andere Bedürfnisse hatte außer den Grundbedürfnissen. Er meinte, sein Leben oder Abtreibung wäre ähnlich gewesen.
Ich hatte immer Schwierigkeiten, mit Leyla zurechtzukommen. Ich erkenne und kann mich sehr gut an dieses Gefühl erinnern, wie ich sie gehasst habe. Sie hat irgendwie immer alle meine Pläne durchkreuzt und man konnte nicht richtig mit ihr spielen, sie war jünger und verrückt … sie hat ihre Puppen in ihre Handtaschen reingetan, anstatt in den Kinderwagen, sie hat mit den Spielzeugen geschimpft und Schimpfwörter ausgesprochen, sie war sehr frei, glücklich und lustig. Heutzutage ist sie meine größte Alliierte und eine exzellente Freundin.
Ich wurde bestraft, weil ich meine Schwester Leyla immer unterdrückt und geschlagen habe. Ich war keine gute Schwester. Ich habe mich nie mit meinen Gefühlen zu ihr zurechtgefunden. Ich wurde auch bestraft, weil ich unehrlich Leuten gegenüber war. Einmal, als ich 17 war, wollte ich mit einem Jungen ausgehen, war aber eigentlich mit einem anderen verabredet, und da habe ich ihm ganz locker gesagt, dass ich krank war und leider das Date absagen musste. Ich habe das als ein lustiges Ereignis meiner Mutter erzählt und sie meinte, das wäre nicht ehrlich, und so schnell und locker, wie ich das erzählt habe, habe ich Ausgehverbot bekommen. Ich habe mich sehr geärgert. Genau in dem Moment kam der unglückliche Mann, den ich versetzt hatte, mit einem Blumenstrauß für das arme Mädchen, das so krank war … Was für eine Überraschung, als er mich schick angezogen sah, richtig ausgehbereit.
Amalia kam später zu unserer Familie und sie war meine erste große Liebe. Ich habe sie sehr verwöhnt und ich habe auf sie aufgepasst und mit ihr gekuschelt. Ich war ganz hin und weg von ihr.
Heutzutage ist es nicht mehr so. Jedenfalls waren wir drei immer sehr süß für die Anderen und sehr blond für Kolumbien und von der Schule sind wir immer gerne in einer nach Größe geordneten Reihe marschiert oder haben uns gleich angezogen.
Ja, so ist das mit der Schwesternliebe.

Meine Schwestern und ich (von links) Amalia, ich und Leyla

Weihnachten

Weihnachten wird bei uns immer groß gefeiert. Wie ich schon vorher erzählt habe, ist unsere Familie groß und daher kommen immer ganz viele Verwandte zusammen, wenn wir Weihnachten feiern. Im Jahr 2010, zum Beispiel, waren nicht alle anwesend, also der Abend und die Nacht wurde unter 58 Leuten gefeiert und da kamen, wie immer jedes Jahr, alle Generationen zusammen. Einstmals mussten wir ein Hotel mieten, weil wir in keinem Haus mehr gemütlich reinpassten. Das macht immer noch Spaß! Da musst du laut sein, damit sie überhaupt mitkriegen, dass es Zeit ist, zu Tisch zu kommen, oder man muss so sehr schreien, um zu bitten leiser zu sein.
Geschenke? Ja, aber unsere Eltern haben uns nichts über das Christkind oder den Nikolaus erzählt, denn sie meinten, sie hätten sehr hart dafür gearbeitet, und es wäre ihrer Arbeit zu verdanken und nicht Gott. Sie waren immer sehr großzügig und wir mussten viele Kinder in unserer

Umgebung enttäuschen und ihnen erzählen, dass das Christkind Quatsch war.
Eine Cousine meiner Mutter ist Yogalehrerin und eine andere eine Journalistin, die sehr kritisch ist. Also hat meine Mutter gesagt, sie würde gerne anders feiern. Meine Mutter und einige ihrer Cousinen sind ein bisschen anders als der Rest der Familie, das heißt, sie mussten sich durchkämpfen in einer Generation, in der die Frauen erstmals zu Wort kamen und studieren durften. Meine Mutter, als die Revolutionärin der Familie, die einen eher armen Kommunisten geheiratet hat, in einem Land, wo die linken Neigungen sehr schlecht angesehen wurden, und es wird noch schlimmer, wenn man keinen Peso in der Tasche hat.
Wir haben sonst immer die typischen Weihnachtslieder gesungen, die Novene gebetet; laut Kathpedia[2]: „Unter Novene versteht man eine Gebetsform, bei der an neun aufeinanderfolgenden Tagen bestimmte Gebete verrichtet werden. Meist bestehen die Gebete aus einem gleichbleibenden und einem täglich wechselnden Teil." Danach haben wir gespielt, es gibt immer Spiele, z.B. wir haben uns in verschiedene Gruppen aufgeteilt und jede Gruppe hat eine Zeitung über die Familie erstellt, oder man hat eine Schnitzeljagd organisiert und mithilfe von Zetteln hat man nach einem Schatz gesucht. Das ging auf dem ganzen Dorf oder in der Stadt. Danach, um Mitternacht, wird gegessen und später die Geschenke verteilt. Wegen der großen Menge an Leuten ist es normalerweise nur erlaubt, den Kindern etwas zu schenken; einen Monat vorher werden Zettel verteilt mit den Namen der Teilnehmer und man spielt Wichteln, sodass jeder nur einer Person etwas schenkt. Danach musste der Beschenkte raten, wer ihr oder ihm das geschenkt hatte und was in dem Päckchen ist.
Viele von den Geschenken sind nicht ernst gemeint; beispielsweise hat ein Cousin Pornozeitschriften erhalten oder CDs mit kitschiger Musik, einen Gutschein für einen Tantra Kurs für die älteste Tante, die gerade 90 wurde, einen BH so groß wie eine Hängematte für die andere Tante oder die Liebestoten Unterhosen für den Onkel.
Das war der normale Ablauf jedes Jahr; irgendwann hat meine Mutter vorgeschlagen, wir sollten nicht mehr laut plappernd beten, sondern uns bei dem Leben und bei der Erde bedanken und wir sollten alle eine Performance machen. Überraschenderweise haben alle zugestimmt und sich gefreut und engagiert die Darstellung zu organisieren. Sogar die sehr katholischen Tanten, die so gut nähen können, haben bereits die Kostüme gemacht; auch die Tante, die Bücher editiert hat, hat zu ein paar Treffen

[2] Katapedia

eingeladen, um den Text zu schreiben, und der Cousin, der im Radio arbeitet, war für den Ton zuständig. Ich, weil ich eine Schauspielschule abgeschlossen hatte, sollte die Regie übernehmen, nur wir kamen nicht dazu eine Probe zu machen. Alle wurden per Mail benachrichtigt und sollten ihre Maße für die Kostüme schicken. Alle haben das Drehbuch erhalten und so sollten sie dann für den Tag den Text auswendig lernen.
Im Spiel waren Objekte von den indianischen Kulturen aus Kolumbien, Mexiko und Indien zusammen gemischt. Die Pacha Mama, die Erde, war die Mutter aller Anwesenden und jeder hatte eine Lebensform dargestellt: Eine die Mineralien, ein anderer war ein Fisch, die anderen haben die Elemente dargestellt. Es gab einen Kampf zwischen allen Lebenswesen und so wurden sie krank und die Pacha Mama und die weisen Menschen haben alle geheilt und dann haben alle zusammen in Frieden gelebt. Am Ende haben wir ein kleines Ritual gemacht und haben der Pacha Mama gedankt, für alles was wir haben.
Ein Onkel, der recht bekannt ist als Neurotiker, weil er immer kompliziert ist, musste den Frosch spielen. Frosch heißt auf Spanisch sapo und so nennt man auch die Leute, die im Gefängnis oder in der Schule petzen. Also haben wir ihn nach der Performance sapo genannt und ihn motiviert zu springen mit dem Satz: „Sapo spring mal her!“ Leider wussten wir nicht, dass der Onkel so humorlos war und als er sein Geschenk bekommen hat, haben wir alle angefangen zu quaken. Unser Onkel, immer noch mit dem Kostüm, hat Frau und Kinder mitgenommen und schimpfend die Party verlassen … Jedenfalls konnten wir nachträglich viel über den sapo lachen. Ich fand schon lustig, dass ein anderer Onkel einem 58-Jährigen (dem Sapo) dauernd erklären musste, weil er so unsicher war, dass wir uns nicht über ihn lustig gemacht haben, sondern dass wir es toll fanden, wie er die Rolle gespielt hatte: „Nein, Mensch, die Leute sind einfach begeistert, wie du das auf der Bühne gemeistert hast und wie toll du die Rolle gespielt hast!“
Nichtsdestotrotz, kurz vor Mitternacht haben die Konservativsten zum Gebet gerufen und es wurde auch fröhlich gebetet und gesungen, da auch dort die Weihnachtlieder zum Tanzen gedacht sind. Jeder nimmt ein Instrument und es wird begeistert und lustig gesungen.
Um Mittagnacht kommt das Essen. Normalerweise hat jeder etwas nach Absprache mitgebracht, oder es gibt ein Kochteam, das für das Essen zuständig ist, und jeder muss seinen Anteil bezahlen. Weil wir nicht alle gleichzeitig an den Tisch passen, wird es wie ein Buffet serviert und jeder sucht sich einen Platz, eine Stufe auf der Treppe oder eine Ecke. Natürlich wird viel gelacht und gegessen.

Es gab ja ab und zu Streit in der Familie. Ich erinnere mich einmal, als ich klein war, dass mein Papa sich mit dem Onkel Jorge gestritten hat. Meine Cousinen mussten schlafen und in dieser Zeit sollte Papa Noel (Nikolaus) die Geschenke bringen. Meine Schwester und ich mussten nicht schlafen, wir durften mitmachen, alles sehen und wach warten. Wir wussten schon immer, dass es keinen Nikolaus gibt und dass es die Eltern waren, die die Geschenke kauften. Genau deswegen hat der Streit angefangen. Mein Vater war nicht einverstanden, dass man die Kinder anlügt. Er war der Meinung, man sollte den Kindern die Wahrheit erzählen, da in unserem Land nicht alle Kinder Geschenke bekommen können, und es wäre nicht gerecht zu behaupten, dass die Kinder, die in einer armen Familie leben, immer böse waren, und deswegen nicht belohnt wurden. Mein Papa meinte, dass er und meine Mutter sehr hart arbeiten mussten, um uns solche Geschenke zu kaufen, und dass wir auch das wissen sollten, um auf die Sachen aufpassen zu lernen.
Mein Onkel hatte meiner Cousine natürlich viel zu viel gekauft und mein Papa war mit der Sache nicht einverstanden. Ich war oben und habe sie nur diskutieren gehört, nur wusste ich nicht, worum es ging. Die Stimmen wurden lauter und lauter und angeblich sind sie handgreiflich geworden. Das ist das einzige Mal, dass ich gesehen oder gehört habe, dass mein Vater jemanden verprügelt hat. Das dauerte nicht länger als 2 Minuten, weil die ganze Familie sich eingesetzt hat. Er meint heute, er wäre nicht mehr so radikal.
Ich muss auch dazu sagen: Trotz allen Wissens, dass es keinen Papa Noel gibt, war Weihnachten für mich eine bezaubernde Zeit.

Nur ein Teil der Familie meiner Mutter auf einem Familiensonntag

Die Tränen meines Vaters

Eines Tages wurde ich von dem Weinen meines Vaters wach. Er hatte so verzweifelt geheult.
Das war das einzige Mal, dass ich meinen Vater weinen sehen habe. Er hatte mit meiner Mutter gesprochen und ihr Vorwürfe gemacht. Ihre Stimme hingegen war ruhig, aber mein Vater war zerbrochen. Was in dieser Nacht passiert ist, habe ich erst viele Jahre später erfahren ... Ich weiß nur, dass ich dank meiner Sturheit die Ehe meiner Eltern gerettet habe. Obwohl meine Mutter etwas anderes gewollt hätte.
Ich habe auch meine kleinen Schwestern damit angesteckt, jeden Morgen vor der Schule, als unsere Eltern über das Thema „Scheidung um ein besseres Leben für uns alle" sprechen wollten, mit weinenden Augen, schreienden Hälsen und mit kategorischen „Nein" zu reagieren.
Das hat uns vor der Trennung unserer Eltern gerettet. Heutzutage sind die beiden sehr dankbar, weil sie sich das Leben ohne einander nicht vorstellen können. Ich hatte immer vor Augen, wie die Kinder in der Schule geweint

haben, als die Eltern sich getrennt hatten. Ich habe nur das Muster wiederholt, weil ich dachte, das gehörte dazu.
Der Vorschlag war folgender: Unsere Eltern würden uns allein in einem Haus leben lassen und sie hätten getrennt, auch jeder in ihrem Haus, gelebt. Sie würden sich um uns kümmern, aber nicht unbedingt im selben Haus. Das war für jemanden in dem Alter (14 Jahre alt) reizend. Endlich mal Freiheit! Endlich mal kann ich machen was ich will! Endlich mal kann ich lange telefonieren, ohne dass jemand mich stört! … Das Projekt war aus finanziellen Gründen schon vom Anfang an geplatzt. Ich wundere mich immer noch, warum ich nicht wie viele andere Frauen bin. Mit solchem Hintergrund ist es kein Wunder, dass Kinder für mich keine Priorität sind. An der ersten Stelle steht das Leben an sich, dann die Freiheit, die Männer, dann Hobbys, und ganz am Ende … die Kinder. Mein Wunsch nach Kindern war nie so groß, und das Leben mit Kindern in Deutschland fand ich auf einer Seite behütet, aber auf der anderen sehr begrenzend für eine Frau, die mehr Erwartungen vom Leben hat, als nur Kinder großzuziehen. Bei uns gehen fast alle Mütter arbeiten, weil sie das machen müssen, aber auch, weil die Familien größer sind, und die familiäre Unterstützung und die Versorgung der Kinder durch Aushilfe selbstverständlich ist. Man muss sich weniger drum kümmern. Entweder man hat jemanden zu Hause, der den ganzen Haushalt und Kinderbetreuung macht oder die ganze Verwandtschaft, die immer sehr hilfsbereit ist, macht mit. Dass am Wochenende noch zu Hause gearbeitet wird? Das kommt überhaupt nicht in Frage. Wir machen nicht den Garten, dafür sind Gärtner da, wir putzen nicht und die Wäsche gehört zu den Aufgaben der Werktage. Am Wochenende wird gefeiert, gelesen, ausgeschlafen und ausgeruht.
Anderseits habe ich immer meine Freundinnen, deren Eltern geschieden waren, sehr beneidet. Die Väter hatten normalerweise jüngere Frauen geheiratet und sie haben immer sehr versucht, den Kindern gut zu gefallen. Sie besaßen auch nettere Kleider als unsere Mütter und meine Freundinnen durften sie auf Partys anziehen. Sie hatten tolle Tipps für das Make-up bekommen, unsere Mütter hingegen hatten sich nie geschminkt, oder meine Freundinnen wurden von ihren Stiefmüttern selber geschminkt und frisiert. Dazu muss ich sagen, dass meine Mutter nur ein Mal in ihrem Leben Lippenstift aufgelegt hat.
Sie hatten immer tolles Programm fürs Wochenende, vor allem, als die Beziehung zu ihren Vätern noch frisch war. Danach war das leider halt anders …
Ich fand auch attraktiv, dass sie selten Probleme hatten, zu Partys zu gehen, oder am Wochenende mit Freunden zu verreisen. Sie mussten nur dem

entsprechen Elternteil mitteilen, dass sie bei dem anderen Elternteil über das Wochenende waren, und die Beziehung zwischen den Eltern war so schlecht, dass sie nicht mehr miteinander gesprochen hatten, und so waren sie dank dieses Kommunikationsmangels frei wie ein Schmetterling. Ich musste aber immer Bescheid sagen und ich wurde systematisch befragt: „Mit wem, bei wem, wo, weshalb, um wie viel Uhr, wie fährst du hin, wer holt dich ab, wieso …“ Meine Eltern haben sich das immer gut überlegt und wenn ein „vielleicht darfst du gehen“ kam, dann wollten sie mit den entsprechenden Eltern des Gastgebers sprechen und sich alles erzählen lassen …

Einmal wollte ich so gerne mit Freunden das Wochenende in einer anderen Stadt verbringen. Wir waren 15 und anscheinend zu jung, um so was zu machen. Wir mussten auch 5 Stunden Auto fahren, nur Jugendliche alleine. Die älteste Schwester meiner Freundin hat meine Eltern angerufen und sich als die Mutter meiner Freundin ausgegeben. Alles wurde telefonisch geklärt und ich durfte fliehen — sie haben das nachher rausgefunden und haben ein Treffen organisiert, wo wir über das Geschehen diskutieren mussten. Am Ende und zum Glück haben unsere Eltern die Episode der Eskapade als „Schrei der Freiheit“ erkannt. Meine anderen Freundinnen wurden bestraft, die Mutter einer anderen hat sich leider gar nicht für sie interessiert. Sie war mit anderen Themen beschäftig und nahm nicht an unserem gemeinsamen Gespräch teil. Sie war auch geschieden, aber sie hatte alles in ihre neue Liebe investiert und für die Kinder war nicht mehr sehr viel übrig.

Heutzutage bin ich froh, dass ich mich an jenem Abend klar ausgedrückt habe und meinen Eltern verdeutlicht habe, dass ich die Scheidung nicht wollte. Ich durfte sogar mitstimmen und meine Gefühle haben ganz tief und radikal die Scheidung abgelehnt. Damals wollte ich zwar getrennten Urlaub machen, doppelt Weinachten feiern und zwei Geschenke zum Geburtstag bekommen, aber jetzt kann ich mir nicht vorstellen, wie es wäre, die Zeit zu teilen und dass keiner von ihnen genug Zeit mit den Töchtern verbringen würde. Dass, wenn ein Kind von uns geboren wird, Papa und Mama nicht auf das Kind gleichzeitig aufpassen könnten.

Die Tränen vom Papa haben mich berührt und ich habe an diesem Tag die Entscheidung getroffen, die Trennung nicht geschehen zu lassen. Ich weiß, wir haben es ihnen sehr schwer gemacht. So schwer, dass sie immer noch zusammen sind.

Die schweizerische Schule

In der Schule, am Stadtrand Bogotás, läuten jeden Tag die Glocken wie in einem Geheimcode, um anzukündigen, dass die 15-minütige Pause beginnt, dass es Zeit zum leckeren Mittagessen ist, dass der Chor wieder zum Mathematikunterricht gehen soll, oder dass die Kinder, die Geige spielen, den laufenden Unterricht verlassen dürfen und zum Musikraum gehen sollten.

Ich habe immer Geige gespielt - so durfte ich Topologie oder Französische Phonetik schwänzen. Musik, Mathematik, Sport und allgemein alle Wissenschaften wurden sehr gefördert. Ausgezeichnete Lehrer und eine strenge Methode haben die Schule zu einer der besten des Landes gemacht.

Mit einem belgischen weltweit anerkannten Mathematik-Professor wurden selber viele Lehrer des Landes in Moderner Mathematik an unserer Schule ausgebildet und man hat - an uns - die neuen Methoden ausprobiert. Wir haben mit bunten Holzklötzen das Rechnen durchexerziert, mit Seilen und Figuren haben wir die Mengen begriffen, und durch das Spielen haben wir mittels Steinen und der didaktischen Minicomputer von Monsieur P. (kleine Rechenholzbretter, die in vier Quadrate geteilt sind) das Addieren, die Multiplikation, und das Dual- und Dezimalsystem gelernt. Die Schule soll im mathematischen Bereich eine der besten auf der Welt sein.

Ich wurde im Alter von 5 Jahren eingeschult. Das heißt, man ging direkt zum Kindergarten in einer Schule. Die Schulen haben alle einen Kindergarten.

In Kolumbien sind die Kindergärten, Grundschule und Gymnasium nicht getrennt. Wir fahren alle zusammen im selben Schulbus zur selben Schule. Nur die Kleinkinder dürfen früher nach Hause fahren, die anderen bleiben auch zum Mittagessen bis ungefähr 16 Uhr nachmittags in der Schule. Dann werden sie wieder mit dem Schulbus nach Hause gebracht. Bei uns ist das alles nicht so behutsam wie in Deutschland. Ich musste in eine sehr strenge renommierte Schule gehen, wo es gar nicht einfach war, einen Platz zu bekommen. Der Besitzer der Schule war eine eiserne und autoritäre Familie aus einem Land Europas, die nach dem Zweiten Weltkrieg ausgewandert sind und die Schule gegründet haben. Obwohl wir keine Uniform trugen, mussten wir uns streng vorschriftsmäßig anziehen. Kurze Socken, Röcke, modische Kleidung, bunte Schuhe oder Holzpantoffeln wurden zum Albtraum, wenn man nach dem 30-minütigem Gebet morgens im Hof, alle ganz brav in einer Stille und in einer gut nach Größe organisierten Reihe, zum Klassenraum gingen und Monsieur M. einen, mit seinem starken Akzent, gerufen hat: „Sie!“, und dann emphatischer, „ja, genau Sie, die mich jetzt anschaut, die mit den lächerlichen Hosen, kommen Sie mal her!" Zu diesem Zeitpunkt wurde man blass, es drehte sich einem der Magen um und es war zu spät, irgendwohin zu gehen. Die Beleidigung fand vor allen Augen statt und man wurde zum Gespött gemacht. Man hatte den ganzen Tag keine Lust, zur Pause zu gehen, und man hat sich nicht in diesen Hosen wohl gefühlt, denn die ganze Schule wusste mittlerweile Bescheid, dass die Hosen ein „Knaller" waren. Nur ganz wenige waren so selbstbewusst und haben sich nicht beschämen lassen, die waren im Gegenteil stolz, so etwas durchgestanden zu haben.

Einmal wurde ich in der Öffentlichkeit wegen meiner Socken beschimpft. Die waren knöchellang und er hat laut, vor 300 Schülern und Lehrern, gefragt, ob mir das Geld nicht gereicht hätte, mir längere Socken zu kaufen. Viele haben gelacht oder gelächelt.

Ein anderes Mal hat er einen Jungen ironisch angeschaut und gemeint: „Es ist das letzte Mal, dass Sie in solchen Stelzenschuhe zur Schule gehen; Sie können sie im ‚Unicentro' (ein Shoppingcenter für die Mittelklasse) tragen, aber nicht hier!"

Die Schule war besonders. Aus dieser Schule kommen Geschichten, die mehr zu den Zeiten unserer Eltern oder Großeltern passten. Wir waren die einzigen Schüler im Land, die samstags lernen mussten. Zwar nur vormittags, aber es war Pflicht, jeden Samstag früh aufzustehen und zur Schule zu gehen. Wenn man einen Tag, besonders einen Samstag, abwesend war, musste man eine ärztliche Bescheinigung haben, dass man im Krankenhaus war. In anderen Schulen hat es gereicht, wenn die Eltern angerufen und Bescheid gegeben hätten, dass das Kind krank war. In unserer wurden die Abwesenheiten hart bestraft und man musste als Gymnasiast nach dem Gebet im Hof warten, bis Monsieur M, wie immer in seinem weißen Kittel, fertig mit der Überwachung der marschierenden Schülerreihen und mit den Beleidigungen war. Dann durfte man an der Schlange der Abwesenden vom vorherigen Tag stehen; mit verschwitzten Händen, Herzklopfen und einem Kloß im Hals. Keine Ausrede hat ihm genügt, nur im Falle einer Operation hätte er eventuell Mitleid gehabt; sonst löste allein schon neben ihm zu stehen Panik aus. Schließlich ging man mit zitternden Beinen in den Klassenraum und man hat sich vor allen Klassenkameraden wichtig gemacht und erzählt, dass der Typ nicht so schlimm wäre. Immerhin hatten nicht alle Schüler die unvergessliche Gelegenheit, mit ihm direkt Kontakt zu haben.

Eines Tages bin ich zu Hause vom Dach gefallen, habe mir dabei das Gesicht zerschnitten und konnte aufgrund dessen nicht zur Schule gehen. Am nächsten Tag war ich sehr nervös, aber gleichzeitig stolz, an der klei-

nen Schlange mit einem guten ärztlichen Attest zu stehen. Es waren nie mehr als fünf Leute täglich, obgleich die Schule mehr als 5.000 Schüler hatte.
Monsieur M hat das Papier genommen, gelesen und mich gefragt, warum meine Schönheit eine Verhinderung war, zur Schule zu gehen. Als Strafe musste ich am Samstagnachmittag in der Schule bleiben und im Gemüsegarten helfen – er würde doch sehr hoffen, es werde meiner „Schönheit nicht schaden“, wenn ich im Garten helfe.
Seine Strafen waren wohlbekannt. Man erzählte, er hätte einigen Schülern Zwiebeln mit Seife zum Essen gegeben, als er mitgekriegt hatte, dass sie Schimpfwörter gesagt hatten. Ich kannte niemanden, der solche Strafe erleiden musste, aber entsprechende Gerüchte kursierten auf dem Schulhof.
Wenn Fred (der meistgefürchtete M-Sohn) oder wenn Monsieur M selber vorbeikam, haben wir Kinder mit unserer spanischen Aussprache zur Warnung „Mesiäää“ gerufen, und auf Anhieb wurden wir alle zu Steinskulpturen, ganz brav, lieb und stumm, am besten total unauffällig bleiben.
Ganz gewiss haben viele, um Panik unter allen auszulösen, „Mesiäää“ gerufen und zum Schluss, als alle schön brav dastanden, den Satz vervollständigt: „Mesiäää, Mesiäää, Mesiäää…nto mal“ („me siento mal“ – ich fühle mich nicht wohl) oder „Mesiäää…nto aquí“ (ich setze mich hierhin). Falscher Alarm war ein bekannter Streich, aber lieber stehen bleiben als beschimpft werden.
Einst versuchte ein Mädchen auf einen Curubo (Sorte Passiflorabaum mit leckerem kleinem Sauerobst) zu klettern, da kam Monsieur M und sie dachte, dass der „Mesiäää“-Ruf wieder ein Fehlalarm wäre … da hat er sie erwischt und am Ohrläppchen gezogen und vom Baum geholt: „Herzloses Kind! Der arme Baum kann sich nicht gegen Ihre grausamen Krallen verteidigen! Morgen sind Sie um 7 Uhr hier und bringen einen neuen Baum mit!“ Das Mädchen musste von den Eltern am nächsten Tag früh zur Schule gebracht werden, für viele sehr umständlich, da die Schule nicht in Bogotá selber und mit dem Verkehr der ganze Vormittag verdorben war. Sie musste selber den Baum einpflanzen und ihn eine Woche lang gießen und pflegen.
Ich habe ab und zu jemanden den ganzen Tag ohne Schuhe auf der Strafbank gesehen – vielleicht hatten sie nicht das Richtige angehabt, oder wenn Kleinkinder im Schulhof der Großen waren, schlug Fred M. sie mit den Köpfen zusammen.
Die bekannteste Strafe war das Mittagessen. Ich habe immer gedacht, dass für viele Leute gut zu kochen unmöglich war. In der Schule hat man ge-

lernt, alles, aber wirklich alles zu essen. Der Hunger war groß, der Tag zu lang und da hatte man keine Zeit, pingelig zu werden. Das Essen wurde in Plastikeimern serviert, und es waren immer zwei Kinder beauftragt, die Eimer, oh Entschuldigung! das köstliche Essen zu holen. Täglich wurde die kreative Kochkunst ausgeübt, so wie die schulbekanntesten rohen Rühreier mit Erdnüssen, oder klebende Nudeln mit Tomatensoße, Rote-Bete-Bananen Salat, Weißkohl-Papaya-Salat mit verdünnter Mayonnaise, und als erfrischendes Getränk ein warmes alkoholfreies Malzbier, dazu hartes Brot mit dem Dampf vom Kochtopf aufgeweicht.
Meine Liebe zur guten Küche hat sich bestimmt damals entwickelt. Kulinarisch konnte man viel von dieser Schule erwarten, wie die harten Linsen mit Milchsoße, die ab und zu kleine Steinchen mittendrin hatten. Wer nicht aufgegessen hatte, „durfte" die doppelte Portion haben, und aufstehen war nur erlaubt, wenn der Teller leer war; die Pause war kurz, also dann schnell aufessen und los! Einige haben ganz lang das Essen auf dem Teller umgerührt und sind so lange mit Tränen in den Augen sitzen geblieben, bis die Pause vorbei war.
Die Großen waren zu den Kleinen oft sehr gemein. Sie hatten ein gutes Vorbild und haben manchmal den Kleinen das Leben zur Hölle gemacht. Mittwochs mussten die Kindergartenkinder mit den Großen im Schulbus fahren. Ich durfte oft an diesen Tagen an meiner Haltestelle nicht aussteigen. Die Großen haben den Durchgang absichtlich blockiert und auch, wenn ich laut geschrien und meine Mutter warten gesehen habe, musste ich eine Haltestelle weiter fahren. Das war Terror für mich, weil ich so klein war und nicht wusste, wie ich nach Hause kommen sollte. Gelegentlich haben sie mich erst in der letzten Sekunde losgelassen und ich bin Dutzende Mal auf den Boden gestürzt. Mittwochs war ich oft krank und wollte nicht in die Schule gehen. Damals habe ich eines Tages richtig krank gespielt, ich habe mich vor angeblichen Bauchschmerzen im Bett herumgewälzt, bis mein Vater mich ins Krankenhaus gebracht hat. Ich war so glücklich, ich musste am nächsten Tag nicht zur Schule, ich lag sogar eine Woche wegen Amöbenruhr im Krankenhaus.
Die Großen waren auch dafür zuständig, unter der Aufsicht von Fred M. den Sportunterricht zu halten. Sie wollten aus uns harte Menschen mit eisernem Willen machen. Personen, die unter schlechten Bedingungen auch überleben können und mit den Widrigkeiten fertig werden. Deswegen mussten wir barfuß auf der nicht asphaltierten Straße rennen. Im Regen, unter der prallen Sonne, gesund oder krank mussten wir schnell weit weg von der Schule laufen. Ich habe ältere Mädchen oder Jungen außer Atem weinen gesehen, Asthma war auch keine Ausrede, um den Unterricht nicht

zu machen. Oft ging Fred mit einem Stock hinter der Gruppe her und hat die Letzten der Truppe angespornt. Ab und zu ist man so spät zur Schule gekommen, dass die Schulbusse schon abfuhren. Mit letzter Kraft musste man schnell die Schultasche schnappen und den Bus einzuholen versuchen. Es waren mindestens hundert Schulbusse, die alle Kinder transportiert haben.
– „Papier", „Du, Kindlein! Papier", haben die größeren Schüler gerufen, als man auf dem Weg zum Schulbus nicht in einer geordneten Reihe ging. Das bedeutete, man musste im Hof oder auf dem Feld (die Schule war mehrere Hektar groß) bleiben, um den Müll zu sammeln, bis die Schulbusse alle losgefahren waren, und dann schnell rennen und versuchen, den eigenen Bus zu erwischen.
Für viele war die Schule wie ein erstes oder zweites Zuhause. Viele sind dankbar, eine strenge Schule gehabt zu haben, wo man Disziplin in so einem mittelmäßigen Land gelernt hat. Viele, so wie ich, haben den akademischen und seelischen Druck nicht ausgehalten und sind an andere Schulen gegangen. Da waren wir immer sehr willkommen, die ehemaligen Schüler von der schweizerischen Schule hatten überall einen guten Ruf, wo von 300 Schülern in einer Klasse nur 20 bis 50 ihr Diplom absolviert haben, kaum jemand ist nicht ein oder zwei Mal in einer Klasse zurückgeblieben. In der Regel haben die Schüler durchschnittlich vier Fächer nicht bestanden und man musste dann in den Ferien lernen und wenn man nach den Ferien zwei Fächer nicht bestanden hat, musste man die ganze Klasse wiederholen. So haben viele mehr als elf Jahre in der Schule verbracht.

Ein Land wie ein Zirkus

Es war 1984, als in Kolumbien eine schlimme Gewaltwelle entstand, die „Narcoterrorimus" genannt wurde. Mit dem Mord vom Justizminister und vom Generalsstaatsanwalt Kolumbiens haben ein schwarzer Krieg und ein Kampf zwischen allen Drogenkartellen, Staat, korrupten Politikern, verschiedenen Guerillagruppen, die Paramilitärs und der CIA angefangen.
Ich war 12 Jahre alt und es hat uns alle getroffen. Kolumbien lebte seit Jahren in Gewalt, ständig ein Krieg nach dem anderen, aber gerade 1989 hat der Kampf um die Macht ein barbarisches Blutbad mit sich gebracht. Zuvor hatte man mit der Gewalt gelebt und man hatte sich daran gewöhnt, vor allem in den großen Städten, dass ein grausamer Krieg vor der Tür stand.

Im Jahr 1989 platzten Bomben in der Stadt, platzte die Geduld, platzte der Schmerz und schließlich hat die Gier nach Macht und Geld uns alle betroffen. Man ging morgens aus dem Haus und man hat den Tag intensiv gelebt, weil man nicht wusste, ob das der letzte Tag im Leben war.
Man ging raus und man konnte manchmal nicht mehr nach Hause, weil in dem eigenen Stadtteil eine Bombe explodierte und man nicht wusste, ob die eigene Familie überlebt hatte oder nicht. Diese Stunden, bis man nach Hause kam, waren beklemmend. Stau, kein Telefon, Rauch, Chaos, aber immerhin war das schon Alltag. Viele saßen im Bus und haben geschlafen, kommentiert, gelesen oder einfach gewartet, bis man weiter fahren konnte. Man hörte sehr oft Explosionen, und man hat schnell telefoniert oder den Fernseher angemacht, um zu erfahren, wo die Bombe gelegt worden war. Sehr oft gingen die Telefonleitungen kaputt und man hatte keine andere Wahl als zu warten, manchmal bis zum nächsten Tag, um die Freunde oder Verwandte zu fragen und zu ergründen, was passiert war.

Gewalt hat etwas Aufregendes, sie kann auch positiv wahrgenommen werden, das Leben wird spannender und man hat keinen Platz für Langeweile. Dieses Wort kannte ich nur vom Theater, nicht als Zuschauer, sondern von Tschechow, als er diese dekadente Gesellschaft beschrieben hatte. Die Leute, die nichts anderes zu tun hatten, als Tee zu trinken, über das Wetter zu reden, und wo das Leben über jede Kleinigkeit ein Drama wurde. Ich hatte das nur mit dem Kopf verstanden, aber nie erlebt. Wie konnte man so tolle Theaterstücke schreiben, aus der puren Reizlosigkeit.
Ich dachte das wäre Erfindung pur, bis ich nach Europa kam …
Das Blutbad im eigenen Haus zu haben ist ganz anders, als wenn man hört, dass das irgendwo in der Nachbarschaft passiert ist, und auf Grund dessen sind viele aufgewacht und zum ersten Mal hat sich eine Widerstandsbewegung in Gang gesetzt. Die kreative und solidarische Phase eines zerbrochenen Landes war sichtbar. Große Demonstrationen fanden statt, mal alle mit bleichen Mimengesichtern, mal die Künstler mit gemalten roten Händen, mal die Studenten, einfach die Leute, die sich eine andere Welt herbeigewünscht haben. Trotzdem sahen alle Gewalttätigen und der Staat selber solche Veranstaltungen als eine Bedrohung.
Man wurde gefilmt, man wurde beobachtet, man wurde überwacht, man hatte Angst, weil sich auszudrücken, seine Meinung zu sagen oder über Freiheit zu sprechen bestraft wurde.
Mafiosi, Politiker, Unternehmer und andere Angeber oder Aufsteiger mit ihren Bodyguards waren das tägliche Bild in der Stadt. Weil nämlich die Bodyguards die Waffen aus dem Fenster des Autos hielten. Es hätte ganz

übel ausgehen können, wenn man vor lauter Zerstreutheit zwischen dem Auto von Bodyguards und dem vom Mafiosi gelandet wäre … das ist meiner Mutter einmal passiert und trotzdem hatte sie den Mut mit ihnen zu diskutieren. Sie war genau hinter dem Auto vom Schützen und vor dem Van von den Matones (Killers), und da hatte sie noch die Verwegenheit ihre Lebensansicht über Frieden und Krieg zu begründen, mit Menschen, die als Kopf nur eine Maschinenpistole hatten. Ich habe nur die Augen zugemacht und sie gebeten, aus der Schusslinie zu fahren. In meinen Augen waren wir schon so gut wie tot – aber auch das haben wir überlebt.
Ja, meine Mutter war und ist sehr mutig. Einst hat sie mit einem bis an die Zähne bewaffneten Kommandanten einer Frontlinie der Guerilla, der in unsere Finca eingedrungen ist, heftig diskutiert. Selbstverständlich sind solche Männer nicht bereit für eine Diskussion. Bei ihnen geht es nur um Zwang. Sie zwingen dich, für ihre Ideale Geld zu spenden oder sie kidnappen jeden, der irgendwas hat, um ihren Krieg zu finanzieren, oder, wenn sie nicht einverstanden sind, dann erschießen sie dich, die sind schon totale Außenseiter, stehen am Rand der Gesellschaft, und dein Leben hat für sie keinen Wert. Zumindest nicht den Wert, der ihrem Stolz entspricht.
Zum Glück fand der Mann meine Mutter sehr interessant und sie hat auch sogar vorgeschlagen, eine Round-Table-Konferenz und eine Diskussion über ihren Kampf zu machen, und wo? in unserer isolierten Finca. Das nächste Haus war ungefähr drei Kilometer entfernt.
Meine Mutter hat sich geweigert, den Aufrühren Essen zu geben, obwohl das gefährlich war, mit dem Grund, dass sie eine klare Stellung gegen bewaffneten Konflikt hatte.
Mein Vater war ganz stolz auf meine Mutter, nur an dem Tag, als die Guerilleros kamen, und sie in dieser Art sie bedient hat, zitterten seine Beine wie Gelee und er dachte, er würde sich in die Hosen machen. Am liebsten hätte er sie mit einem Teller Reis abgespeist. Aber meine Mutter hatte eine andere Meinung. Ganz ruhig haben sie sich über die verschiedenen Gesichtspunkte unterhalten und haben über die Bedeutung von Gewalt, Krieg und Sozialproblemen debattiert.
Einige Jahre später kamen wieder Guerilleros zu unserer Finca und haben nach meiner Mutter gefragt. Der Kommandant hat meine Mutter aus dem Gefängnis grüßen lassen und wollte ihr noch mitteilen, dass er sich immer noch an das Gespräch von jenem Tag erinnerte.
J G, ein bekannter ausgezeichneter Komiker und Kritiker, Anwalt, Journalist, Pazifist und Moderator einer Comedy-Sendung war Opfer solcher Killer. Er hatte keinen Respekt gegenüber den Korrupten, den Mafiosi und den Mächtigen. Er war der Erste, der sich über alle Tabus lustig gemacht

hatte und außerdem wurde er sehr beliebt, weil er uns endlich mal zum Lachen gebracht hat, dadurch, dass er sich, offen im Fernsehen, über die Absurdität der Situation geäußert hatte.
Er wurde ermordet, weil er einen pazifistischen Weg als Lösung des Problems in Kolumbien finden wollte. Er wusste, wie gefährlich seine Einstellung war, trotzdem war er gefährlich, weil er uns zum Lachen mit der Wahrheit gebracht hat. Er wollte das Land ändern und war zu intelligent für so ein Land.
Am 12. August hatte er seiner Frau und einer Kollegin gesagt: „Ich habe nur noch einen Tag zum Leben und ich habe so viel zu tun und sie werden mich umbringen."
Am 13. August 1999, nur wenige Meter von der Funkstation, hielt er mit seinem Auto an der Ampel, da wurde er von zwei Sicarios (billige jugendliche Auftragskiller), die wie üblich in solchen Fällen Motorräder fuhren, nach dem Rufen seines Namens mit fünf Schüssen getötet. Er war 38 Jahre alt. Sein Fehler? Sein Fehler war, die Wahrheit zu sagen, vielleicht war er zu ehrlich, zu intelligent, zu lustig und ein zu guter Mensch gewesen.
Das Verbrechen verbreitete sich sehr schnell im Land und es war wieder ein Schock für viele Kolumbianer. Einer mehr, noch ein Mensch, der Hoffnung in das Land gebracht hatte und ein Mann voller Licht, jemand der Lust auf einen Wechsel hatte. Sein Licht wurde ausgelöscht. Die Nachrichten wurden sogar unterbrochen und seine eigenen Kollegen wurden beauftragt, vom Mordfall zu berichten. Hunderte von Menschen gingen sofort weinend auf die Straße, voller Wut und Machtlosigkeit, um ihm „Lebewohl" zu sagen, um zu protestieren, obgleich das gefährlich sein konnte. Das Verkehrschaos war noch verschärft und eine Fußgängerbrücke, voller Leute, die ihm „Tschüss" sagen wollten, brach aufgrund des Gewichts zusammen und drei Personen sind gestorben und weitere 30 wurden verletzt. Sie haben nur auf den Leichenzug gewartet. Ein Land wie ein Zirkus.
Am Abend des 13. August 1999, dem Tag seiner Ermordung, hat sich sein guter Freund und Kollege, Moderator der Sportnachrichten, mit bitterem Tenor am Ende der Sendung von seinem Freund und von den Zuschauern verabschiedet und herausgebracht: „(...) und bis hier mit dem Sport ... Scheißland!" ... J G.
Schlimm ist, dass alle wissen, wer das war, aber bis jetzt ist keiner verurteilt worden und so geschehen die meisten der Mordfälle in diesem schönen Land. Die Mächtigen haben die Waffen und keiner verteilt Gerechtigkeit.
Das Volk befand sich im Kreuzfeuer von mehreren Seiten und das war nicht mehr auszuhalten; zwei Präsidentschaftskandidaten, acht Kongress-

teilnehmer, 70 Abgeordnete und Hunderte von der linken Partei UP wurden durch die Mörderhände des Staates, der Paramilitärs, der Guerilla und der Drogenhändler gehoben. Viele, die die Vernichtung überleben wollten, haben das Land verlassen. Von anderen Parteien sind auch viele massakriert worden, vor allem, wenn es Menschen waren, die aus dem Guerilla ausgestiegen waren, um einen pazifistischen und demokratischen Weg zu finden.
Wer, wer war das denn? Wer war der Täter? haben sich alle gefragt, wenn einer erschossen wurde oder wenn ein Flugzeug in der Luft explodierte, oder wenn eine Bombe platzte. Das Warum war selbstverständlich, aber wer, wer hat das getan? Diese Rätsel waren nicht einfach zu lösen. Damals hatten so viele Interesse daran, andere zu beseitigen … War es vielleicht das Kartell von Medellín? Oder das Kartell von Cali? Oder vielleicht das Kartell der atlantischen Küste? Oder waren es die Rechtsextremen Paramilitärs? Oder etwa der Staat selber? Oder vielleicht die Vereinigten Bürgerwehren „Autodefensas"? Die nationalistische kommunistische Guerillagruppe M19? Die revolutionäre marxistisch-leninistische Guerilla Farc? Die marxistische Guerilla ELN? Wahrscheinlich die CIA? Oder einfach die normalen organisierten Verbrecher, die keine Ideologie haben? Hatte auch eigentlich irgendeine dieser bewaffneten Gruppen eine Ideologie außer Macht und Gier?
Ja, Kolumbien ist im Terror begraben, ein reiches Land, in Elend versunken, und alles wegen der hohen Gewaltrate und der schlechten Verwaltung. Ein Land, wo extremer Reichtum Tür an Tür mit extremer Armut lebt. Ein Land, wo der damalige reichste Mann der Welt wohnte, aber Millionen von Armen. Ein Mann, der sich Goldwasserhähne leisten konnte und andere, die keine Schuhe hatten oder sogar Wasser zu Hause hatten.
Kolumbien, das zweite Land in Biodiversität, ist auch das zweitgewalttätigste Land der Welt. Als ich dort wohnte, habe ich skeptisch gehört, dass Bogotá die zweitgefährlichste Stadt der Welt sei. Deswegen bewegen wir uns Kolumbianer durch die Welt wie Fische im Wasser, denn schlimmer als bei uns ist die Sicherheitslage sonst nirgends. Intoleranter? Existieren schon andere Länder, aber Kolumbien ist auf der Liste der top ten. Rassistischer als Kolumbien? Schwer vorzustellen. Klassenbewusster? Leider sind Kolumbianer meistens sehr klassenbewusst und behandeln Andere, die weniger haben, sehr schlecht. Paradoxerweise ist unser eigenes Land ein Naturparadies, vor allem, weil es landschaftlich auch einzigartig ist, kann man innerhalb einer Stunde Autofahrt ganz unterschiedliche Temperaturen und Landschaften erleben. Bei uns wächst alles; ein fruchtbares Land mit mehreren Klimastufen; atlantische Küste (Karibik), pazifi-

sche Küste, Amazon, die Anden, traumhafte Täler … und natürlich Gold, Smaragde, tropisches Obst und andere sehr gefragte Pflanzen, die dort wachsen. Lustigerweise wächst die bekannteste und beliebte Pflanze „Coca“ nicht bei uns; sie wird in Bolivien und Peru angepflanzt und in Kolumbien wird sie bearbeitet und exportiert. Die Nachfrage in Europa und Nordamerika ist so groß, dass der Drogenverkehr eines der größten Geschäfte der Welt geworden ist.
Drogenhandel bringt sehr viel Geld, aber auch sehr viel Gewalt. In einem Land, wo, wenn man arm geboren ist, man arm sterben muss, und die Möglichkeiten sehr gering sind und nur wenigen Menschen offenstehen. Die Mehrheit der Bevölkerung lebt unter extremen Lebensbedingungen und dazu kommt noch Unsicherheit an allen Fronten. Man ist manchmal gezwungen, zu irgendeiner bewaffneten Gruppe zu gehören. Der Druck ist sehr groß. Kinder werden für den Krieg in die Guerilla rekrutiert und diese überwacht die Mohnplantagen für die Herstellung von Heroin oder die Kokslabore.
Wo es Not gibt, da gib es Konflikte, wo Ungerechtigkeit herrscht, da gibt es Gewalt. Ein Kind, das auf dem Land geboren ist, kann nicht davon träumen, Architekt, Arzt oder Lehrer zu werden. Man hat ein Leben mit geringen Perspektiven. Aber diejenigen, die das Glück hatten, in eine privilegierte Familie hineingeboren zu sein, die haben alles auch manchmal ohne Bemühung.

Unmögliche Liebe

Damals – 1989 – hat man sehr viele Wahlkandidaten kaltblütig ermordet. Auf der von Massen besuchten Beerdigung von Carlos Pizarro (ehemaliger Guerillero und dann friedlich demobilisiert, Politiker und Wahlkandidat) habe ich ihn zum ersten Mal gesehen. Da war er, mutig, stolz, wütend und unheimlich attraktiv. Ich weiß nicht mehr, ob ich ihn verfolgt habe oder ob ich ihn nur kurz sah. Wie man so kitschig sagt: Amors Pfeil hat mich voll getroffen. Es reichte ein Blick und ich bekam ihn nicht mehr aus meinem Kopf. Da war er, Tag und Nacht … in meinen Gedanken.
Ein paar Monate später sah ich ihn auf dem Flohmarkt, und zwar mit einer Frau. Ich bin ihnen gefolgt, ich wollte ihn näher sehen. Ich war total verknallt in diesen Unbekannten. Ich habe von ihm geträumt und nun da war er, unerreichbar. Wäre die Frau nicht da gewesen, hätte ich etwas gesagt … aber wie … Ich muss an ihn heran kommen, ich möchte ihn kennenlernen. Plötzlich hat mich jemand begrüßt und in diesem Augenblick habe ich die

beiden aus den Augen verloren, wieder die Massen. Ein Flohmarkt in Bogotá ist immer voll.
Ich musste alleine mit meinen Gedanken an den Unbekannten spielen, mehr hatte ich nicht. Wie soll er denn riechen? Wie spricht er denn? Was für Gedanken hat er? Was mag er essen? Würde er mich heiraten, auch wenn wir sehr unterschiedlich sind? Wo wohnt er und wie sieht es dort aus, wo er wohnt?
Einmal saß ich träumend im Bus, wir waren die Jugend und wir wollten unser Land verändern, kam von einem politischen Treffen, wo wir die Auffassung des Landes ändern wollten, und dann habe ich ihn gesehen. Zufall in einer Stadt, wo so viele Millionen Menschen wohnen! Ich wusste, er gehörte zu einer Partei. Ich hatte das bei der Beerdigung gesehen. In der Nähe vom Hauptsitz der Partei ging er. Ich bin schnell ausgestiegen. Der Bus wollte nicht anhalten (sie halten nur an, wenn sie wollen. Die Haltestellen werden nicht benutzt). Ich stieg aus, ich war sehr weit. Ich bin gelaufen, große Augen, Herz klopfend, suchend … Er war nicht mehr zu sehen …
Schon wieder allein mit meinen Träumen. Ich hatte den Hauptsitz seiner Partei besucht, ich hatte immer eine Ausrede – aber in Wirklichkeit wollte ich ihn sehen. Wer war er? Wer war dieser geheimnisvolle Mann, der ohne etwas zu machen mir den Kopf verdreht hat? Vielleicht werde ich das nie wissen, so wie die Geschichte von meiner Tante, von der alle dachten, sie wäre Hermaphrodit, nur weil sie auf Familienausflügen am Fluss einen extrem langen Badeanzug anhatte und weil jemand sie einmal im Stehen habe pinkeln sehen. Das Rätsel gibt es immer noch. Keiner weiß genau, wie es war. Sie ist gestorben und hat ihr Geheimnis mit ins Grab genommen. Keiner durfte sie jemals nackt sehen.
Irgendwie, irgendwo habe ich erfahren, dass er, meine unmögliche Liebe, Journalismus an der Universidad Católica studierte – da stellte ich mich einmal vor den Ausgang seiner Uni und habe gewartet um zu sehen, ob er vielleicht raus kam, aber das Schicksal wollte es nicht. Jemand hat mir seinen Namen gesagt. Ich hatte jetzt seinen Namen. Wer weiß, ob er das wirklich war. Er kam irgendwo von der Atlantikküste Kolumbiens.
Ich hatte nicht aufgegeben, das geht nicht für eine Romantikerin. Ich wusste, wenn ich ihm begegne und ihn kennenlerne – ja, genau das war es, er würde mich auch mögen und das wäre eine große Liebe. Ich habe das vermutet. Für mich kam nicht in Frage, dass es anders werden könnte. Ich hatte Kraft genug, um ihn zu verzaubern. Das könnte nicht schief gehen. Aber wie kann ich ihn finden in einer Stadt, die 9 Millionen Einwohner hat?

Eines Tages waren wir auf einer anderen Demo, anschließend war ein Konzert UND DA HABE ICH IHN NOCHMALS GESEHEN. Da war er wieder. Dieses Mal zwischen den Menschenmassen, aber wir haben uns nicht bewegt. Er war da. Ich durfte diese Chance nicht verpassen.

Sofort griff ich ein Papier aus der Jackentasche, leider hatte ich nur ein Stück glänzendes Papier aus einem Magazin, ich riss ein Stück ab und schrieb: „Ich habe dich lange beobachtet und möchte dich kennenlernen" oder etwas Ähnliches, ich weiß nicht genau, was ich geschrieben habe. Eine Freundin sollte die Botin sein und ich schickte sie fort. Es wurde langsam dunkel. Ich habe gezittert, aber ich war froh. Endlich könnte ich ihn erreichen und ihm erzählen, wie sehr ich mich nach ihm gesehnt habe. Ich habe gesehen, wie sich meine Freundin mühsam durch die Menschen schlich und ihm den Zettel reichte. Er hat zwischen tausenden Menschen einen Blick geworfen und mich angelächelt. Ich konnte es kaum glauben … Aber es hat eine Ewigkeit gedauert, bis der Zettel zurückkam. Sofort habe ich ihn ganz flott aufgerollt … Es war genau mein Papierstück, da war meine Schrift – und auf der anderen Seite? Da war nichts. Nur die Schrift vom Magazin. Meine Träume sind herabgestürzt, wie ein Schloss aus Bauklötzen … Das war es … Ich habe den Zettel in kleine Stücke gerissen, aber da war keine Mülltonne, so steckte ich ihn wieder in meine Jackentasche. Meine Träume, jetzt in Stücken … Er hat mich weiter angelächelt und ich nahm das als Beleidigung: Was lacht er mich jetzt aus? Ich guckte ihn ganz entsetzt an. Dann kam mein Freund und wir fuhren nach Hause, ich hatte nur Leere in mir. Irgendwie habe ich mir das nicht so vorgestellt. Ich wollte weinen, aber ich konnte nicht meinem Date erklären, was los war, es wäre unhöflich gewesen, ihm zu sagen, dass ich eigentlich von einem Anderen träumte. Ich hätte ihn verletzt. Ich habe ihn gebeten, mich alleine zu lassen. Ich ging ins Haus und habe die Jacke ausgezogen. Ich war traurig. Ich dachte noch daran, die kleinen Papierstücke aus der Tasche zu nehmen und habe sie in den Papierkorb geworfen. Irgendwas hat meine Aufmerksamkeit geweckt, die Stücke nochmal anzuschauen, da war etwas, etwas das nicht mein Schrift war und auch nicht die gedruckte Schrift der Zeitschrift. Oh no! Nein! Es kann nicht sein. Der Stift war grün und sehr schwach. Da war etwas und ich musste dreimal prüfen, bis ich erkannte, dass ER ZURÜCK GESCHRIEBEN HATTE! Oh nein! Schnell die Stücke sammeln, es war wie ein Puzzle. Es war sehr dunkel, als ich den Zettel zurück bekam und die Tinte war so schwach, dass es unmöglich zu erkennen war. Aber klar! Er hatte nichts weiter dabei, außer einem grünen Kuli, dieselbe Farbe wie die Schrift vom Magazin, nur schwächer. Nun hat er etwas

geschrieben, aber was? Die Stücke passten nicht zusammen, sodass ich gar kein Wort lesen konnte. Wieder eine Ewigkeit gebraucht. Jedes Mal, wenn zwei Stücke zusammen passten, hat mein Herz noch schneller geschlagen. Nun endlich fertig! Ich habe das Puzzle zusammengelegt: „Ich mag dich auch und möchte dich kennenlernen."
Ich habe ihn nie wieder gesehen … Es war eine unmögliche Liebe.

Schokolade mit Käse

Und so geht der Tag los … Bei mir ging es nur mit einem Kaffee. Ich habe mich voll Emotionen von den geliebten Menschen verabschiedet, weil man nicht wusste, ob man wieder nach Hause zurückkommt, und dann rannte ich hechelnd, um einen Bus zu nehmen, der mich in die Stadt fuhr. Haltestellen kennen wir nicht, oder nur als Dekoration, da wir in der Lage sind, an jeder Ecke den Bus anzuhalten und schnell einzuspringen. Das heiß, die Busse halten alle 200 Meter, um jemanden abzuholen, aber nur wenn der Fahrer Lust dazu hat. Sie verdienen eine Provision pro Passagier (vielleicht 0,05 €), also halten sie fast immer an, aber morgens - morgens ist es sehr schwierig, auch an der Tür zu hängen, weil alle Busse übervoll sind. Frauen haben es in dieser Situation einfacher, weil fast alle Busfahrer Männer sind; mit einem Minirock oder engen Hosen hat man gleich die Chance, vom Bus mitgenommen zu werden. Deswegen verstecken sich viele Männer hinter den Frauen und sind bereit, wenn der Bus anhält, sofort hineinzuspringen. Man kann im Sitzen (mit Glück) oder im Stehen fahren, immer eng miteinander, wie beim Tanzen. Da präsentiert sich die Möglichkeit, überall angefasst zu werden und das Portmonee wird auch sanft berührt. Es ist normal, dass ein unattraktiver Mann sich eng an eine Frau drückt, mit der Ausrede: „Der Bus ist zu voll"; na ja, wir lieben täglichen Körperkontakt.
Eines Tages habe ich sogar die „liebevollen" Finger eines Fremden in meinen Unterhosen gehabt … „Huch!" Als ich den Kopf drehte, waren ungefähr fünf Männer um mich herum – mit wem sollte ich schimpfen? Und am besten nicht anbrüllen, nicht dass der Typ ein Messer auspackt und ich statt der Finger das kalte Messer anrühre. So, als ob nichts passiert wäre, mit dem Gefühl, dass man sich übergeben muss, Augen zu und weiterfahren, nicht dass man zu spät zum Unterricht kommt, denn nach 15 Minuten machen sie die Tür zu und keiner kommt rein.
Die Fahrt von meinem Stadtteil in die Stadtmitte dauerte bei guter Verkehrslage 1 Stunde, bei schlecht eingestelltem Radiosender, der lebenslusti-

ge Lieder dröhnt, und wo einige gleich die Lust kriegen, ein bisschen zu swingen oder mit Augen zu und Herz auf mitzusingen. Man versucht irgendwas zu lesen, aber leider bremst der Fahrer immer wie im Notfall und dann hat man gleich den Kopf an der Lehne vom Vordersitz. Man findet immerhin wieder die Zeile, wo man war, und man versucht sich wieder zu konzentrieren. Wenn er so doll bremst, schreit oft jemand: „Sie fahren keinen Viehbestand!" oder „Müssen Sie auf die Toilette, oder was?" In anderen Fällen rutscht ein „Fahren Sie eigentlich zur Hochzeit Ihrer Mutter, dass Sie es so eilig haben?" heraus. Der Fahrer ist oft sehr gestresst und kann einen Spruch einwerfen, so wie: – „Kühe zu fahren ist einfacher" oder „Ich fahre zur Beerdigung Ihrer Schwiegermutter". Sie machen anständig Wettfahrten mit anderen Kollegen. Dann wird von Montoya geredet, oder von Fittipaldi. Man ist froh, wenn die Busfahrer miteinander konkurrieren, weil man fünf Minuten früher am Ziel ist und weil nicht alle zehn Meter angehalten wird, um jemanden abzuholen, weil derjenige, der keine Zeit oder Lust hatte zur Haltestelle zu gehen, einsteigen möchte.

Ich, als ich die Schauspielschule besucht hatte, als Lady Macbeth

Und einmal am Ziel - flott aussteigen und zur Uni, mit der Tasche vorne und eng am Körper und immer Abstand zu den Anderen halten, man hatte schon genug Körperkontakt, und man hält automatisch Sicherheitsabstand von den anderen Passanten. Man hat immer 360° im Blick und wenn einer zu nah kommt, dann lieber auf den anderen Bürgersteig gehen und immer einerseits … und andererseits schauen … wachsam. Bei uns darf man nie einschlafen, nur in den erholsamen angenehmen massiven Verkehrsmitteln, wenn man am Ende des Tages geschafft nach Hause fährt und dann im Bus der Kopf einfach schaukelnd nach vorn fällt. Man freut sich: „Endlich mal ein Platz im Bus" und plumps! Augen zu und dann fängt das Schlingern an, bis der schwere Kopf einen gemütlichen Platz auf der Schulter vom Sitznachbarn findet. Die Unbekannten sind in der Regel nett und solidarisch und auch wenn sie Schuppen haben, leihen sie gerne ihre Schulter, damit der andere seine Ruhe findet und süße Träume in einer Stadt der Verrückten haben kann.

Irgendeinmal wollten wir mit der Theatergruppe ins Gefängnis von La Picota fahren, um dort Improvisationsspiele für die Gefangenen zu machen. Wir sind alle aufgeregt und munter mit dem Bus gefahren. Meine beste Freundin war eine ausgezeichnete Schauspielerin, aber sie litt unter Unterzuckerung und so ist sie oft eingeschlafen. Auch an jenem Tag im Bus. Das Bild war spaßig, da ihr Nachbar nicht empfehlenswert aussah, mit Nieten in der Jacke, langes Haar nach hinten mit fettigem Band befestigt, Schuppen natürlich, und eine Art Messer hing an der Hosenseite, der Mann hatte ein paar Zähne wahrscheinlich bei einer Prügelei verloren und saß unaufmerksam im Buseta (kleiner Bus), bis meine Freundin einstieg und sich streichelnd an seine Schulter gelehnt hatte. Er hat drei Mal versucht sie wegzuschieben, aber sie war einfach zu müde, und so durfte sie sich, während der langen Fahrt, an der Schulter eines Unbekannten ankuscheln und in Morpheus Armen liegen. Es sah so gemütlich aus, so vertraut … Wenn er vorgehabt hätte, die Buseta zu überfallen, dann hat meine Freundin das verhindert, weil ihr Kopf ihn die ganze Fahrt beschäftig hat.

Man ist immer angespannt, vor allem wenn drei oder vier Typen zusammen in den Bus einsteigen - dann fürchtet man, dass der Bus überfallen wird. Es ist nicht selten, dass sie mit Waffen und Messern ganz höflich alle Passagiere bitten, ihre Wertsachen in einen Beutel zu stecken, und sie untersuchen gerne eins nach dem anderem, damit sie sicher sein können, dass sie die Beute komplett mitnehmen. Die Frauen sind angespannter, denn es wäre nicht das erste Mal, dass eine Vergewaltigung auf dem Rücksitz eines Busses stattfindet.

Es gehört auch einfach dazu, dass alle zehn Minuten jemand in die Buseta einsteigt und, um Geld zu sammeln, die schreckliche Geschichte seines Lebens erzählt. Vieles ist ausgedacht, aber vieles ist auch schlimmer, als sie es erzählen. Sie versuchen, Mitleid zu erwecken, aber manchmal bleiben unsere Herzen wie Steine, als Schutzmechanismus, weil man bereits viel Unangenehmes am Tag erlebt. Manche sind behinderte Kinder, die betteln und noch nicht mal in Begleitung eines Erwachsenen sind, ohne Rollstuhl, das wäre purer Luxus. Man gibt manchmal etwas, aus schlechtem Gewissen, aber wenn man zehn Stories auf dem Weg nach Hause gehört hat, dann möchte man das einfach nicht mehr, sondern am liebsten ignoriert man sie.
Einst stieg ein Mann in meinen Bus ein, er hielt seine Leber an einer Seite, die in eine Plastiktüte eingewickelt war. Er hat in diesem monoton Singsang erzählt – typisch, wenn die Geschichte 100 Mal am Tag erzählt wird—, er käme aus dem Krankenhaus und sie hätten ihn mit der Leber aus dem Körper entlassen, weil er nicht genug Geld hatte; weil er davor im Gefängnis war und jetzt keine Hilfe mehr hätte. Dazu muss man wissen, dass die Leute in Kolumbien keine Unterstützung vom Staat bekommen, wenn sie aus dem Gefängnis entlassen werden, um einen neuen Lebensabschnitt anzufangen. Das haben nicht einmal diejenigen, die ihr ganzes Leben gearbeitet haben und plötzlich krank oder arbeitslos werden. Da regiert der pure Kampf ums Überleben. So, zurück im Bus … ich habe versucht, den Gentleman mit dem schrecklichen Aussehen und mit dem Stück Leber in der Hand zu ignorieren und durch das Fenster rauszuschauen. Nun, er hatte einen bösen Blick, voller Hass, und als er merkte, dass ich ihm keine Münze gegeben habe, ist er ganz eng an mir vorbei gegangen und hat mir ganz langsam und vergnügungshalber das Stück Leberfleisch ins Gesicht gerieben … Nach vielen Jahren kann ich immer noch die saftige Berührung an meiner Wange fühlen. Zum Glück habe ich später erfahren, dass niemand mit der Leber aus dem Körper und in der frischen Luft überleben kann! Der Typ hat einfach ein braunfarbiges Stück altes Fleisch eingewickelt und an seiner Narbe festgeklebt. Bertold Brecht hätte das einfach geliebt!
Autofahren ist nicht einfacher. Man braucht für fünf Kilometer 30 Minuten und die Leute fahren in der Stadt wie im Wald, also wild. Beschimpfungen und Sprüche lassen sich auch hören, wie: „Haben Sie Ihren Führerschein im Lotto gewonnen?“, oder „Wilde Kuh“ und so weiter und so fort. Man wird immer an die Mutter, Vater und an die ganze Verwandtschaft erinnert. Wir sind halt so familiär.

Die Straßen sind nicht sauber, aber die Autoscheiben glänzen immer, da sie an jeder Ampel geputzt werden. Da sind immer welche, die ihr Geld damit verdienen; wenn sie einem trotz freundlicher Ablehnung den „Gefallen" tun, die Frontscheibe mit dem dreckigen Wasser zu „reinigen". An der Ampel findet man sogar Jonglier-Aufführungen, Männer die Feuer schlucken, viele Straßenkinder (Gamines), Binnenflüchtlinge oder gewöhnliche Bettler, Frauen mit Babys und Kleinkindern, alte Leute, Behinderte und Krüppel, alle bereit dir zu helfen, deine Scheibe zu wischen, um einen Peso zu bekommen.

Wir wissen, dass es, wenn wir erst im Auto sind, kein Drama ist, das Ladegerät vom Handy oder die Regenjacke zu Hause vergessen zu haben, da an jeder Ecke das Passende gekauft werden kann, auch etwas zum Naschen, Malen, Lesen oder Hören. Die Straße ist lebendig und die Leute geschäftstüchtig. Alles wird im Stau verkauft! Und weil es immer Stau gibt, sind immer Leute bereit, auf der Straße Handel zu treiben.

Angeschnallt? Muss das sein? Wenn es sein muss. Am liebsten machen wir es jedoch nicht.

Die Regeln sind nicht dafür da, damit wir sie befolgen, sondern anders herum, und deswegen befolgen wir immer die Regeln mit allen möglichen Ausnahmen.

Um schlimmen Stau zu vermeiden, könnte man eigentlich die Umgehungsstraße Bogotás befahren; es ist nur so, dass es, wenn es dunkel wird, also gegen 18 Uhr, gefährlich wird. Mit der Umgehungsstraße wäre man so schnell zu Hause, aber vielleicht kommt man auch nicht so sicher an. Man erzählt, dass es besser wäre, keine Panne zu haben, oder dass das Auto kaputt geht. Da muss man nur schnell fahren und auf keinen Fall anhalten; es gehört nämlich auch zu den Legenden der Stadt, dass schwere Steine ans Auto geworfen werden, sodass man anhalten muss, und dann Zack! Auto weg, alles weg und zum Schluss den ganzen Berg runter zu gehen, im Dunkeln … Vielleicht möchte jemand auch deine Socken haben, es kann noch gefährlicher werden, denn in diesen Gebieten kommt auch noch nicht mal die Polizei, nur der Tod …

Wenn man etwas Wertvolles hat, dann ist es besser, Bodyguards oder einen Wächter zu Hause zu haben; allerdings sind die normalerweise hilflos oder selber Einbrecher. Beim Autofahren Uhren oder Schmuck zu tragen macht keiner in Bogotá. Die Handtasche am besten unter dem Fahrersitz und die Fenster immer gut zu, die Türen verriegelt und das Radio muss immer mitgenommen werden, wenn man aussteigt. Eine Uhr an einem Arm, der am Fenster rausschaut, bleibt dort nicht länger als zwei Ampeln.

Irgendwann hat eine Tante von mir eine normale Uhr gehabt. Es war heiß an dem Tag und sie hat das Autofenster aufgemacht. Irgendwie kam ein Mann und wollte ihr die Uhr klauen. Ihre schnelle Reaktion war, dem Dieb in die Hand zu beißen, dass er schrie. Der Schock war groß und sie machte das Fenster zu und fuhr nach Hause. Als sie ausstieg, fielen viele Uhren aus ihrem Kleid … alle Uhren, die er auf seinen Weg gestohlen hat, hatte er in seiner Hand gehabt und sie sind mit dem Biss in den Schoß von meiner Tante gefallen.
Wenn das Auto neu ist, dann muss man damit rechnen, dass immer der Parkplatz bezahlt werden muss, sonst hat man einen Spiegel weniger, oder man muss nach Hause ohne den linken Reifen oder den Tankdeckel. Ein Bekannter hatte bei einem Freund kurz angehalten und ist ausgestiegen, er hatte die ganze Zeit das Auto immer von der anderen Straßenseite beobachtet, während er mit dem Freund plauderte, dann kam ein Minibus, sowie ein Kurier, der genau eine Minute vor seinem Auto angehalten hat. Als er sich dem Auto näherte, bemerkte er, dass die Reifen weg waren! Gott sei Dank haben die schnellen Diebe das Auto auf Steine gelegt. Das war achtsam von ihnen.
Es gibt sogar Wohngebiete, wo man Panik kriegt, wenn man aus Versehen rein fährt, weil die Scheinwerfer in einen Augenblick abmontiert werden, ohne dass man irgendwas merkt.

Ein Taxi, bitte

Ja bitte, aber nur bei einer bekannten Taxizentrale anrufen; und dann schreibt man unbedingt das Kennzeichen und die die Taxinummer auf, und sehr wichtig ist, nach der Fahrt die Familie oder Freunde anzurufen und Bescheid zu sagen, dass man gut nach Hause gekommen ist.
Einmal ist mein Cousin allein in ein Taxi eingestiegen, einfach so, auf der Straße angehalten und eingestiegen:
– Wohin der Herr?
– Ich möchte gerne zur Carrera 9 Nr. 128B-45
– Gerne
Mein Cousin: – Wo fahren Sie denn hin? Das ist nicht der Weg!
– Ja um Stau zu vermeiden, kenne ich hier eine Abkürzung.
Plötzlich sind zwei Männer, einer von jeder Seite, eingestiegen und haben ihn mit einem Messer bedroht.
– Die Tasche, schnell!
Der andere meinte: – Hey, der Typ hat aber tolle Sportschuhe an!

– Los, Schuhe aus!
– Aber … aber …
(Mit dem Messer am Hals) – Aber flott!
So ist mein Cousin aus dem Taxi geworfen worden; ohne Würde, in Socken, und ohne das Geld, um in einen Bus einzusteigen, in einer gefährlichen Gegend … Er hatte Glück, dass ein Taxifahrer keine Angst vor ihm hatte und ihn mitgenommen und nach Hause gebracht hat. Wenn der Fahrer bemerkt hätte, dass mein Cousin keine Schuhe anhatte, hätte er ihn zu seiner eigenen Sicherheit nicht einsteigen lassen.
Taxifahrer werden auch überfallen - deswegen haben viele eine Sicherheitsscheibe, wo man nur die Scheine und das Rückgeld austauschen kann. Gespräche kann man noch führen. Einer hat mir einmal erzählt, er wurde an einem Tag zwei Mal überfallen. Die zweiten waren sehr sauer, weil er nicht genug hatte und das hätte ihn fast das Leben gekostet.
Es macht richtig Spaß einzusteigen und … tschu, tschu, tschu, bom, bom, bom … Salsa, Reggaeton oder Merengue knalllaut am Ohr zu haben, da die Lautsprecher normalerweise hinten sind. Viele genießen das, aber für andere Sterbliche … Oft muss man den Fahrer fragen, ob er die Zigarette ausmachen kann, oder die kitschige Musik leiser stellen kann, denn es ist manchmal so laut, dass man Kopfschmerzen bekommt. Die Fahrweise will ich lieber nicht kommentieren. Bei Freunden aus Amerika ist der Taxifahrer einfach ausgestiegen und hat an der Straße uriniert – „Folklore“ nannten sie es. Wir mussten alle lachen, als die New Yorker so etwas erleben mussten. Das passiert in der Upper East Side bestimmt nicht!
Tagsüber nimmt man trotzdem ab und zu ein Taxi auf der Straße. Das Leben hier ist wie ein russisches Roulette.
Im Jahr 2010, als ich in Kolumbien war, habe ich nach einem Abendessen bei Freunden ein Taxi gerufen. Man bekommt einen Sicherheitscode von der Zentrale und der Taxifahrer hat einen anderen Code (es muss sicher für beide sein). Wir haben Codes ausgetauscht, alles im grünen Bereich. Trotzdem waren meine Freunde so lieb und haben mich bis zum Taxi begleitet, sich das Gesicht vom Autofahrer gemerkt, Kennzeichen und Taxinummer notiert und haben mich gebeten anzurufen, sobald ich nach Hause käme.
Während der Fahrt war ich sehr nervös; in Bogotá ist der normale Zustand „Anspannung“. Ich habe mit ganz offenen Augen auf die Strecke geachtet, die Umgebung und alle Möglichkeiten untersucht. Zwischendurch gecheckt, ob Fenster und Tür aufgingen, aufgrund der möglichen Blockierung. Ich habe auch überlegt, was ich im Fall eines Angriffes machen könnte. Das Handy fest in der Hand, damit ich mit der Betätigung eines

einzigen Knopfes jemandem Bescheid geben könnte, oder zumindest, dass jemand erfahren könnte, dass man in Schwierigkeiten ist.
Die Stadt war leer - umso beängstigender war die Situation. Es blieb nur übrig zu beten und zu vertrauen, dass man in dieser Stadt auch Glück haben kann.
Als Sicherheit hängen am Beifahrersitz Plakate mit allen Daten vom Taxifahrer und es ist mir aufgefallen, dass neben allen Daten vom Fahrer ein handgeschriebenes Schild war: „Musik und Filme zu verkaufen". Da habe ich ihn danach gefragt. Der Taxifahrer war sehr sympathisch und wir haben angefangen zu quatschen. Es ging am Anfang um Filme, die er da hatte, und dann um andere ... ob die Schauspielerin, die die Rolle der Mutter spielte, echt gut war, und dass der Regisseur eine Affäre mit irgendjemandem hatte und so weiter. Dann ging es mit Musik los und dann hat er angefangen, viele Lieder, die er dabei hatte, im CD-Player sehr laut zu spielen. Es war sehr amüsant. Am Ende haben wir uns über 40 Minuten vor der Tür meines Hauses unterhalten und ich habe ihm sechs CDs abgekauft – die ich mir leider noch nicht wieder angehört habe.
Als ich leise in mein Haus rein ging, waren da meine Eltern, wach, voller Sorge, was mir hätte passieren können! Dann habe ich erfahren, dass meine Freunde mich zu Hause angerufen haben und wissen wollten, warum ich so lange bräuchte. Meine Eltern hatten schon geschlafen, aber sind aufgestanden und haben versucht, mich auf dem Handy zu erreichen, nur die nette Musik war so laut gewesen und das Gespräch so interessant, dass ich sie nicht gehört habe. Als ich gut und gesund nach Hause gekommen bin, habe ich gedacht, dass man selten in anderen Ländern so ein langes und lustiges Gespräch mit einem Taxifahrer haben kann.

Sehr eng miteinander

Komischerweise ist in einem Land, wo Körperkontakt nicht tabuisiert ist, Geschlechtsverkehr immer noch kein Thema in der Familie oder in den Schulen. Ich durfte zum Beispiel abends zu Tanzpartys gehen, als ich zehn Jahre alt war. Die Partys sind bei uns ganz anders als in Deutschland, es wird getanzt, ganz eng miteinander getanzt. Ich erinnere mich, dass die Jungs uns Mädchen zu Hause abgeholt haben. Mutter oder Vater durfte die Jungs fragen, bei wem zu Hause die Party war, und meine Eltern haben immer genau gesagt, um wie viel Uhr ich zu Hause sein musste. Dann sind wir zu den Freunden gegangen und da waren auch (manchmal) die Eltern der Anderen; je nachdem, wie streng der Erziehungsstil war, durften wir in

Zwielicht tanzen (oder nicht). Wir haben Richi Rey, El Grupo Niche, Salsa, Merengue, Vallenato und anderes getanzt. Selten Disco oder Pop, wo man nicht eng miteinander getanzt hat. Man konnte mit dem Schweiß des anderen verschmelzen, ihn riechen, mit ihm kurz reden, und es war ein ausgezeichneter Moment zu flirten. Am Anfang ging es richtig darum, die Tanzschritte zu zeigen, aber irgendwann kamen zwischendurch die romantischen Lieder und da wollte man mit dem Jungen tanzen, der einem Mädchen gefallen hat. Das Lied von Cuatro40 war schön zu tanzen, vor allem mit einem netten Jungen.
Auf solchen Partys gab es immer etwas zum Naschen und zum Trinken, und es gab einen Spruch für die Fälle, wo man nicht zum Tanzen eingeladen wurde: „Pute essen", und es hieß, wenn man „Pute gegessen hat", hatte man nicht getanzt. Dann wurde man zu Hause ganz frech befragt: „Und? Hast du gestern viel Pute gegessen, oder hast du getanzt?" Anfangs habe ich viel, zu viel, Pute gegessen, fast bis zur Vergiftung, und ich empfand die Frage als Beleidigung, weil es nicht schön war, auf einer Party „Pute gegessen" zu haben!
Als meine Eltern am nächsten Tag meine Cousine gefragt haben, ob ich viel Pute gegessen hätte, hat sie gesagt: „Nein, sie hat auch Chips, Cola und Käse gegessen …"
Der Tradition gemäß haben uns die Jungs immer zum Tanz aufgefordert und wir mussten uns nun schnell entscheiden. Viele von uns waren sehr eingebildet, vor allem die hübschesten Mädchen, und sie konnten sich immer erlauben „Nein" zu sagen. Manchmal hat man die Pute gar nicht kosten können, denn sobald ein Lied zu Ende war, hatte man vier oder fünf Hände um sich herum, die nach dem nächsten Tanz fragten. Ich wollte immer gerecht sein und mal mit dem einen, mal mit dem anderen tanzen, damit sie nicht auf den Gedanken kamen, ich sei selbstgefällig. Ich wollte auch nicht den unattraktivsten Jungs ein Gefühl vermitteln, das sie schon sowieso schon von Anfang an hatten.
Später haben die Jungs uns immer nach Hause gebracht, und auch, wenn wir länger bleiben wollten, waren sie so hartnackig, weil sie die Verantwortung für unsere Pünktlichkeit trugen. Ab und zu hat man zu Hause angerufen und gefragt, ob man noch eine Stunde länger bleiben dürfe. Leider durften viele von meinen Freundinnen gar nicht zu solchen Partys, ihnen wurde nie erlaubt, so einen (nach Meinung ihrer Eltern) Quatsch anzustellen. Auch nicht mal in unserem Garten zu zelten wurde erlaubt.
Schlimmer ist es, dass viele von ihnen nach vielen Jahren geschiedene Männer geheiratet haben oder sehr früh „uneheliche" Kinder bekamen, und das hat die Beziehung zu ihrer Familie sehr zerstört.

Die Beages

Ich war 13, als ich meine erste große Liebe kennengelernt habe. Man kann sagen, dass ich früh angefangen hatte, nachdem mein Cousin mich in die „Liebe“ eingeführt hatte, als ich neun Jahre alt war. Wir haben Verstecken gespielt, und wenn er mich gefunden hatte, durfte er mich küssen. Wir haben auch mal „Chinesisches Verstecken“ gespielt, das hieß, wenn die Jungs uns gefunden haben, durften sie und wir den entsprechenden oben und unten anfassen.

Es war auf einer von diesen Partys, wo man eng miteinander tanzt. Er war charmant, hübsch, intelligent und lebensfreudig. Ich hingegen war ziemlich schüchtern und ich hätte nie gedacht, dass so ein Junge mich als Freundin haben wollte. Er war nämlich mit einer anderen Mitschülerin zusammen und ich habe immer Scherze über ihren Freund gemacht und ihr immer gesagt, was für ein Glück sie hatte, so einen netten Freund zu haben ... Tja, einige Zeit später waren wir zusammen. Ich war blind vor Liebe, ich kannte so ein Gefühl nicht und ich muss sagen, so blind und stumm verliebt ist man nur einmal, danach wird man vorsichtiger, man gibt nicht mehr alles, man bewahrt sich auf, man passt auf, man ist kritischer.

Mit meiner ersten Liebe kam natürlich mein erster Liebeskummer, da war ich schwer krank, als ich mich betrogen gefühlt habe. Ich habe von meinen Eltern gelernt, dass Loyalität das Wichtigste ist und dass Treue eine Einstellung ist, die man innerlich hat. Man kann mit anderen Personen zusammen sein, und nicht deswegen dem anderen Unrecht tun oder untreu sein. Man kann auch mit jemand monogam sein und nichtsdestotrotz untreu sein, indem man lieber mit jemand anderem zusammen sein möchte. Also, wir hatten den Kompromiss, zueinander ehrlich zu sein, dennoch nicht monogam, nur der andere sollte ALLES wissen, wenn der Andere fremdging. Großer Fehler, weiß ich heutzutage - das macht man nicht. Es reicht, wenn man weiß, der andere hat seine Abenteuer, aber man kennt die Details nicht, das verletzt nur. Leider hat er den Punkt getroffen, wo es am meisten weh tut. Er hat unsere Absprache nicht gehalten und ich musste durch dritte Personen erfahren, was er alles angestellt hatte, ohne dass er mir die Fakten erzählte. Für so eine offene Beziehung ist es eine Schande, wenn einer betrügt, weil man eigentlich nicht zu betrügen braucht. Klar war er ein Frauenschwarm, und mir wurden seine Abenteuer zu viel - aber das Betrügen hat mich dazu gebracht, die Beziehung zu beenden. Er behauptet immer noch, 25 Jahre später, dass er nichts gemacht hätte, und ich behaupte immer noch, dass er mich belogen hat. Das war die schmerzhafteste Phase in meinen jungen Jahren. Ich musste mich von meiner alten

Liebe trennen gegen mein Willen. Ich war 15 und es hat einige Jahre gedauert, bis ich über den Schmerz hinweg kam. Immerzu habe ich denselben Mann in anderen gesucht, doch ich war erfolglos. Er war unwiederholbar.
Die Zeit mit ihm war ausgezeichnet, es war die Zeit von den Beages, ein Trend, der zu meiner Teenie-Zeit sehr ausgeprägt war. In einem Land, wo Gewalt das Hauptthema war, haben sich auch die Jugendlichen zusammengeschlossen, um selber Gewalt auszuüben. Jugendliche aus allen sozialen Schichten haben sich - je nach Viertel, wo sie gewohnt haben, nach Familien oder nach Schulen - in Gangs organisiert.
Sie hatten sogar Namen, die entweder sie beschrieben hatten oder den Wohnort bezeichneten, so wie z. B. „Die Plattnasige", diese Gang war überall gefürchtet, weil sie sehr gewalttätig war. Der Name stammt von dem Leader, der offensichtlich eine Plattnase hatte. Da waren auch „Die Ähnlichen", eine ruhige Gang von 8 Brüdern und ihrer Schwester, die sahen so ähnlich aus, als ob sie alle eineiige Zwillinge wären. Bekannt waren „Die von Oben", weil sie oben auf den Bergen gewohnt haben und sich immer mit denen der „von Unten" gestritten haben.
Eine Gang von Frauen, die sehr gefürchtet war und die durch die Zeitung bekannt war, waren „Die Blumentramplerinnen". Sie stammten aus der Obermittelklasse und haben daher in einem vornehmen Viertel gewohnt, wo auch ein großes Einkaufszentrum war. Sie waren die Herrinnen ihres Territoriums, und wenn man von einer der feindlichen Gangs war, durfte man nicht in dieses Einkaufszentrum gehen. Diese Frauen haben sich wie die Männer gestritten. Man hörte Geschichten wie die von einer Frau, die ein Auge verloren hat durch den Schuhabsatz einer Blumentramplerin.
So lustig waren solche Gruppen nicht. Zum Einsatz kamen Flaschen, Messer und Waffen, und einige von ihnen sind ganz jung nach einer Prügelei gestorben, so wie „El Negro", übersetzt „der Farbige", der mit 16 Jahren, durch einen Schlag mit einer Glasflasche auf den Kopf, gestorben ist, oder andere junge Männer, die im Alter von 18 schon alle Zähne verloren hatten.
Viele von solchen Streitereien habe ich mitbekommen, da meine erste große Liebe der Leader einer Gang war. Das hieß, ich – und andere Mädchen wie ich - hatte den Status von „unberührbar" für andere Jungs. Wenn andere Jungs unsere Freunde provozieren wollten, haben sie uns zum Tanzen aufgefordert oder mit uns geflirtet. Das bedeutete sofort eine tiefe Beleidigung und die Spannung konnte man mit einem Messer schneiden, man wusste, dass bald ein Handgemenge zu erwarten war.

Bei so einem „Tropel", einer Schlägerei, hat mein Freund bemerkt, wie sehr ich ihn geliebt hatte. Er hat immer solche Sachen heimlich gemacht, da ich nicht für Gewalt war. Das war einmal auf einer Party, die Spannung war groß und ich habe bemerkt, gleich wird etwas platzen, nur, ich habe gedacht, „ich bin dabei, es kann nichts passieren, er wird nichts anstellen, wenn ich dabei bin". Was für eine Überraschung, als ich langsam merkte, der Raum wurde leerer und mein Freund war ziemlich lang abwesend. Einige Freunde haben mich im Wohnzimmer aufgehalten und mit mir getanzt, so dass ich abgelenkt war … Irgendwann habe ich mich entschlossen rauszugehen, und plötzlich sah ich in der Dunkelheit eine Gruppe; es gab Geschrei und plötzlich sah ich meinen Freund. Einer von den „Plattnasigen" wollte ihn mit einer Flasche auf den Kopf schlagen. Mich mussten vier Leute halten, damit ich nichts machte. Aber ich wurde hysterisch und bekam außergewöhnliche Kraft und befreite mich und rannte zu der Gruppe. Da habe ich den großen Mann, der meinen Freund mit der Flasche schlagen wollte, mit beiden Händen festgehalten und wie ein Lappen von meinem Freund entfernt, in diesem Moment lagen sie schon auf dem Boden und der Junge prügelte meinen Freund ohne Gnade. Als er aufstand, befand ich mich immer mitten zwischen den beiden. Ich hatte noch nicht mal Angst; als der andere eine Pistole zog und sie auf uns richtete, habe ich nur geschrien: „Wenn Sie schießen wollen, dann los, aber auf mich und nicht auf ihn!" So war der Streit zu Ende. Gleichzeitig war ich enttäuscht von meiner besten Freundin, da sie sich nur voller Angst in den Büschen versteckt und sich nicht für mich eingesetzt hatte. Danach kamen tausend Entschuldigungen, nur, für mich sind diese Momente entscheidend.

Die Telegramme von Theodor

Nun kam ich nach Hause und da war es … wieder so eins … kein Name darauf, als einzige Unterschrift stand da „d.g." Mein Herz schlug sehr schnell, der Mund trocken, Hände und Kopf ganz heiß. Ich wünschte mir, es wäre von ihm, aber es war nicht klar. Ich wünschte mir, er könnte seinen Namen darauf schreiben, ganz deutlich, damit ich nicht so viel nachdenken musste. Aber er durfte es nicht. Das erste Telegramm wurde mit „er" unterschrieben, und jetzt?
„… und wie einfach schildern sich die Zeichen in der Luft …, d.g."
Es war eine junge Liebe für mich, aber für ihn war es ein Spiel, fast 30 Jahre Unterschied, ich war 17, er etwa 45 …

Seine Frau hatte sich vor kurzem umgebracht, in der Dusche, die Kinder kamen nach Hause und sie hing leblos da. Er liebte sie lange nicht mehr. Was war ihr im Kopf herumgegangen?, habe ich mich gefragt. Er meinte, die Liebe war zum Nullpunkt gekommen. Ich war naiv …
Wieso hatte er so viele Punkte geschrieben … alles ungewiss, ja, das war es. Er hatte nichts für das Spiel eingespart, hatte viel gegeben, und ich? Ich dachte, ich wüsste viel und eigentlich war ich nicht so unerfahren, aber das war Neuland, zumindest für mich. Eine mögliche unmögliche Liebe. Ich wusste, ich war trotzig und hatte Capricen. Ich hatte schon Freunde mit demselben Altersunterschied gehabt, aber er … Es war anders …
Es war verboten.
Ich hatte noch nicht seine Hand gehalten, doch er hatte Recht, die Zeichen schildern sich in der Luft und sind spürbar. Wie unbehaglich.
Ich war heißblütig, konnte mich immer schnell begeistern lassen und ich wusste das … aber dass es unmöglich war, hatte etwas Besonderes. man kann nicht sagen, dass ich verliebt war …
Noch ein Telegramm „ …in Gedanken … herzlich gedankenlos …, d.g."
Immer diese Punkte … Es reichte eine Berührung, es genügte ein Blick und wir schmolzen dahin, blieb uns das Herz stehen. In Gedanken wussten wir es, aber in seiner Stellung war es unmöglich, weiter spielen zu dürfen. Vielleicht nur spielen, aber das war es. Ich konnte es mir vielleicht erlauben, aber er nicht. Er würde auch nicht alles riskieren.
Wir waren Erwachsene, ich dachte, ich wäre es, aber in Sachen Liebe ist man wieder kindisch, unsicher, trotzig, man wird schnell rot, bekommt Herzklopfen, und so erging es uns beiden.
Einen Blick auf seine Kinder … ich wusste, ich konnte seinem Image als Vater nicht schaden. „Vater ist der Größte"; ich wusste, in seinem Stand durfte er nicht so viel aufs Spiel setzen, seinen Beruf, sein Image.
Er wartete auf mich an der Haltestelle vom Schulbus und reichte mir eine Rose … ohne Worte, schon wieder ungewiss … daran ein Zettel: „so wie die Rose, so wie die Dornen, so die Liebe, d.g."
Ich weiß schon, was „d.g." heißt, „der Gleiche", klar! Es war immer der Gleiche.
Die Nachmittage verbrachte ich mit Nachdenken … wieso kann ich nicht mit ihm zusammen sein, aber … wollte ich? Eigentlich nicht … Wollte er etwa mit mir zusammen sein? Vielleicht nicht, aber warum so viel riskieren? Er konnte seinen Job verlieren, nur wegen eines Spiels. Wegen seiner Stellung konnte er sogar ins Gefängnis kommen …
Wir waren auf einem Gruppenausflug und er hatte das Wichtelspiel ausgetrickst, sodass er meinen Schutzengel spielen konnte. Er hat sich viel unter

dem Deckmantel des „Wichtelspiels“ erlaubt, keiner würde den Braten riechen: Schutzengel durften ihre Schützlinge massieren, Geschenke bringen, Kaffee kochen … Er hat das alles gemacht … Ich wusste nicht, ob ich das wollte.
Er sollte der Fotograf vom Ausflug sein, und am Ende gab es von 50 Leuten fast nur Bilder von mir … Oh no! Wehe wenn jemand das merkt! Viele fanden das komisch …
Die Jahre vergingen in dieser unmöglichen Ungewissheit, keiner durfte es wissen … bis heute …

INGE MARIE RICHTER AUS DÄNEMARK

Als meine Deutschkurs-Lehrerin vom ihrem Traum erzählte, ein Buch herauszugeben, in dem ihre Schüler etwas aus ihrem Leben in der von ihnen verlassenen Heimat berichten sollten, konnte ich mir zunächst nicht vorstellen hier mitzumachen. Ich war nämlich der Meinung, dass mir die Fähigkeit zum Schreiben fehlte. Nichtsdestoweniger fing ich an, über mein Leben nachzusinnen, und wurde dabei zunehmend von einer tiefen Dankbarkeit ergriffen für all die schönen Erlebnisse aus der zurückliegenden Zeit. Nun begann ich damit, diese aufzuschreiben und war erstaunt, dass es mir doch nicht so schwer fiel.

Ich habe das „Rezept" für ein glückliches Leben bereits in meiner Kindheit und Jugendzeit bekommen und bin dafür unbeschreiblich dankbar. Was mir selbst so sehr geholfen hat, gebe ich gern an andere weiter. Darum habe ich meine Erinnerungen niederzuschreiben.

Auf einem kleinen Bauernhof in Westjütland, in Dänemark, in einem Ortsteil der Kreisstadt Herning, wohnte die glückliche Familie Maja und Kristian Nielsen. In diesem warmen Heim kam ich am 23. April im Jahr 1961 zur Welt und war als drittes Kind sehr willkommen in der Familie. Meine Mutter hat zehn Kinder geboren, fünf Jungen und fünf Mädchen, aber die letzte Geburt geschah zwei Monate zu früh und mein kleines Schwesterlein erblickte darum leider nicht das Licht der Welt.
Meine Mutter war eine sehr gottesfürchtige Frau und eine sehr liebevolle und gütige Mutter, die verstand, die wahren Werte des Lebens an ihr Umfeld weiterzugeben. Mein Vater war ein fleißiger Arbeiter und verstand so zu wirtschaften, dass seine Familie nie Mangel litt. Er hatte einen ausgeprägten Sinn für Ordnung und immer ein großes Arbeitsprogramm. Manchmal mahnte er uns, einen wacheren Blick für die Arbeit zu haben und zählte auf, was alles zu tun wäre.
Die erste Erinnerung aus meinem Leben waren unsere beiden großen Arbeitspferde, die 1963 für einen Traktor verkauft wurden. Damals war ich erst zwei Jahre alt. Diese riesigen Tiere dürften einen großen Eindruck auf mich als ganz kleines Mädchen gemacht haben, da sie in meiner Erinnerung gespeichert sind.

Die Kuh wird auf die Weide geführt. Ich bin geborgen an der Seite meines Vaters.

Bis zu meinem neunten Lebensjahr wohnten wir auf diesem kleinen, alten Bauernhof, auf welchem übrigens mein Vater geboren und groß geworden war. Im Wohnhaus war wenig Platz für die ständig größer werdende Fami-

lie. Die Räume waren klein und es gab nur ein Kinderzimmer. Als meine jüngste Schwester geboren wurde, war kein Platz mehr für ein weiteres Bett. Die Toilette, ein Plumpsklo, befand sich in einem Anbau und wir mussten immer das Wohnhaus verlassen, um dorthin zu kommen. In der Waschküche hatten wir einen großen Waschkessel. Meine Mutter war in diesem Raum viel beschäftigt mit der Wäsche, da alles von Hand gemacht werden musste, bis wir Jahre später eine halb-automatische und eines Tages eine vollautomatische Waschmaschine bekamen. Diese Letztere war ja ein traumhaftes Geschenk, insbesondere für meine Mutter!
Ich bin also mit 8 Geschwistern aufgewachsen und wir haben alle enorm viel Freude aneinander gehabt. Aus meiner Kindheit habe ich sehr schöne Erinnerungen. Obwohl wir natürlich auch Auseinandersetzungen hatten, stehen die schönen Erinnerungen im Vordergrund und bis heute haben wir alle miteinander ein sehr gutes Verhältnis. Eine außergewöhnliche Beziehung bekam ich zu meiner jüngsten Schwester, mit der ich insgesamt etwa 20 Jahre zusammengewohnt habe.
Wir fünf Großen haben als Geschwister besonders gut miteinander gespielt und ebenso die vier Kleinen. Beim Spielen hatten wir fünf je zwei Fantasienamen, einen Namen wenn wir gute Freunde waren, und wenn wir gestritten hatten, nannten wir uns anders.

Familienbild 1964 – ich sitze auf dem Schoß meines Vaters im gepunkteten Kleid.

Wir hatten anfänglich kein Auto, aber mein Vater mietete ab und zu einen Wagen oder bestellte einfach ein Taxi, um an Konferenzen oder Veranstaltungen unserer christlichen Gemeinde (Die Christliche Gemeinde in Deutschlandwww.dcg-info.de / international: Brunstad Christian Church) teilnehmen zu können.
Eine Schwester meiner Mutter wohnte in Kopenhagen und feierte öfters Weihnachten bei uns.
Das war der Höhepunkt des Jahres! Sie kam mit dem Zug und ich kann immer noch die großen Tüten vor mir sehen, voll mit Geschenken, und wie gespannt und erwartungsvoll wir Kinder auf den Heiligen Abend warteten. Meine Mutter wollte, dass wir alle an diesem großen Tag einen Mittagsschlaf machten, um besser den langen Tag durchzuhalten. Das fand ich immer so doof und vor lauter Spannung war es unmöglich einzuschlafen, aber ich denke, meine Mutter brauchte wohl ein bisschen Ruhe, um mit allen Vorbereitungen fertig zu werden.
Meine Mutter hat uns erzählt, wie auffallend wenig Streit zwischen uns war, nachdem wir später in einen größeren Bauernhof umgezogen waren.
Der Umzug war ein schönes Ereignis und uns gefiel an dem „neuen" Haus besonders, dass es drei Etagen hatte. Wir waren bis dahin an Treppen nicht gewöhnt gewesen und hatten nun viel Spaß daran, diese runter und hoch zu laufen.
Die Böden waren mit Holzdielen belegt und wurden etwa zwei Mal im Jahr gefirnisst. Danach waren sie schön glänzend. Das war eine zeitaufwendige Arbeit für meine Mutter, ich habe deutlich in Erinnerung, wie sie auf allen Vieren krabbelte, um den Boden vorab gründlich mit einem Reinigungsmittel zu putzen, das furchtbar ekelhaft roch.
Die orange-farbenen Gardinen im Wohnzimmer waren nicht nach meinem Geschmack und ich fand auch unsere Möbel recht altmodisch. Als Teenager wollte ich gern Verschiedenes geändert haben, aber meine Eltern waren sehr zufrieden mit allem, so wie es war. Außerdem war für Neuerung kein Geld vorhanden. Meine Mutter sagte einmal zu mir: „Wenn du einmal ausziehst und deine eigene Wohnung bekommst, kannst du sie dir ja einrichten, so wie du es schön findest." Ich wollte nicht mit meiner Mutter und auch nicht mit meinem Vater streiten, wir waren uns nicht immer einig, aber zum Streit kam es nie.
Der mit Kieselsteinen belegte Hof war schön groß und wurde oft benutzt für allerlei Spiele. In der Winterzeit hatten wir viel Spaß an Schneeballschlachten. Hinten war ein großer Garten mit Rasen, Obst und Gemüse. Jedes Jahr im Herbst wurde er umgegraben und mit Mist gedüngt, der mit einer Schubkarre vom Misthaufen geholt werden musste.

Unser Bauernhof im Winter

Meine Mutter war hier die treibende Kraft und da ich als großes Mädchen ziemlich stark war, wurde ich meistens beauftragt, ihr dabei zur helfen.
Es gab mehrere Höhepunkte im Jahr außer Weihnachten. Meine Eltern hatten ein Moped und jedes Jahr an Pfingsten bekamen die großen Kinder eine Moped-Tour. Das war klasse!
Später, als wir ein Auto hatten, gab es nichts Besseres in der Sommerzeit als die Familienausflüge zur nahelegenden Nordsee, wo wir viel Spaß beim Baden hatten. Da wurde ein riesiger Korb mit belegten Broten, Kuchen und Getränken vorbereitet und als es endlich losging, war die Stimmung auf dem Höhepunkt im vollgepackten alten Ford Anglia.
Das Klima in Dänemark ist mit den vier Jahreszeiten sehr abwechslungsreich. Das Wetter ist oft instabil und die Regenschauer kommen und gehen. Deswegen haben die meisten Menschen immer einen Taschenregenschirm dabei. Das Klima hat sich etwas geändert seit meiner Kindheit, wo das Wetter mir beständiger vorkam. In der Winterzeit gab es oft sehr viel Schnee, manchmal so viel, dass wir mehrere Tage nicht in die Schule konnten. In den letzten Jahren ist der Winter nicht mehr so kalt und lang wie früher und die Sommerzeit ist auch verhältnismäßig kurz.

Die langen hellen Sommerabende bis 23 Uhr sind etwas Besonderes. Der Sonnenuntergang an der Nordsee ist immer wieder fantastisch anzusehen. Das sich entwickelnde Farbenspiel der Wolken und des Himmels ist sehr beeindruckend.

Wenn man auf dem Land groß geworden ist, weiß man was Arbeit heißt. Wir hatten bei uns eine natürliche Aufteilung der Arbeit – meine fünf Brüder halfen hauptsächlich meinem Vater draußen bei der Landwirtschaft und wir vier Mädels der Mutter im Haushalt. Als Kind hatte ich natürlich oft wenig Lust zum Arbeiten, aber später und bis heute bin ich sehr froh und dankbar dafür, dass ich gelernt habe zu arbeiten. Die Reihenfolge war bei uns öfters so, dass die Arbeit, Hausaufgaben inklusive, zuerst gemacht werden mussten und erst danach durften wir spielen.

In der Sommerzeit war besonders viel zu tun. Wir hatten Felder mit Getreide, Kartoffeln und Zuckerrüben. Es gab für uns eigentlich kein Taschengeld, aber für das Hacken der Zuckerrüben bekamen wir ausnahmsweise pro Reihe einen kleinen Geldbetrag. Das Geld sparten wir, um in den Sommerferien nach Brunstad in Norwegen zu reisen, wo seit damals christliche internationale Konferenzen unserer Gemeinde stattfinden. Seit wir Teenager waren, war es mir und meinen Geschwistern wichtig, an diesen Konferenzen teilzunehmen, weil wir dort eine positive Beeinflussung für das persönliche Christenleben bekamen und auch andere Jugendliche trafen, die ein ganzherziges Christenleben führen wollten.

Das gab uns die Motivation für einen intensiven Arbeitseinsatz auf den Feldern. Manchmal veranstalteten wir einen Wettbewerb, wer an einem Tag die meisten Rübenreihen hacken würde.
Zur Erntezeit wurden alle vorhandenen Kräfte eingesetzt, um das Stroh und Heu rechtzeitig in die Scheune zu bringen, manchmal unter ziemlichen Zeitdruck, wenn Regen angesagt war. Einmal fiel ich vom ca. 3 Meter hohen Getreide-Silo herunter, weil die Leiter unter meinen Füßen wegrutschte. Zum Glück stand mein Vater wie ein Schutzengel noch auf dem leeren Ladewagen und konnte mit seinen Armen den Aufprall abmildern.
Aus meinen sieben Jahren in der Grundschule habe ich nicht viele Erinnerungen. Das kommt vielleicht daher, dass ich als kleines Mädchen sehr schüchtern war. Sowohl ich als auch meine Geschwister wurden manchmal geneckt und gehänselt, weil unsere Familie so kinderreich war.
Einmal hatten wir Angst vor zwei Jungen, die an derselben Bushaltestelle wie wir ausgestiegen waren. Sie hatten vor, uns auf dem Heimweg zu schikanieren. Wir hatten nämlich mit ihnen eine gemeinsame Wegstrecke von etwa einem Kilometer zurückzulegen. Zum Glück war mein ältester Bruder voraus gelaufen, aber ich und mehrere von meinen Geschwistern waren zurückgeblieben und wir wagten uns nicht an den Jungen vorbei. Sie wurden immer langsamer und wir auch. Plötzlich sah ich unser altes Auto in voller Fahrt heranbrausen. Mein großer Bruder, der schnell nach Hause gelaufen war, hatte meinem Vater die Situation erklärt und der hatte sofort reagiert. Ich sehe immer noch vor mir, wie die zwei Jungen zur Seite sprangen, als mein Vater eine scharfe Bremsung vor ihnen machte. Er redete streng mit ihnen und wir waren froh und fühlten uns geborgen, als wir im Auto saßen. Seitdem wurden wir nie mehr von ihnen gemobbt.
Nach drei Jahren in der Realschule war ich ein Jahr im Haushalt bei einer Familie, die das zweite Kind erwartete. Die Frau war sehr kreativ und konnte mir beim Nähen viel beibringen. Ich hatte die Kinder sehr gern und es fiel mir schwer, mich nach diesem lehrreichen Jahr von ihnen zu verabschieden. Aber ich wollte mich ja im Leben weiterentwickeln und machte anschließend eine einjährige Grundausbildung in der Handelsschule, mit der ich die Basis für eine bürokaufmännische Ausbildung bekam.
Meine Eltern waren außergewöhnlich gastfreundlich und es gab immer Platz genug für Gäste. In den Ferien war das Haus öfters voll von Cousinen, Cousins oder Freunden, die gerne die Ferien auf einem Bauernhof verbringen wollten. Das war wirklich eine schöne Zeit für uns Kinder. Damals war dies so selbstverständlich, aber wenn ich heute darüber nachdenke, bedeutete das ja unglaublich viel zusätzliche Arbeit, vor allem für meine Mutter. Sie hat für alle sehr gut gesorgt und alles mit einem großen

und warmen Herzen gemacht. Kleider der Kinder, die bei uns in Ferien waren, wurden sogar gewaschen und geflickt!

Es war nicht alles gut, was den Kindern aus der Stadt einfiel. Während dem Mittagsschlaf meines Vaters wurde er einmal aufgeweckt durch Lärm im Stall. Die Schweine wurden zur falschen Zeit gefüttert!

Ein Kätzchen wurde einmal in einem Milchgefäß ertränkt. Der Junge wollte es nicht umbringen, er hatte es wohl gut gemeint und wollte, dass das Kätzchen mehr Milch zum Trinken bekäme.
In unserer Familie hatte der christliche Glaube große Bedeutung. Gottes Wort war die Richtschnur unseres Lebens. Wenn Übereinstimmung zwischen Wort und Tat ist, schafft es eine gute, friedevolle Atmosphäre der Geborgenheit. Unsere Eltern lehrten uns zu beten, dass wir mit unseren kleinen und großen Sorgen immer zu unserem Vater im Himmel kommen konnten. Meine Mutter hatte ein Lieblingswort bis zu ihrem Tod im Jahre 2009: „Seid dankbar in allen Dingen, denn das ist der Wille Gottes in Christus Jesus für euch." Das Bibelwort steht in 1. Thessalonicher 5,18.
Dieses Wort prägte ihr Leben und oft hat sie uns dazu ermahnt, immer dankbar zu sein. Ich habe sie nie mutlos oder jähzornig gesehen, obwohl das Leben für sie nicht immer so leicht war.

Aus Gottes Wort und Gebet sowie durch die Gemeinschaft innerhalb unserer Gemeinde bekamen meine Eltern die Kraft für dieses Leben. Das hat mich immer angesprochen und hat auch bewirkt, dass ich mich selbst für dieses Leben entschieden habe.
Vor der Ausbildung wollte ich gerne ein Jahr im Ausland verbringen. Frankreich war mein Traum und es ergab sich, genau zu diesem Zeitpunkt, dass eine kinderreiche Familie aus unserer Gemeinde in Frankreich eine Haushaltshilfe suchte. Das war für mich wie eine offene Tür. Der Aufenthalt dort war eine sehr lehrreiche und äußerst interessante Zeit für mich. Bei der Gastfamilie habe ich mich sehr wohl gefühlt und die Gemeinschaft auch mit anderen guten Freunden dort war sehr wertvoll. Zudem lernte ich fließend Französisch zu sprechen. Was diese Zeit für mein Leben bedeutet hat, kann ich hier nicht erzählen – es ist einfach unermesslich! Bis heute stehen wir in Kontakt miteinander und treffen uns regelmäßig auf den christlichen Konferenzen in Norwegen, wo das Wiedersehen jedes Mal große Freude macht!

Zusammen mit meiner jüngeren Schwester Kristine

Nach diesem Jahr im Ausland machte ich eine zweijährige Ausbildung als Bürokauffrau in der Bibliothek von Holstebro. Nach der Lehre wurde ich fest angestellt. Ich mochte die Arbeit im Bereich Büro und Empfang sehr und übte sie fast 25 Jahre aus. Der äußere Rahmen der Bibliothek war architektonisch gesehen etwas Besonderes. Es war kein typisches Bibliotheksgebäude, sondern ein stilvoller Backsteinbau mit großen Dachfenstern, die viel Licht hineinließen. Insofern war das Ambiente sehr angenehm und schön.

Im Untergeschoss gab es drei Magazine mit altem und besonderem Lesestoff. Hier herrschte auch ein typischer Duft nach Büchern, der sonst nicht in der Bibliothek auffiel.

Ich hatte ein glückliches Leben als Single und war auch damit versöhnt, den Rest meines Lebens alleine zu leben, wenn Gott es so wollte. Mein Leben nach Gottes Wort auszurichten hat mir eine dauerhafte innere Freude und Frieden gegeben, den ich für nichts in dieser Welt aufgeben möchte.

Meiner jüngsten Schwester, mit der ich zusammenwohnte, ging es genau so, bis doch eines Tages ein „Prinz" ihren Weg kreuzte. Sie heiratete im Jahre 2007, ein Ereignis, worüber ich mich sehr gefreut habe.

Wenige Monate nach ihrer Hochzeit habe ich durch Gottes vollkommene Führung einen Witwer aus unserer Gemeinde mit vier Kindern kennengelernt. Die älteste Tochter war in Argentinien verheiratet und er lebte mit drei Kindern im Alter von 10 – 14 Jahren zu Hause in Deutschland. Ich wusste nicht, was auf mich zukommen würde, wenn ich ihn heiratete, aber es war mir schon klar, dass diese Entscheidung mit enormen Anforderungen verbunden sein würde.

Mir war es sehr wichtig zu wissen, ob es wirklich auch Gottes Weg mit mir war. Der innere Frieden und Freude waren mir immer ein gutes Zeichen bei Entscheidungen in meinem Leben und so kam es, dass ich im März 2008 meinen Traumjob aufgab, um meinen Traummann aus Deutschland zu heiraten. Ich hatte also auf einmal einen Mann, vier Kinder und einen Schwiegersohn bekommen. Dieses „Paket" war natürlich eine riesige Bereicherung für mein Leben!

Ich habe hier in großen Zügen aus meinem Leben in Dänemark erzählt. Der Rückblick hat in mir eine unendliche Dankbarkeit erzeugt für die vielen positiven Erlebnisse in meiner Kindheit und Jugendzeit, von der ja bekanntlich unser weiteres Leben entscheidend mitgeprägt wird.

Statt eines Schlussworts

Am Rande des Westerwalds, schon fast im Siegerland und gar nicht weit vom Rheinland entfernt, liegt im nördlichsten Zipfel von Rheinland-Pfalz der Luftkurort Wissen an der Sieg. Hier wurde ich geboren und wuchs hier bis zu meinem 19. Lebensjahr auf.

In meiner Kindheit war es zunächst ein Dorf, aber zur Verleihung der Stadtrechte durfte ich mit anderen Kindern Gasballons mit Adresskarten steigen lassen. Meine Karte wurde gefunden und beantwortet, aber leider erinnere ich mich nicht, wie weit sie geflogen war.

In Wissen an der Sieg wurde – und wird – verlässlich am zweiten Wochenende im Juli das Schützenfest gefeiert, mit Hofstaat, Autoscooter, Böllerschüssen und Feuerwerk. Ebenso verlässlich verkündete mir die 12-Uhr-Sirene am Samstagmittag, dass mein Papa endlich Feierabend hatte und, wenn ich ganz viel Glück hatte, am Nachmittag mit mir Fahrrad fahren oder im Wisserbach schwimmen gehen konnte. Verlässlich waren auch der farbenfrohe Blumenteppich auf den Straßen für die Fronleichnamsprozession, der Fisch am Freitag, der Duft von frischem Bohnerwachs und Eintopf am Samstag und der Familienspaziergang am Sonntag.

Verlässlich auch Schwester Maria, die regelmäßig für die Diakonie sammelte; „der Ernst", der die schweren metallenen Mülltonnen anheben und ausleeren musste; „der Pi", der Dorfdoktor, der alle Patienten selbstverständlich duzte und bei allen mit seinem schicken Auto, das die Dorfjungen für ein paar Groschen putzen durften, Hausbesuche machte, wenn nötig.

Es gibt eine kleine weiße evangelische Kirche, die meine Geschwister und ich sonntags besuchten (oder auch nicht), und eine große, rosa gestrichene katholische Kirche, bis heute Erkennungszeichen, wenn man mit der Bahn auf der Siegstrecke durch Wissen fährt oder gar dort aussteigt.

In meiner Kindheit gab es eine evangelische und eine katholische Grundschule, damals noch Volksschule genannt, mit einem großen Schulhof. Der Schulhof war ein einziger großer Platz, doch mit einer Linie, die den evan-

gelischen vom katholischen Schulhof trennte. Und wehe, ein Kind übertrat beim Spielen – oder gar in „böser“ Absicht – diese Linie! Dann musste es damit rechnen, vom Lehrer bestraft oder sogar zum Leiter dieser oder jener Schule zitiert zu werden.
Für mich als Kind eines katholischen Vaters und einer protestantischen Mutter ein unverständliches absurdes Spektakel.
Die katholische Kirche – nicht zuletzt bekannt durch in- und auswendige Beschreibungen in den literarischen Werken „Die Erfindung des Lebens“ und insbesondere „Hecke“ von Hanns-Josef Ortheil (mehr über Autor und Werk z. B. hier: http://de.wikipedia.org/wiki/Hanns-Josef Ortheil) – hat einen Turm, dessen Glocken alle dreißig Minuten, Tag und Nacht, verkündeten, was die Stunde geschlagen hatte, und natürlich dauernd, wie ich es als Kind empfand, zu Gottesdiensten und Andachten riefen.
Zwischen der katholischen Kirche und meinem Elternhaus verlief – und verläuft noch heute – die Bahnstrecke. „Tsch – tsch – tsch“ schnauften die Lokomotiven, die die Waggons zogen und dabei Dampf und Ruß ausstießen, den ich noch heute vermeine riechen und schmecken zu können.
Diese Geräusche, Gerüche und Traditionen umrahmten die Jahre meiner Kindheit und Jugend an Sieg und Nister, am Fuße von Sand- und Kucksberg.
Mit 19 Jahren begannen meine „Lehr- und Wanderjahre“, womöglich geprägt durch die Erfahrungen meiner Kindheit (fast) immer in Städte mit Fluss und Gebirge: Heidelberg (Neckar, Odenwald), Lissabon (Tejo, sieben Hügel), Gütersloh (Lutter, Teutoburger Wald ganz in der Nähe), Hamburg (Alster und Elbe, dafür keine Berge), Mainz (Rhein, Rheingau) und Frankfurt (Main, Taunus) bis in die Wetterau.
Und in der Wetterau, zwischen Nidda, Nidder und Usa, zu Füßen der sieben Berge leben auch die sieben … nein, nicht Zwerge, sondern die sieben Frauen aus sieben Ländern, die den Riesenmut hatten, „über gestern“ zu schreiben.

Angela Klein-Esselborn
„Jägerin und Sammlerin”
Februar 2014